성년

성년

미셸 레리스 지음
유호식 옮김

이모션북스

L'Age d'homme précédé de **De la littérature considérée comme une tauromachie**
by Michel Leiris
ⓒ Editions Gallimard 1946
All rights reserved. Published by arrangemen with Editions Gallimard

Korean translation ⓒ 2016 Emotion Books

성년

지은이 미셸 레리스
옮긴이 유호식

펴낸이 임재철
편집 최영권, 박진희
제작 진행 기 플러스 발

디자인 골든트리

2016년 12월 20일 1판 1쇄 펴냄

펴낸곳 이모션 픽처스
등록 2010년 8월 20일 (제 313-2010-263호)
주소 서울시 마포구 공덕동 79-15 401호
전화 02-6382-6138
팩스 02 6455-6133
전자우편 emotionpic@naver.com

ISBN 979-11-87878-00-1

차례

투우를 통해 고찰한 문학론   9
서른네 살, 이제 막 인생의 반이 지났다   27
노화와 죽음/초자연/무한/영혼/주체와 대상
비극적인 것들   47
고대들   59
고대의 여성들/기사의 여자/희생 의례/사창가와 박물관/집의 정령/동 주앙과 기사
루크레티아   77
곡예사 외삼촌/뽑힌 눈/거세된 소녀/순교한 성녀
유디트   97
카르멘/라 글뤼/살로메/엘렉트라, 달리라와 플로리아 토스카/유령선/나르키소스
홀로페르네스의 머리   115
잘린 목/부풀어 오른 성기/다친 발, 물린 엉덩이, 상처난 머리/악몽들/사이 안좋은 형/사이좋은 형/봉합 수술 자국
루크레티아와 유디트   153
홀로페르네스의 사랑들   175
케이/홀로페르네스의 향연
메두사 호의 뗏목   221
일 년 반쯤 전에/여자 - 터번/피 흘리는 배꼽

지은이 주석/옮긴이 주석/미셸 레리스 연보   235
옮긴이 후기   287

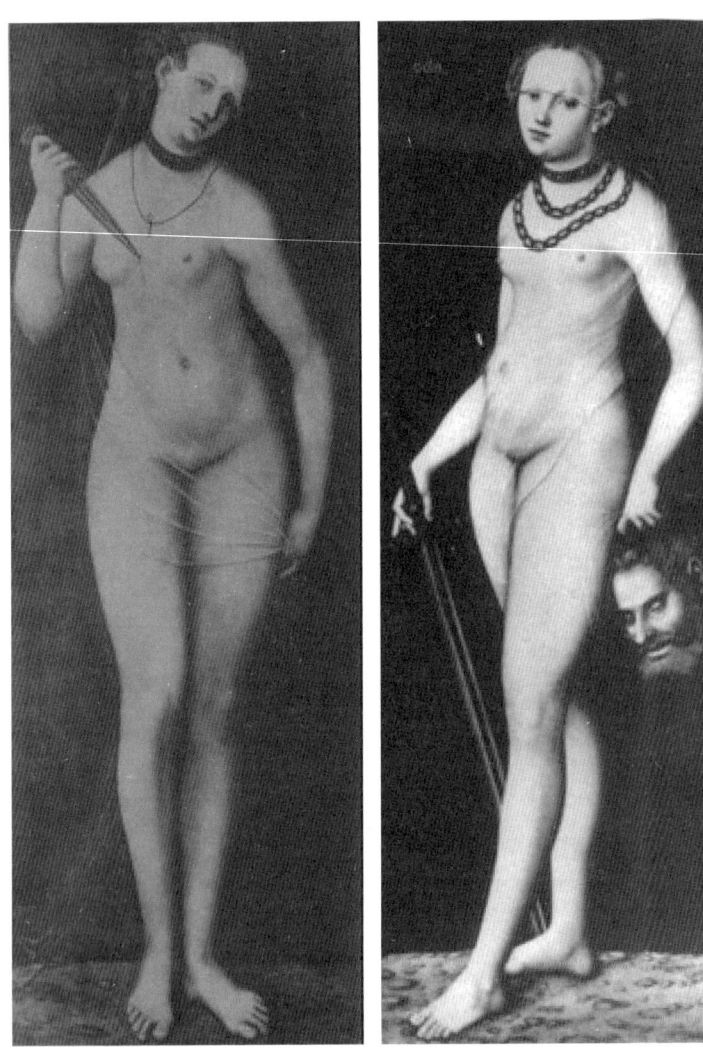

루카스 크라나흐의 루크레티아와 유디트

이 책의 기원에 있는
조르주 바타이유에게[1]

투우를 통해 고찰한 문학론

《프랑스에서 태어난 이상 어쩔 수 없이 따라야 하는 규칙인 프랑스의 법률이 그 소속민들 각자의 시간 속에 그어놓은 경계만 가지고 말한다면, 『성년』의 저자가 자신에게 책 제목을 떠올려 준 삶의 전환점에 이른 것은 1922년이다. 1922년이라면, 그가 같은 세대의 많은 젊은이들과 마찬가지로, 그리고 그 중 한 사람의 표현을 빌리면 긴 방학으로밖에 여겨지지 않았던 전쟁을 겪은 지 4년 뒤이다.[1]

이론적으로는 법적인 성년과 실질적인 성숙을 연결시켜 주는 어떤 관계가 있겠지만, 1922년부터 그는 그 관계의 현실성에 대해 거의 아무런 환상도 품지 않았다. 1935년에 그 책을 끝냈을 때 그는 마침내 성년에 도달했다고 자부할 수 있을 만큼 삶의 우여곡절을 이미 충분히 많이 겪었다고 생각했음이 틀림없다. 전후의 젊은이들이 진정으로 열정을 다해 엄청난 탁월성을 부여하려고 애쓰면서도 그 안에서 절망하고 있던 그 부실한 구조물이 눈앞에서 결정적으로 흔들리는 것을 목격하고 있는 1939년 현재, 저자는 선배들이 부딪혔던 시련과 동일한 시련을 어떤 형태로든 자신도 쓰리게 겪을 때에야 비로소 자신도 진정한 '성년'에 대해 기술할 수 있으리라는 것을 꾸밈없이 고백한다.

오늘날 책 제목이 아무리 근거 없이 보일지라도, 모든 것을 고려했을 때, 그 제목이 책의 궁극적인 의도를 배반하지 않는다고 생각하여 저자는 그것을 그대로 유지하기로 했다. 카타르시스가 없다면, 청산이 없다면 결코 획득할 수 없을 생의 충일성에 대한 추구가 그 책의 궁극적인 의도이며,[2] 문학활동, 특히, 이른바 '고백' 문학이 청산을 실현하는 가장 적절한 방식으로 보였던 것이다.

몇 년 전부터 엄청나게 유행하고 있는 숱한 자전적 소설, 내면일기, 회상록, 고백록 사이에서 (문학 작품에서 창조의 측면은 무시하고 표현의 측면만 고려하려는 듯이, 그리고 만들어진 대상보다는 그 뒤에 숨어있는, 또는 드러나는, 사람만을 보려는 듯이), 스스로에 대해 최대한 명석하고 성실하게 말하려고 노력했다는 사실 외에는 작가로서 내세울 게 아무것도 없다는 것을 『성년』은 보여주고 있다.

어떤 문제 하나가 저자를 괴롭히고, 그의 의식을 불편하게 만들고, 글쓰기를 방해하고 있었다. 글쓰기의 차원에서 이루어지는 일이 그저 '미학적'이고 대수롭지 않은 일이어서 처벌을 받을 위험이 전혀 없다면, 글쓰기는 가치없는 행위가 아닐까? 투우사에게 황소의 날카로운 뿔이 의미하는 것, 즉 뿔이 내포하는 구체적인 위협 때문에 투우사의 기교에 유일하게 인간적인 현실을 부여하며, 그리하여 투우를 발레리나의 헛된 우아한 몸짓과는 다른 어떤 것이 되도록 만드는 날카로운 뿔에 해당하는 것(여기에 저자가 가장 좋아하는 이미지 중의 하나가 끼어든다)이 작품을 쓰는 행위에 전혀 존재하지 않는다면, 글쓰기는 가치없는 행위가 아닐까?

감정적인 강박관념이나 성적 차원의 강박관념을 숨김없이 드러내고 가장 수치스러운 결함이나 비열함을 공개적으로 고백하는 것, 그것이 바로, 분명 거칠긴 하지만 다른 사람들에게 비밀을 털어놓음으로써 스스로의 행실이 나아지기를 희망하듯이, 문학 작품 속에 황소 뿔의 그림자나마 끌어들이는 방법이었다.》

이상이 '야릇한 전쟁' 전야에 내가 『성년』을 위해 쓴 서평의뢰서용 작가의 말이다.[3] 오늘 르아브르에서 나는 이 글을 다시 읽는다. 그 도시는 며칠간 휴가를 보내러 수도 없이 많이 와 본 도시이며 또 다양한 연고가 있는 도시다(나의 친구 랭부르, 크노, 살라크루가 그곳 태생이고, 피점령 프랑스에 남아있던 대부분의 작가들이 나치의 압제에 맞서 뭉쳤던 1941년에 나와 인연을 맺은 사르트르는 그곳에서 교사생활을 했다[4]). 현재 르아브르는 대부분 파괴되었고, 그 모습을 나는 발코니에서 바라보고 있다. 발코니는 항구를 상당히 멀리, 제법 높은 곳에서 굽어보고 있어서, 포탄 때문에 완전히 백지상태의 허허벌판이 되어버린 도심의 모습을 정확하게 추정할 수 있다. 그 모습을 보면, 그 유명한 데카르트의 방법적인 절차를[5] 생명체로 가득한 공간, 가장 현실적인 세계에서 다시 한 번 시도해보고자 했던 것만 같다. 그런 식대로 볼 때, 『성년』에서 문제시되는 개인적인 고통들은 분명 하찮은 것이다. 최상의 경우를 가정하여, 시인이 제 아무리 강력하고 성실하다고 하더라도, 그 고통은 전쟁의 참상에 비하면 하잘것없고 신음소리 내기조차 쑥스러운 치통처럼 보인다. 세상에서는 고통에 찬 아우성이 거대하게 터져 나오는데, 협소하고 제한

적이고 개인적인 어려움에 대한 이 가느다란 신음소리가 무슨 소용이 있겠는가?

그렇지만 르아브르에서조차 세상은 계속되고 도시의 삶은 끈질기게 이어지고 있다. 비오는 날씨에도 불구하고 온전히 남은 집들 위로 그리고 폐허화된 부지 위로, 간헐적으로 밝고 화창한 햇살이 비친다. 항구의 도크들과 번쩍거리는 지붕들, 멀리 파도가 일렁이는 바다, 허물어져 거대한 공터가 된 (뭔지 모를 뜻밖의 윤작輪作을 기다리며 장기적으로 방치된) 구역들이 축축한 대기의 지배를–기상이 이럴 때면 어쩔 수 없다–감내하고 있다. 그 대기에 햇빛이 구멍을 내는 것이다. 엔진이 부르릉거리고, 전차와 자전거가 지나간다. 사람들은 어슬렁거리기도 하고 분주하게 일을 보기도 한다. 여기 저기에서 연기가 솟아오른다. 그 물에 몸을 담그지 않았던 (혹은 발끝밖에 적시지 않았던) 나, 스스로 권리를 부여한 파렴치한 구경꾼에 불과한 내가 그 모든 것을 바라보면서, 마치 아름다운 그림을 감상하듯, 반쯤 파괴된 그 풍경에 감탄하고 있다. 비극이 벌어진 지 채 일년도 되지 않았으며 지금도 여전히 사람들이 살고 있는 그 장소를, 음영의 조화, 비장한 헐벗음과 그림처럼 아름다운 흥청거림의 조화로 판단하고 있는 것이다.

결국, 나는 황소의 뿔을 꿈꾸고 있었다. 한갓 문학가에 그치는 것을 나는 참을 수 없었다. 위험을 무릅씀으로써 그 어느 때보다 탁월해질 수 있는 기회를 끌어내는 투우사, 가장 위험한 순간에 자기 스타일의 장점을 모두 보여주는 투우사, 그것이 바로 내가 감탄했던 것이고 내가 되고 싶은 것이었다. 다루는 영역이 일반적으로 신중함을 엄격하게 요구하는 자서전–나의 평판을 위태롭게 만들 수 있고, 투명하게 밝힘으로써 내 사생활을 더욱 어렵게 만들 수 있다는 점에서, 출판하는 것이 나에게 위험할 수 있는 고백–을 통해 나는 거추장스러운 겉치레들을 단호히 떨쳐내고 싶었고, 나 자신을 위해서 뿐 아니라 타인들이 나에 대해 가질 수 있는 그릇된 시각을 불식시키기 위해 나의 모습을 최대한 순수하게 드러내고 싶었다.[6] 카타르시스가 이루어지고 내가 결정적으로 해방되려면, 자서전이 나 자신을 고양시키고 가능한 한 다른 사람에게도 이해될 수 있는 일정한 형태를 취할 필요가 있었다. 그래서 나는 글쓰기에 엄격하고 세심하게 신경을 쓰고, 내가 사용하는 상징들 자체, 즉 성서의 인물들과 고대 그리스로마의 인물들, 연극의 주인공이나 투우사가 이야기 전체에 던져줄 비극적인 섬광에 기대를 걸었다. 그것들은 계시적인 가치 때문에 나에게 부과된 심리적 신화로서, 문학적인 작용의 측면에서 볼 때 주요 주제가 되었고 이와 동시에 나로서는 생각지도 못했던 곳에서 위대함이 뚜렷하게 드러나도록 하는 매개 역할을 해주었다.

나는 인물의 초상肖像을 만들되 가장 잘 구현되고 가장 비슷한 초상을 만들 것 (어떤 사람들이 볼품없는 풍경이나 일상의 집기들을 생생하게 그려내듯이), 오직 스타일과 구성에 관련될 경우에만 예술적으로 배려할 것, 그것이 내가 정한 목표였다. 그것은 화가로서의 재능과 본보기가 될 만한 통찰력을 보여줌으로써, 모델로서 내가 보잘것없다는 사실을 보상하는 격이었다. 그것은 또한 그러한 시도에 내포된 어려움을 통해, 특히, 나의 정신적 성장을 기대하는 격이었다. 왜냐하면 내가 내 결점들을 제외하지 않는다는 사실만으로도, 적어도 나 자신은 나를 냉철한 시선으로 바라볼 능력이 있음을 드러내는 것이기 때문이다.

  내가 모르고 있었던 사실은, 모든 내적 성찰의 밑바닥에는 자신을 응시하려는 취향이 있으며 모든 고백의 뿌리에는 용서받고자 하는 욕망이 있다는 점이었다. 자기만족 없이 나를 바라보는 것도 어쨌든 나를 바라보는 것이었고, 훨씬 더 인간적인 무엇을 향해 나를 초월하여 저 너머로 시선을 향하는 대신 나 자신에게 시선을 고정시키는 것이었다. 타인들 앞에 나를 드러내되 잘 작성되고 잘 구성된 글로 드러내고자 하는 것, 그 글이 통찰로 가득하고 감동적이기를 바라는 것은 타인들을 유혹하여 그들이 내게 좀 더 관대해지도록 만드는 것이고, 스캔들에 미학적인 형식을 부여함으로써 −결과적으로는− 스캔들을 축소하려는 것이었다. 그러므로 쟁점들이 있고 황소의 뿔이 있다고 해도, 내가 위험을 무릅쓰고 그걸 감행한 데에는, 내 생각에는, 약간의 위선이 없지 않았다. 한편으로는 또다시 나의 자기도취적인 성향에 굴복한 것이고, 다른 한편으로는 타인에게서 심판보다는 공모자를 찾으려 했던 것이다. 모 아니면 도라는 식으로 모든 위험을 무릅쓰는 것처럼 보이는 투우사가 자기 몸매를 꾸미는데 공들이고 위험을 극복하기 위해 자신의 기술적인 통찰력을 신뢰하는 것도 이와 마찬가지이다.

그렇지만 투우사에게는 현실적인 죽음의 위협이 있는 반면, 예술가에게는 예술 외적인 위협을 제외하면 그런 위협은 결코 존재하지 않는다(예를 들면 독일 점령 기간의 지하 문학이 위험을 내포하고 있었던 것은 분명하지만 지하 문학이 위험했던 것은 좀 더 보편적인 투쟁 속에 통합되었기 때문이다. 요컨대 그때의 위험은 글쓰기 자체와는 무관하다). 그렇다면 문학과 투우를 비교하면서 "문학 작품 속에 황소 뿔의 그림자만이라도" 끌어들이려는 나의 시도는 근거가 있는 것인가? 글을 쓰는 행위가 글쓰기를 직업으로 삼는 사람에게 치명적이지는 않다하더라도 최소한이나마 실제적인 위험을 초래할 수 있을까?

책을 쓰는 것이 하나의 행위가 되도록 할 것, 그것이 대충 말해 내가 『성년』을 쓸 때 추구해야 할 목표였다. 책을 쓰는 행위는 나 자신에 대한 행위이다. 왜냐하면 환자로서 정신분석 치료를 받으면서 관심을 갖게 되었지만, 정신분석으로도 완전히 명확하게 밝혀내지 못했고 지금도 여전히 모호한 것으로 남아있는 몇 가지 사항을 이 책을 쓰면서 정확하게 표현하고 밝혀보고 싶었기 때문이다. 책을 쓰는 행위는 타인에 대한 행위이기도 하다. 왜냐하면 신중하게 용어를 사용한다고 해도 다른 사람들이 나를 바라보는 방식은 고백록을 출판하기 전과는 더 이상 같을 수 없기 때문이다. 마지막으로 책을 쓰는 것은 문학적인 차원에서 행위이다. 그 행위는 카드 패를 뒤집어 보여주는 행위, 의도적으로 화려하게 꾸민 외관 아래 다소 은폐되어 있는 내 다른 작품들의 씨줄을 이루는 현실들을 별로 자극적이지 않은 알몸 그대로 드러내 보이는 행위이다. 그것은 '참여문학'이라 불리는 문학이 아니라, 내가 나 자신을 온전히 참여시키려고 애쓴 그런 문학이있다. 그것은 안으로도 참여하고 밖으로도 참여하는 것으로, 나는 문학의 도움을 받아 스스로 깨달음으로써 나 자신을 변화시키기를 기대했고, 가까운 사람들부터 시작해서 타인과의 관계에서도 새로운 요소가 도입되기를 기대했던 것이다. 그들이 어쩌면 이미 짐작했을 수도 있지만 막연히 짐작만 했을 것들을 내가 분명히 밝힌다면 그들과의 관계는 더 이상 예전과 같을 수 없기 때문이다. 거기에 노골적인 냉소에 대한 욕구는 없었다. 그보다는 모든 것을 고백하고 새로운 토대 위에서 시작하고 싶은 욕망, 내가 애정을 갖고 있거나 높이 평가하는 사람들, 즉 내가 중시하는 사람들과 이제부터 아무런 속임수도 없는 관계를 유지하고 싶은 욕망이 있었을 뿐이다.

  엄격히 미학적인 관점에서, 책을 쓰는 것이 하나의 행위가 되도록 한다는 것은 이미지와 사실들 전체를 거의 날 것 상태로 응축시키는 것이어서 나로서는 상상력을 발휘하여 그것들을 가공하려는 생각을 용납할 수 없었다. 요컨대 소설의 부정인 것이다. 절대 상상력을 동원하여 꾸며내지 않고 오직 진실 그대로의 사실만을 (고전주의 소설에서처럼, 진실임직한 사실들이 아니다) 자료로 인정할 것, 오직 사실만을, 그리고 그 사실들 전체를 자료로 인정할 것, 그것이 내가 선택한 규칙이었다. 이미 앙드레 브르통의 『나자』가 그 방향으로 길을 하나 열어놓은 바 있지만, 내가 꿈꾸었던 것은 무엇보다도 에드가 포의 『마지날리아(여백에 쓴 글)』의[7] 한 구절을 읽고 보들레르가 영감을 받았던 그 기획을 내 나름대로–할 수 있는 한–다시 해보는 것이었다. 그것은 자기 내면을 생생하게 드러내는 것, 자기에 대한 책을 쓰되 저자의 문장 아래 "불타오르는 펜이 닿을 때마다 종이가 오그라들고 타오를" 정도로 성실성에 대한 욕구를 끝까지 밀고 나가는 것이었다.

  여러 가지 이유 때문에–이 자리에서 다 말할 수는 없지만 견해 차이와 인간적인 문제가 얽혀 있다–나는 초현실주의와 결별했다.[8] 그럼에도 불구하고 내가 초현실주의의 영향을 받은 것은 사실이다. 의도적으로 추구하지 않았음에도 (자동기술법이나 우연한 만남으로[9]) 우리에게 주어진 것처럼 여겨지는 것들에 대한 감수성, 꿈에 부여한 시적인 가치(이와 동시에, 꿈은 계시들이 넘쳐나는 것으로 여겨졌다), 프로이트 심리학(이미지라고 하는 매력적인 질료를 작동시키고, 나아가 개개인을 새로운 오이디푸스로 간주함으로써 자신을 비극적인 차원으로까지 끌어올릴 수 있는 편리한 수단을 제공한다)에 대한 커다란 신뢰, 바꿔치기나 타협에 관계되는 모든 것, 다시 말해 실제 사실과 순전히 상상적인 산물을 기만적으로 화해시키는 모든 것에 대한 혐오, (부르주아들이 위선적인 내노로 저수받은 구역에 처박아 버리거나 그러지 않으면 너무나 쉽게 통속극의 재료로 취급해 버리는 사랑에 있어서 특히) 노골적으로 생각을 털어놓고 말해야 할 필요성, 이것들이 바로 내가 『성년』을 구상했을 때, 여전히 나를 가로지르던 몇 가지 커다란 자력선들이었다. 잘못된 부분들이 많아서 난처하기도 하고 또 모순도 없지 않지만 말이다. 유년기의 추억, 실제 사건들의 이야기, 꿈들, 실제로 경험한 느낌들이 서로 뒤섞여 있어서 이 책은 일종의 초현실주의적인 콜라주, 또는 차라리 일종의 포토-몽타주를 이루고 있다. 왜냐하면 이 책에는 증거 자료로서의 가치가 없는 것, 엄격한 진실이 아닌 것은 단 한 가지도 사용되지 않았기 때문이다. 사실주의-소설에서 관례적으로 하는 가장된 사실주의가 아닌, 실질적인 사실주의(조금도 가장하지 않고 오직 실제로 경험한 것들만이 제시된다는 점에서)-를 택하는 그 단호한 입장은 내가 계획하고 있었던 일(나 자신을 정확하게 판단하고 나를 공개적으로 드러내기)의 성격상 불가피하기도 했지만, 그것은 또한 미학적인 요구에도 부응하는 것이었다. 내 계획이 요구하는 미학적 요구를 만족시키려면, 내가 경험을 통해 알고 있고 나와 직접적으로 관련된 것들만 말함으로써, 내 문장 하나하나가 특별한 밀도와 감동적인 충만함, 달리 말해 소위 '진정성' 특유의 자질을 확보해야 했다. 진실될 것, 그리하여 규정하기 어렵고 또 '진정성'이라는 용어(아주 다양한 것들, 특히 순수한 시적 창조물에 대해서도 적용할 수 있다)로도 결코 온전히 설명되지 않는 울림에 도달할 것, 그것이 내가 목표한 바였다. 그럼으로써, 글쓰기의 예술에 대한 나의 생각은 글쓰기에의 참여라고 하는 나의 윤리적인 생각과 수렴할 수 있었다.

투우사에 대해 숙고하면서, 나는 투우사에게도 위반할 수 없는 규칙과 진정성이 있음을 깨달았다. 그가 연출하는 비극은 실제적인 비극이어서 그는 피를 흘리고 목숨을 걸고 있기 때문이다. 그런 상황에서 내가 설정한 투우사의 진정성과 내 진정성의 관계가 단순한 말장난에 불과하지 않은지를 확인하는 일이 남는다.

예외적인 상황이 아니면, 자서전을 쓰고 출판하는 일이 그에 대한 책임이 있는 사람에게 (고백하면 사형당할 수 있는 범법 행위만 저지르지 않는다면) 그 어떤 죽음의 위험도 초래하지 않는다는 것은 두말할 여지가 없는 사실이다. 가까운 사람들과의 관계에서 힘들어질 위험이 있고, 그의 고백이 지나치게 기성관념과 어긋나면 사회적 신망을 잃을 위험이 있다는 것은 의심의 여지가 없다. 그러나 완전히 냉소적이지는 않더라도, 그가 그런 결과들을 하찮게 여길 수 있으며(더 나아가, 자신을 둘러싸고 형성된 분위기를 이롭게 생각한다면 만족할 수도 있다), 그래서 결과적으로 완전히 허구적인 위험을 내세워 주도적으로 게임을 할 수도 있다. 어쨌든, 그런 식의 정신적인 위험은 투우사가 무릅쓰는 구체적인 위험에 비할 바가 못 된다. 양적인 차원에서는 (이런 영역에서는 쉽게 착각하긴 하지만, 어떤 사람들의 애정이나 평판이 내게 나의 생명만큼이나 또는 그 이상으로 중요하다면) 그 둘 사이에 공통의 척도가 있을 수 있지만, 고백을 출판함으로써 겪게 될 위험은, 질적인 차원에서는, 자신의 직업을 수행하면서 항구적으로 위험에 빠지게 되는 투우사의 위험과는 근본적으로 다르다. 마찬가지로, (그것 때문에 사랑하는 사람들이 고통을 겪는다 할지라도) 자신에 대해 진실을 언명하려는 계획 속에 내포될 수 있는 공격성도, 그로 인해 그 어떤 피해가 생겨도, 투우의 살육과는 큰 차이가 있다. 그렇다면 행동하고 위험을 무릅쓰는 두 가지 극적인 방식들 사이에 어렴풋이 그려볼 수 있었던 유추관계는 결국 자의적인 것에 불과한 것인가?

나는 위에서 고백론의 작가에게 부과되는 기본 규칙(모든 진실을, 오직 진실만을 말하기)을 언급했고 투우사가 싸움에서 지켜야 할 엄격한 에티켓에 대해서도 암시한 바 있다. 투우사에게 있어서 규칙이 보호장치이기는커녕 그를 위험에 빠뜨리는 데 기여한다는 것은 분명한 사실이다. 예를 들어, 일정 조건이 갖추어졌을 때에만 검으로 찌르는 것은 투우사가 적지 않은 시간동안 자기 몸을 뿔의 사정권 안에 둔다는 것을 의미한다. 그러므로 규칙의 준수와 감수해야 할 위험 사이에는 직접적인 관계가 있다. 그런데 정도의 차이는 있지만, 고백록 작가가 감수하는 위험도 자기가 선택한 규칙의 엄격함에 정비례하지 않을까? 왜냐하면 진실을 말하는 것, 오직 진실만을 말하는 것이 전부는 아니기 때문이다. 곧장 진실에 다가가야 하고, 진실을 받아드리도록 하기 위한 가식적인 태도, 목소리의 떨림이나 오열, 장식음, 금박칠 따위의 기교를 부리지 않고 진실을 말해야 하는 것이다. 불쾌감을 줄 수 있는 요소를 완화시키고 노골적인 부분을 줄이는데 한정된다 해도 그런 것들은 결국 진실을 왜곡하는 결과만 가져오기 때문이다. 따라서 감수해야 할 위험이 규칙을 얼마나 엄격하게 준수하느냐에 달려 있다는 사실이, 고백록 작가로서 나의 행위와 투우사의 행위를 비교하면서 내가 설정하고 싶었던 것을 어느 정도 겸손하게 드러내 보여주고 있다.

무엇보다 에로티즘의 시각에서 (그 당시 내게는 성性이 인격을 구성하는 초석으로 보였기 때문에 그것은 특권적인 시각이었다) 내 삶에 대한 이야기를 쓰는 것, 즉 기독교에서 '육체의 일'이라고[10] 지칭되는 것을 고백하는 고백론이 나를 일종의 투우사로 만드는데 충분해보일지라도, 나는 자신에게 부과한 규칙–규칙의 엄격함이 나를 위험에 빠뜨린다는 사실을 입증하는 것으로 나는 만족했다–이, 위험과의 관계는 제쳐놓더라도, 투우사의 움직임을 지배하는 규칙과 비교될 수 있는지 검토해야 한다.

일반적으로 말해서, 투우의 규칙은 하나의 필수불가결한 목표를 추구한다. 투우의 규칙은 투우사로 하여금 자신을 심각한 위험에 처하도록 하고 (꼭 필요한 기술로 그를 무장시키면서) 적수를 아무렇게나 처치하지 못하도록 강제하는 것 외에도, 싸움이 단순한 도살이 되는 것을 막아준다. 제례서만큼이나 꼼꼼하게, 그 규칙은 전술적인 측면(황소가 검을 받아들이기에 알맞은 상태로 만들되, 필요 이상으로 지치게 하면 안된다) 뿐 아니라 미학적인 측면도 제시한다. 투우사의 태도에서 오만함이 느껴지는 것은 그가 칼을 꽂으면서 정확하게 '옆모습을 보여줄' 때에 한정된다. 사람과 카포테와[11] 뿔 달린 육중한 덩어리가 상호 영향을 미치는 어떤 관계 속에서 서로 결합된 것처럼 보이는 매혹적인 복합체를 투우사와 황소가 형성하게 되는 것은, 카포테가 천천히 흔들리는 가운데, 마치 투우사와 아주 가까이 연결되어 있기라도 한 것처럼 황소가 반복적으로 지나가도, 투우사의 두 발이 꼼짝 않고 제 자리에 머물러 있기 때문에 가능하다. 한 마디로, 모든 상황이 황소와 투우사의 대결에 **조각적인** 특성을 각인시키는 것처럼 전개된다.

비록 꿈(투우사가 흔드는 카포테가 기술직인 견지에서도 유용하고 정열의 약동을 드러내기도 하듯이, 꿈은 심리적으로 정당화된 요소이고 낭만주의의 색채가 묻어있다)에도 문을 열어놓았지만, 내 시도를 일종의 포토-몽타주로[12] 간주하고, 나를 표현하기 위해 가능한 한 객관적인 어조를 선택하며, 내 삶을 견고한 단 하나의 덩어리(모든 위험을 무릅쓰겠다고 주장하면서도 역설적으로 마치 죽음으로부터 나를 지키기 위해서인 양 내가 만질 수 있는 물건) 속에 압축시키려고 시도함으로써, 나는 요컨대 고전 작품을 쓸 때만큼이나 엄격한 규칙을 나에게 부과했다. 내가 보기에 투우에서 찾아볼 수 있는 모범적인 가치와 유사한 무엇, 가상의 황소의 뿔로는 부여할 수 없었을 그 무엇을 나의 시도(내가 성공한다면)에 부여해 준 것은 결국 엄격함 그 자체, 즉 '고전주의' – 가장 정형화된 비극에서도 그렇듯이, 과도함을 배제하지 않고, 형식을 고려할 뿐 아니라 최대의 진실성에 도달하려는 생각에 기초를 둔 고전주의–인 듯하다.

내가 자료들을 마음대로 통제하지 못하는 이상 그 자료들을 발견한 그대로 사용하기 (왜냐하면 있는 그대로의 삶이 내 삶이었고 내 과거에서 나는 쉼표 하나도 바꿀 수 없기 때문이다. 투우 대기소에서 뛰쳐나오는 황소가 투우사에게 그렇듯이, 그 자료들은 나에게 주어져 있는 일차적인 항목으로 거부할 수 없는 내 몫을 상징한다), 모든 것을 말하되 그 어떤 것도 쾌락에 휩쓸리지 않고 마치 필연성에 따르듯이 전혀 과장없이 말하기, 그것이 바로 내가 받아들인 우연이었고, 내가 스스로 부과한 법칙, 타협이 불가능한 규칙이었다. (이 용어가 함축하는 모든 의미에서) 나를 드러내고자 하는 욕망이 최초의 동기이긴 했지만 필요조건이 충분조건은 아니었으며, 그 최초의 목표로부터, 의무처럼 거의 자동적으로, 취해야 할 형식이 연역되어 나와야 했다. 내가 모은 이미지들과 내가 택한 어조는, 내가 갖고 있던 나 자신에 대한 인식을 심화시키고 선명하게 만들어주는 동시에, 실패할 경우를 제외하면, 나의 감정이 좀 더 공유될 수 있도록 만들어주어야 했다. 마찬가지로, 투우의 규칙(투우는 행위에 부과된 엄격한 틀로서, 그 행위에서 우연은 연극에서처럼 통제되어야 한다)은 싸움의 기술이면서 동시에 의례다. 그러므로 내가 스스로 부과한—나의 내면을 최대한 날카로운 시선으로 바라보겠다는 의지에 따라 강요된—방법상의 규칙은 구성의 원칙으로도 아주 효과적으로 작용해야 했다. 꼭 그렇게 말해야 한다면, 형식과 내용의 일치라고 말하겠지만, 좀 더 정확하게 말하면 그 방법상의 규칙은 내용에 형식을 부여함에 따라 내용을 내게 드러내보여 주는 유일한 방식이었다. 그리고 그 형식은 타인에게 매력적일 수 있는, 그리고 (상황을 끝까지 놓고 간다면) 내게 드러난 내용과 공명하는 뭔가를 타인도 자기 내부에서 발견할 수 있도록 도와주는 것이었다.

당연한 것이지만 이 모든 것은 내가 사용했던 방법을 최대한 분명히 규정하기 위해 훨씬 **나중에** 정리한 것이다. 그리고 행동의 지침인 동시에 혹 있을 수 있는 안일함에 저항하는 보장책이기도 한 '투우'의 규칙이 스타일을 드러내는 수단으로도 똑같이 효과적인지를 판단하는 것, 뿐만 아니라 (몇몇 세부에 있어서) 내가 방법론상 필연적이라고 주장했던 것이 오히려 구성과 관련된 어떤 속생각을 따르지는 않았는지를 판단하는 것은, 당연히 나의 몫이 아니다.

 문학에서 나에게 의미 있는 어떤 스타일에 특별히 관심 갖게 되는 것은 사실이지만 (그 스타일에 포함되는 작품에는 어떤 형태로든 뿌리 존재한다. 뿔에는 고백록의 저자나 전복적인 내용을 담은 글의 저자가 떠안는 직접적인 위험, 인간의 조건을 정면으로 직시하거나 '뿔에 사로잡힌' 상태로 바라보는 방식, 사람을 타인들과 대면하게 하는 삶의 개념, 유머나 광기와 같은 것들에 대한 태도, 인간의 비극에서 비롯된 위대한 주제에 공명하려는 단호한 입장 같은 것이 있을 수 있다), 내가 지적할 수 있는 사항—그런데 그것은 이미 열려 있는 문을 깨부수고 들어가는 것은 아닐까?—은, 이런 스타일의 작품이 문학적으로 '진정한' 것으로 간주되려면, 작가가 자기 자신에게 거칠게 설명하는 과정–연속적으로 접근하든 단도직입적으로 하든–에서 스스로에게 아드리아네의 실의 역할을 해준 것 외에는 사람들이 구성에 관한 다른 규칙을 작품 속에서 찾을 수 없어야 한다는 것이다. 이러한 관념은 원칙적으로, 문학 행위가 특별한 정신 수련법으로서, **자신을 위해 뭔가를 드러내고 동시에 그 뭔가를 가지고 타인과 소통하는 것** 이외의 다른 정당성을 가질 수 없다는 사실을 인정하는 순간부터, 또한 문학 행위의 가장 순수한 형식, 즉 시에 부여될 수 있는 최고의 목표 중 하나는 구체적으로 체험됨으로써 의미를 갖게 되는 어떤 강렬한 상태들을 단어를 이용하여 재현하는 것, 즉 단어로 표현하는 것임을 인정하는 순간부터 가능하다.

르아브르가 대부분 파괴된 것과 같은, 아주 현실적이면서도 아주 비통한 사건들로부터 지금 나는 멀리 떨어져 있다. 오늘날의 르아브르는 내가 알았던 르아브르와는 너무 다르고 나와 개인적인 추억들로 맺어졌던 장소들은 사라졌다. 예를 들면, 아미로테 호텔이 그렇고 건물들이 아예 파괴되었거나 아니면 구멍 뚫린 상태로 늘어서 있는 홍등가가 그렇다. 구멍 뚫린 어떤 건물의 측면 벽에서는 아직도 둥근 달 모양의 웃음 띤 얼굴 그림과 함께 '라 뢴 더 문'이라는[13] 글씨를 읽을 수 있다. 바다에는 적지 않게 쌓여 있던 잔해 더미에 어느 날 화물선 한 대가 어뢰에 폭파되면서 나온 잔해가 덧붙여졌고, 그 바다를 마주한 해변에도 고철들이 이상한 꽃처럼 흩뿌려져 있고 부지런히 모아 놓은 돌더미들이 쌓여 있다. 무너진 집들을 통해 나는 단지 전쟁의 결과 중 가장 불길하지 않은 결과만 보고 있을 뿐이어서, 전쟁이라고 하는 진정한 뿌리로부터는 확실히 멀리 떨어져 있다. 육체적으로 좀 더 참여하고 좀 더 활동하고, 그 결과 좀 더 위험에 처해진다면, 나도 문학이라는 것을 좀 더 가볍게 생각할 수 있지 않을까? 그렇게 한다면, 예상컨대, 문학을 하나의 행위, 하나의 드라마로 만들어, 마치 위험이 나를 온전히 실현하는 필수조건이라도 되는 양, 그 드라마 안에서 실제로 위험을 무릅써보려는 욕망에 내가 그렇게까지 편집적으로 시달리지는 않을 것이다. 그럼에도 불구하고, 작가에게 당연히 요구되는 본질적인 참여, 예술의 본질에서 우러나는 참여는 여전히 남을 것이다. 그것은 언어를 과소평가하지 않는 것, 결과적으로, 종이에 옮겨 적는 방식과는 상관없이, 자신의 말이 항상 진실이게끔 하는 것이다. 작가에게는 지적인 차원이든 정열의 차원이든 자신의 위치를 정하고, 우리의 현행 가치 체계에 대해 제기된 소송에 증거물을 제시하며, 자신이 그토록 자주 중압감에 짓눌려 숨막혀했던 그 모든 것으로부터 모든 사람이 해방될 수 있도록 영향력을 행사하는 일이, 여전히, 남을 것이다. 왜냐하면 모든 사람이 해방되지 않으면 그 누구도 자신의 개인적인 해방에 이를 수 없기 때문이다.

르아브르, 1945년 12월
파리, 1946년 1월

서른네 살, 이제 막 인생의 반이 지났다

서른네 살, 이제 막 인생의 반이 지났다. 신체적으로 보면, 나는 보통 키지만 약간 작은 편이다. 머리가 곱슬거리는 것을 막고, 또 머리가 빠지면서 더 대머리가 되지 않을까 두려워서 갈색 머리를 짧게 잘랐다. 내가 판단하는 한, 내 신체의 특징적인 면모는 다음과 같다. 목덜미는 아주 똑바르게, 마치 성채나 절벽처럼 수직으로 떨어지고 있다. 그것은 (점성가의 말을 믿어본다면) 황소자리로 태어난 사람들의 전형적인 특징이다. 튀어나온 이마는 차라리 혹처럼 보이고, 관자놀이의 정맥은 지나치게 굵고 툭 튀어 나와 있다. 이마가 발달한 것은 (점성가의 말에 따르면) 백양궁좌와 관계있다. 사실 나는 4월 20일에 태어나서 숫양자리와 황소자리, 두 자리의 경계에 놓여 있다. 눈은 갈색이고 눈썹 가장자리는 대체로 부어있다. 얼굴색은 붉은 빛을 띤다. 얼굴이 붉고 피부가 반짝이는 경향이 있어서 난처해하고 부끄러워한다. 손은 말랐고 상당히 털이 많으며 핏줄이 아주 두드러진다. 끝이 안으로 휘어 있는 가운데 손가락 두 개는 내 성격에서 상당히 여약한 것 또는 두피하려는 무엇을 니더내고 있음이 틀림없다.

머리는 신체에 비해 상당히 큰 편이다. 상체에 비해 다리는 약간 짧고 엉덩이에 비하면 어깨는 너무 좁다. 걸을 때면 상체를 앞으로 기울이고 걷는다. 앉아 있을 때에는 등을 굽히는 경향이 있다. 가슴은 별로 넓지 않고 근육은 거의 없다. 옷을 최대한 우아하게 입는 것을 좋아한다. 하지만 내 신체구조에서 언급한 결점들과, 가난하다고 할 수는 없지만 금전적으로 상당히 제한된 여건 때문에, 일반적으로, 아주 세련되지는 않다고 스스로 판단하고 있다. 준비되지 않은 상태에서는 매번 창피할 정도로 못생겼다고 느끼기 때문에 예기치 않은 상태에서 거울을 보는 것을 나는 몹시 싫어한다.

나에게는 몇 가지 익숙한 행동들이 있었다(또는 지금도 익숙하다). 손등 냄새 맡기, 피 날 정도로 엄지손가락 깨물기, 머리를 약간 옆으로 기울이기, 결연한 표정으로 입술을 다물고 콧구멍 좁히기, 마치 어떤 생각이 떠오른 사람처럼 갑자기 손바닥으로 이마를 치고 몇 초 동안 이마를 누른 채 가만히 있기(전에는 비슷한 경우 정수리를 만지작거렸다), 껄끄러운 것에 대해 가부간 대답을 해야 하거나 결정을 내려야 할 때 손으로 눈 가리기, 혼자 있을 때 항문 부위 긁기 등등. 이 행동들은, 적어도 대부분은, 하나씩 없어졌다. 혹시 내가 이 행동들을 바꾸기만 하고 아직 알아채지 못한 다른 행동들로 대체한 것은 아닐까? 내가 나를 관찰하는데 아무리 능수능란하고 이런 유형의 쓰라린 응시에 대한 나의 취향이 아무리 편집적이어도, 아마 가장 두드러지게 눈에 띄는 것들 중에서도 내가 놓치는 것이 분명히 있기 마련이다. 왜냐하면 관점이 가장 중요하며, 나 자신의 관점에 따라 그려진 내 초상화는 다른 사람들의 눈에는 명백하게 보일 게 분명한 어떤 세부사항들을 모호하게 내버려 둘 확률이 매우 높기 때문이다.

내가 주로 하는 일은, 오늘날에 이르러서는 매우 비판받는 용어이긴 하지만, 문학이다. 그러나 나는 그 용어를 사용하는데 주저하지 않는다. 그것은 사실이냐 아니냐의 문제이기 때문이다. 어떤 사람이 식물학자, 철학가, 천문학자, 물리학자, 의사이듯이 문학가인 것이다. 글을 쓰고자 하는 이 취향을 정당화하기 위해 다른 용어, 다른 변명거리를 만들어봤자 소용없다. 펜을 손에 쥐고 생각하는 것을 좋아하는 사람은 누구나 문학가다. 몇 권 되지 않지만 책들을 출판했는데 명성은 조금도 얻지 못했다. 성공한 작가나 인정받지 못한 시인에 대해 똑같이 공포심을 느끼기 때문에 그것에 대해 불평하지도 않고 자랑스러워하지도 않는다.

솔직히 말해서 여행가라고 할 수는 없지만, 나는 여러 나라를 여행했다. 아주 젊어서는 스위스, 벨기에, 네덜란드, 영국을, 좀 더 후에는 라인강 서쪽지방, 이집트, 그리스, 이탈리아와 스페인을, 아주 최근에는 적도 아프리카를 여행했다. 그렇지만 적절하게 구사할 수 있는 외국어는 하나도 없다. 그것이 다른 여러 가지와 겹치면서, 나는 결핍감과 고립감을 느낀다.

일을 할 수밖에 없긴 했지만 (민속학자라는 직업은 내 취향에 잘 맞았기 때문에 그 일은 별로 힘들지 않았다.) 나는 어느 정도 안락한 삶을 영위하고 있다. 건강도 상당히 좋은 편이고 상대적으로 자유도 없지 않다. 어떤 면에서 나는 '행복한 사람'이라고 부르면 좋을 그런 사람들 속에 나를 포함시켜야 한다. 그러나 내 삶에는 만족스럽게 환기할 수 있는 사건들이 거의 없고 내가 함정에 빠져 몸부림치는 듯한 느낌은 점점 더 분명해진다. 문학적으로 전혀 과장하지 않고 말하자면, 나는 부식된 것 같다.

성적으로 나는 단지 좀 차가운 사람일 뿐 비정상은 아니라고 생각한다. 하지만 나는 오래 전부터 나 자신을 거의 성불능으로 여기는 경향이 있다. 어쨌든 성행위를 더 이상 단순한 것이라고 여기지 않고, 상대적으로 예외적인 어떤 사건, 특별히 비극적이거나 특별히 행복한 어떤 내적인 자질을 필요로 하는--이 두 자질은 선택적인 것으로, 내가 나의 평균적인 자질로 간주하는 것과는 아주 다르다--하나의 사건으로 간주한 지는 오래되었다.

에로틱한 것과 직접 관계없는 그런 관점에서 볼 때, 나는 임신한 여자에 대해 항상 거부감을 느꼈고, 출산에 대해서는 두려움을, 신생아에 대해서는 노골적인 혐오감을 품고 있었다. 그런 감정을 나는 아주 어렸을 때부터 느꼈던 것 같다. 확실히 "그들은 아주 행복했고 아이들을 많이 낳았다"와 같은 요정 이야기의 상투적인 문구에 대해 나는 아주 일찍부터 불신하는 편이었다.

누나가 딸을 출산했을 때 나는 약 9살이었다. 뾰족한 머리, 배설물로 더럽혀진 기저귀, 탯줄 달린 아이를 보았을 때 나는 문자 그대로 구역질이 났다. 탯줄을 보고는 "얘가 배로 토하고 있어!"라고 고함을 질렀다. 집에서 '막내'로 불리던 내가 더 이상 가장 어리지 않다는 사실을 특히 견딜 수 없었다. 나는 내가 더 이상 마지막 세대가 아니라는 것을 알게 되었고 노화가 무엇인지를 갑자기 깨달으면서 아주 큰 슬픔과 불안감을 느꼈다 그 불안감은 그 이후 계속해서 커져만 갔다.

성인이 되어, 아이를 갖는다는 생각, 원칙적으로 말하면 태어나기를 요구하지도 않았고 자기 차례가 되어 어쩌면 아기를 낳은 후에 결국 죽고 말 그런 존재를 태어나게 한다는 생각을 나는 참을 수 없었다. 성행위를 해도 그것으로 임신이 되지 않을 것이며 성행위가 인간의 번식 본능과는 아무런 공통점도 없다고 생각하지 않으면, 나로서는 성행위를 하는 것이 불가능할 것이다. 사랑과 죽음--생성하고 해체되는 것, 그것은 결국 같은 것이다--은 나에게는 너무나 밀접한 것이어서 육체적 즐거움이라는 생각은 미신적인 두려움을 동반할 때에만 나를 감동시킨다. 마치 사랑의 행위가 나의 삶을 가장 강렬한 지점으로 이끄는 동시에 나에게 불행만을 가져다주기라도 하는 것처럼 말이다.

  내 불안정한 성격과 애정결핍 그리고 무엇보다도 다른 모든 것이 유래하는 이 거대한 권태 때문에 우리의 결합에 파란이 없진 않았지만, 나는 나와 함께 사는 여자를 사랑하며, 이런 말을 하는 것이 허용된다면--운명 때문에 어쩔 수 없이 이 말을 참혹하게 부정하는 일이 일어나지 않는다면--나는 여생을 그녀와 함께 마치리라는 것을 믿기 시작했다. 많은 다른 사람들이 그렇듯이, 나도 지옥으로의 하강을 경험했으며 몇몇 사람들처럼 지옥에서 이럭저럭 빠져나왔다. 이 지옥 저편에는 내 유년기가 있다. 비록 그 시기가 이미 붕괴의 단초를 포함하고 있고 점점 주름이 깊게 파이면서 이 초상화와 유사한 특징들을 모두 포함하고 있음에도 불구하고, 몇 년 전부터 이 시기가 내 인생에서 유일하게 행복했던 시기라도 되는 것처럼 나는 내 유년기를 뒤돌아보곤 한다.

절대의 붕괴, 즉 내 생각으로는 대부분 청년기에서 성년기로의 진입으로 해석할 수 있을 이 점진적인 퇴화를 넘어, 변하지 않는 것으로 밝혀질 몇 가지 특징들을 끌어내기 전에, 내 유년기의 형이상학의 흔적으로 수집할 수 있었던 것을 여기에 몇 줄 써서 고정시켜두고자 한다.

노화와 죽음

죽음에 대해 알고 있었던 게 어느 순간부터인지 그리고 어떤 경로로 죽음이 단순히 "하늘나라에 가는" 것을 의미하지 않고 내 정신에 하나의 현실로 자리 잡게 되었는지를 밝히는 것은 나로서는 불가능하다. 어머니는 때때로 나를 페르 라셰즈 묘지에 있는 외할아버지, 외할머니의 무덤에 데려가곤 했다. 그 무덤에는 외할아버지의 프리메이슨 휘장이 반구형 유리 용기 아래에 놓여 있었다. 외할아버지는 제3공화국의 고위 공무원이었고, 오귀스트 콩트의 제자이면서 프리메이슨 단체 '완벽한 침묵의 장미'의 지부장이었다. 나쁜 의도를 가진 사람들이 항상 유리 용기를 깨뜨리고 휘장을 뒤죽박죽으로 만들어 놓아서 어머니는 유물 전시는 포기하고 무덤을 꽃과 국화, 구슬로 된 간단한 왕관으로 장식하는 것으로 그치고 말았다. 우리가 살고 있던 부르주아 계층의 구역과는 상당히 떨어져 있고 거의 시골 같던 이 묘지를 방문하는 것은 나에게 뭔가에 대한 예감을 주곤 했지만, 아직까지는 정확하게 죽음에 대한 예감은 아니었다.

별로 확실하진 않지만, 죽음에 관계된, 더 정확하게 말하면 시체와 관련된 어떤 생각들이 떠오른다. (하나는 특히, 내가 잘못 알고 있지 않다면, 나무 밑에 피해 있다가 번개 맞은 사람이 그려져 있는 삽화 잡지의 한 도판화에서 비롯된 생각으로, 그 사람의 눈에 나무의 영상이 사진 박히듯 찍혀 있었다.) 나는 또한--좀 더 후에--자살과 관련된 그림을 몇 개 가지고 있었다. 우연히 내 눈에 띈 일간지의 화보 부록에서 어떤 영주가 불이 난 가운데 자기 부인들과 함께 동반 자살하는 장면을 보게 되었다. 그 사건은 어떤 섬이나 말레이 반도에서 일어난 것 같았다. 그 영주는 상당히 젊고 몸매가 늘씬한 황인종이었으며 검은 수염이 있었고 깃털장식이 있는 터번을 쓰고 있었다. 그의 부인들은 남편에 의해 살해되었거나 그의 명령으로 죽임을 당했고, 이제 자기 차례가 되어 그가 단도로 자살하는 모습이 그려져 있었다. 그는 칼날이 휜 긴 크리스 칼을 가슴에 박아 넣고 있었고, 이미 약간 휘청거리는 그의 몸이 화재가 난 배경 위로 부각되어 있었다.

    나는 어떻게 자살이 이루어졌는지, 특히 이 행위에 의지가 어느 정도 개입되어 있는지에 대해서는 정확하게 이해하지 못했다. 예를 들면 그 영주가 죽인, 또는 죽도록 한 부인들이 자살했을까 안했을까, 어느 정도까지 그녀들이 동의했을까, 어느 정도까지 그녀들에게 강요했을까 하고 나는 궁금하게 생각했다. 내가 유일하게 분명히 지각했던 것은 '자살suicide'이라는 단어였다. 화재라는 생각과 크리스 칼의 뱀처럼 휜 형태를 그 단어의 음성적 효과와 결합시켰고, 그 결합은 내 정신에 어찌나 단단히 각인되었던지, 요즘도 SUICIDE라는 단어를 쓰면 불길을 배경삼아 서있는 영주의 모습을 떠올리지 않을 수 없다. S는 날카로운 소리만큼이나 그 형태가, 쓰러지기 직전의 비틀리는 육체와 더불어 구부러진 칼날을 환기시킨다. UI는 이상하게 진동하면서, 그렇게 말할 수 있다면, 분출되는 불길처럼 또는 그 각도가 거의 무뎌지지 않고 응고된 듯 내려치는 번개처럼 스며든다. CIDE는 뭔가 날카롭고 신랄한 것을 포함한 신맛을 풍기면서 끼어들어 마침내 모든 것의 결론을 낸다.

따라서 죽음에 대한 개념이 아무리 모호해도(그 개념은 나에게는 기껏해야 낫을 든 해골이라고 하는 순수한 알레고리에 불과했다), 나는 적어도 격렬한 죽음--번개 맞은 사람이나 자살한 사람--이 무엇인지에 대해서는 어떤 개념을 갖고 있었다. 침대에서 죽는 사람들은 내 가족과 같은 사람들, "하늘나라로 간다"고 정의되는 사람들, 영원한 행복이 약속된 사람들이었다. 다른 사람들은 예외적인 사람들로, 자칫하면 괴물들, 심지어는 저주받은 사람들로 여겨질 터였다. 나에게 죽음은 갑자기 모든 것을 없애는 사고도 아니었고 화재 중에 비극적으로 사라지는 것도 아니었다. 존재의 상실도 확실히 아니었다. 죽음은 휴식을 취하는 묘지로의 이동, 천국과 신앙심 깊은 사람이 꽃을 꽂아주러 오는 무덤이라는 이중의 삶으로 이동하는 것이었다.

따라서 실제로 죽음이 무엇인지를 조금씩 의식하게 된 방식에 대해서는 모든 것이 모호한 상태다. 그러나 존재의 연속적인 단계들, 시간의 흐름, 성인의 상태에 이르렀다가 노쇠한 상태로 넘어가는 것, 한 마디로 말해 노화에 대한 개념을 갖는데 많은 도움이 되었던 물질적 이미지는 아주 정확하게 다시 생각난다. 그것은 아주 어렸을 때

보았던 그림들로, 에피날에서 간행된 『인생의 색깔들』이라는 제목을 가진 앨범의 하드커버 뒷면을 장식하고 있었다. 그것들이 정확하게 어떤 색깔이었는지, 특히 그것들이 삶의 어떤 단계에 해당하는지는 확신할 수 없지만, 기억하는 대로 여기에 그것들을 나열하고자 한다.

뒤죽박죽 색깔에 해당하는 칸(상단부 왼쪽 첫 칸)은 올리브색 같기도 하고 보라색이 도는 것 같기도 한 불분명한 색조로 칠해져 있다. 한쪽에서는 신생아들이 양배추에 놓여 있는 것이 보이고, 다른 쪽에는 털모자를 쓰고, 당시에는 '샤리오'라고 불리고 현재는 '울타리' 역할을 하는 보행기에 팔을 기댄 채, 주먹으로 눈을 비비며 고함을 지르는 아기가 있다.

내가 '뒤죽박죽'의 나이를 지났는지 안 지났는지가 너무 신경이 쓰여서 나는 이에 대해 형들에게 자주 물어보았다. 나를 화나게 만들려고 형들은 당연히 아니라고 대답했고, 나는 매번 끔찍한 모욕감을 느꼈다. 내가 가장 높은 단계들을 원한 것은 아니었다. 솔직히 말하면, 그 단계들은 태고적 시간과 섞여 있어서 나는 결혼의 시기가 아니면 그 단계들 중에서 그 어떤 것도 정점이 될 수 있으리라고 생각하지 못했다. 나는 단순히 '뒤죽박죽'의 단계를 지나 그 다음 칸에 그려져 있는 단계로 넘어가려고 안달하고 있었다. 그 다음 단계는 다음과 같다.

장미색, 또는 청소년기. 창문틀에 팔꿈치를 기대고 비누거품 놀이를 하는 작은 소년 옆으로 신나게 달리며 놀고 있는 한 무리의 소년

소녀들을 뚜렷이 알아볼 수 있다. 내 야심은 그곳에 한정되어 있었고, 다른 모든 칸은--어쩌면 마지막 칸을 제외하면--완전히 추상적인 도식으로 남아 있다.

그 중에는 특히 이런 것들이 있다.

푸른색, 달빛을 받으며 사랑에 빠진 사람들.

초록색(?)에는 모성과 관련된 장면이 그려져 있다.

그리고 장년기의 색깔들이 이어지는데, 유년기의 첫 두 색깔과 함께 그것들만 나는 충분히 정확하게 기억한다.

'익힌 밤' 색은 술 취한 40대 남자 두 명에게 해당되는 것으로, 그들은 넝마주이나 방랑자처럼 옷을 입고 서로 주먹다짐을 한다. 그 격렬함은 여러 가지 크기의 많은 별모양으로 표시되어 있다.

붉은색에는 수염 난 남자가 빵모자를 쓰고 커다란 안락의자에 깊숙이 앉은 채, 편안한 실내화를 신고 불이 지펴있는 방향으로 발을 뻗고 있다. 그는 파이프 담배를 피우고 활활 타오르는 석탄 옆에서 몸을 덥히면서 영광스럽고 용감했던 기억들을 환기하고 있다. 석탄에서 올라오는 연기 속에는 포탄이 날아가는 궤도와 수류탄이 폭발하는 장면과 함께 군대의 장면들이 그려져 있다.

노란색(그게 노란색이었는지 정확하지 않지만 나에게 그 이미지는 황달을 의미한다)에서는 나이도 알 수 없고, 남자인지 여자인지도 거의 알 수 없는데다가, 수염도 없고, 꼬부라진 모습에 몸이 아프고, 부인용 나이트캡을 쓴 실내복 차림의 남자가 차를 한 잔 마시며 기력을 되찾고 있는 모습을 보게 된다.

회색은 부모와 조부모가 조그만 갓난애를 손에서 손으로 건네며 안아주는, 가정사의 가장 고전적이고 낙관적인 한 장면에 할당되어 있다.

마지막으로 검은색에서는 아주 침울한 표정에다 살점하나 없이 비쩍 마른 사람이 핵심 요소인데, 그는 동굴 같은 곳에 앉아 있다. 그곳에서 그는 마치 커피를 볶을 때 사용하는 것과 비슷한 손잡이를 이용하여 "슬픔에 잠겨 있는" 것 같다.[1] 실크 모자를 쓰고 검은 옷을 입고 있어서 장의사처럼 보이며, 눈에는 눈물이 그렁하고 코에서는 콧물이 흘러내리고, 손에 들고 있는 양초는 가물거리며 곧 꺼질 것 같은데다 촛농이 줄줄 흘러내리고 있다.

이 이미지들은 '뒤죽박죽'이나 '익힌 밤'과 같이 저마다 색깔에 어울리는 명칭을 갖고 있었을 것이다. 또한 그 수도 훨씬 많고, 삶의 이러저러한 시기 특유의 일상사들이 대부분 그려져 있었을 것이다. 그러나 나는 내가 인용한 것 외에 그 어떤 것도 기억하지 못한다. 이 사실은, 이 이미지들이 실제로는 오늘날 내가 생각하는 것만큼 그렇게 인상적이지 않았을지도 모른다는 것을 보여주고 있다.

요컨대 나에게 진정으로 의미 있는 유일한 이미지는 '뒤죽박죽'의 이미지이다. 그것은 신화적인 시기처럼, 모든 것이 아직 구분되지 않은 상태, 소우주와 대우주가 아직 완전히 분리되지 않아서 사람들이 절대 속에 잠긴 것처럼 유동하는 세계 속에 잠겨 있는 그 대체 불가능한 상태, 생애 첫 단계라고 하는 혼란을 놀라울 정도로 잘 표현하고 있기 때문이다.

나는 이제 상당수의 색깔들을 통과했다. 그 중에는, 마흔 살이 되려면 한참 멀었는데도, '익힌 밤' 색도 포함되어 있다. 노란색--또는 간질환의 색--이 나를 노리고 있으며, 겨우 일 년이 조금 지난 일이긴 하지만, 나는 자살을 함으로써 검은색에서 벗어나기를 희망했었다. 그러나 현실은 그렇게 만들어지고 해체되는 법. 나는 이 인생의 시기들이라는 틀 속에 끼워져 있다. 부패되는 익사자의 얼굴에 남는 무지개 색조와 유사한 무지갯빛 곰팡이가 테두리 여기저기에 얼룩져 남아 있는 저질 은판 사진처럼 네모난 나무틀에 끼워진 채, 나는 이 틀에서 (적어도 내 의지로) 빠져나갈 수 있다는 희망을 점점 더 잃어버리고 있다.

초자연

출생에 관한 수수께끼를 제외하고, 내가 아주 어렸을 때 품었던 가장 큰 수수께끼 중의 하나는 크리스마스 장난감들이 어떻게 굴뚝을 통해 내려오는가 하는 문제였다. 산타클로스가 장난감을 위에서 떨어뜨린다고 해도, 논리적으로 볼 때 이 장난감들은 굴뚝을 통과하기에는 너무 커서 나는 이상한 추론을 생각해내곤 했다. 이런 식으로 선물 받았던 돛단배 모형에 대해--나중에 알고 보니 그것은 큰 형의 친구가 준 선물이었다--나는 다음과 같이 가정함으로써 문제를 해결했다. 신은 전능하시니까 선물이 굴뚝을 통과할 필요 없이 내가 장난감을 발견했던 바로 그 자리에서 장난감을 창조하신다. 상대적으로 매우 좁은 굴뚝 아래에 놓인 아주 큰 배船를 보고 느꼈던 경이로움은 내가 살던 거리를 지나갈 때마다 상점에 진열된 병 속의 선박을 보고 느꼈던 경이로움과 조금은 같은 유형의 느낌이었다.

아이가 배 속에서 만들어진다는 사실을 알게 되고 크리스마스의 신비가 밝혀졌을 때, 나는 일종의 성년에 접근한 것 같았다. 나는 그것을 철들 무렵, 즉, 원칙적으로, 입문식의 첫 단계로 받아들여지는 시기와 혼동하고 있었다. 임신이 어떤 것인지 알게 되자마자, 굴뚝을 통해 내려오는 장난감에서 제기된 문제와 유사한 방식으로 출산의 문제가 나에게 제기되었다. 어떻게 장남감이 통과할 수 있을까? 어떻게 아이가 나올 수 있을까?

무한

무한이라는 개념을 처음으로 정확하게 접하게 된 것은 아침 식사로 가장 즐겨 먹었던 네덜란드 산産 코코아 상자 덕분이다. 이 상자의 한쪽 면에는 여자 농부가 그려져 있었다. 그녀는 레이스가 수놓아진 모자를 쓰고 장밋빛 얼굴에 생기발랄한 모습으로 웃으며, 왼손으로 동일한 그림이 그려진 똑 같은 상자를 들고 보여주었다. 나는 똑같은 이미지가 무한 반복됨에 따라 이 젊은 네덜란드 여자가 무한히 다시 만들어지리라 상상하고 현기증 같은 것에 사로잡혔다. 이론상 섬섬 작아지기는 해도 이 여자는 결코 사라지지 않고, 비웃는 표정으로 나를 응시하며, 자신이 그려져 있는 코코아 상자와 똑 같은 상자에 그려져 있는 자신의 초상화를 나에게 보여주고 있었던 것이다.

10살 경(?) 얻게 된 무한에 대한 첫 번째 개념에, 상당히 혼란스러운 어떤 요소가 뒤섞여 있다고 거의 믿고 있다. 이 젊은 네덜란드 여자가 무한 반복됨으로써 불러일으키는 환각적이고 본질적으로 포착할 수 없는 특징은 마치 규방의 거울을 교묘하게 배치함으로써 거울 작용에 따라 방탕한 장면이 무한히 되풀이 될 수 있는 것과 같다.[2]

영혼

좀 더 시간이 흘러, 초등학교에 들어가서 우주형상에 대한 개념을 이미 갖고 있었을 때, 나는 영혼에 대해 다음과 같은 표상을 갖게 되었다. 그것이 완전히 환상에 불과하다는 것을 잘 알고 있었지만 그럼에도 불구하고 그 표상은 내가 이 실체에 대해 갖고 있던 관념과 밀접하게 연결되어 있다. 그 표상은 '콜리피셰'라고 불리는 가볍고 물기 없는 과자에 수직으로 긴 바늘을 관통시켜 작은 새들의 먹이로 주기 위해 새장의 살 사이에 끼어놓은 것이었다.

기초 지리책에 기술되어 있는 다음과 같은 실험에서 이 이미지를 얻은 것이 분명하지만, 나는 그 이미지를 정확하게 재현하고 있는지 여부는 별로 확인할 생각도 않고 여기에 기억나는 대로 그 실험을 옮겨 적고 있다. 액체 한 가운데에 기름 덩어리가 떠있고 바늘로 기름을 찌른 후 힘차게 돌려 기름을 움직인다. 바늘에 이끌려, 처음에는 거의 구형이었던 기름 덩어리가 원심력이 작용하면서 약간 평평해진다. 이 현상으로 우리는 양극의 축을 중심으로 회전함으로써, 엄격하게 공 모양은 아니지만 기름 덩어리가 변형된 것과 동일한 방식으로 변형된 지구에 어떤 일이 일어났는지를 이해할 수 있다. 바늘을 충분히 빨리 회전시키면 변형도 빨라지고, 덩어리의 일부가 떨어져 나가 토성처럼 환이 만들어진다.

  생각해 보면, 영혼을 콜리피셰에 동일시한 것은--또는 같은 방식으로 가운데를 관통하고 있는 성촉절聖燭節의 크레이프에 동일시한 것은--내 영혼이 물질적으로 실재한다는 믿음에 근거한다. 나는 내 영혼을 단단한 물체이긴 하지만, 그 물체를 이루는 물질은 별로 견고하지 않고 형태도 상당히 불규칙적이라고 상상할 수밖에 없다. 내 두개골의 어떤 주름 속에 놓여 있을지도 모르는 이 덩어리는 새(콜리피셰)나 박쥐(물렁물렁한 크레이프를 박쥐의 날개처럼 펼쳐 프라이팬에 올려놓고 위아래로 데침으로써, 그 야행성 포유동물이 수상쩍게 날갯짓하는 것과 비슷한, 서툴러 보이는 비행--프라이팬의 검은 부분과 기름진 연기, 그을음 가까이에서--을 만들어낸다.[3])와 관계하면서, 본질적으로 공기와 같거나 무게가 없다.

주체와 대상

  가장 직접적인 욕구나 두려움과 관련된 것이 아니라면 유년기 동안 나는 바깥 세상에 거의 관심을 기울이지 않았다. 세상은 거의 전부 나 자신에게 한정되어 있었다. 내 관심사는 나의 '달'(어린 아이의 용어로, 사람들이 나에게 내 엉덩이를 지칭하도록 가르쳐주었다)과 나의 '작은 것'(어머니가 내 생식기에 붙여준 명칭)이라고 하는 두 축 사이에 완전히 포함되어 있었다. 자연에 대해 말하자면, 그것은 거의 조심하라는 말들을 듣게 되는 계기에 불과했다. 퐁텐느블로 숲에 우글거리는 뱀을 조심해야 했고 (특히, 히스가 우거진 장소에서 그랬는데, 하도 그 말을 많이 들어서 나는 히스의 연보라색 꽃들은 전부 뱀의 알을 담고 있다고 생각할 징도였다.) 불로뉴 숲에 데리고 가서 놀게 할 때면, 어머니는 성이나 오퇴이유 경마장 주변을 배회하는 '나쁜 사람들'이 나를 데려가려고 말을 건넬지도 모르니까 그 말에 귀 기울이지 말 것을 거듭 충고하곤 했다. 그 사람들을 뭐라고 정확하게 규정할 수 없었기 때문에 나는 막연히 호색한일 거라고 미루어 짐작하고 있었다. 그들은 나에게 시골 아이들에게 집시들이 했던 역할을 했다. 예를 들면 장난꾸러기 요정, 목신, 자연의 악마들, 개미집과 광부들의 집에서 느껴지는 불안한 측면 같은 것이었다. 더 시간이 지나서, 나는 그들을 일종의 식인종으로 간주했는데, 그것은 괴저병에 걸려서 회색 피부에 보랏빛이 감도는 야만인들이 탐험가를 잡아먹는 장면을 《펠-멜》 잡지에서 보았기 때문이다. 그들은 또한 신문에서 상세히 전해주는 '사회면' 기사에 나오는 사람들이기도 했다. 시간이 지난 후에 이 이상한 세계의 이면인 음란 출판물에 대해서 그랬던 것처럼, 그 신문들에 대해서 사람들은 나에게 "그것은 네가 읽을 게 아니야"라고 말하곤 했다.

예닐곱 살이 되었을 때,[4)] 당시 우리 가족이 여름을 보내곤 했던 곳에서 멀지 않은 파리 근교의 숲으로 어느 날 어머니, 형들, 그리고 누니와 함께 산책을 갔다. 간식을 먹기 위해 빈터에 잠시 머물렀는데, 전혀 예기치 않게, 그곳이 내가 처음으로 발기한 무대가 되었다. 거의 내 또래의 남자, 여자 애들로 이루어진 한무리의 아이들이 맨발로 나무를 타고 올라가는 것을 보고 내가 흥분한 것이다. 동정심 때문에 동요된 것으로 생각되는데, 그 감정은 '가난한 아이들'에 대해 느끼도록 교육받았던 감정이었다. 당시에는 내 성기의 변화와 나에게 주어졌던 그 장면을 즉각적으로 관련지을 수 없었다. 나는 단지 이상한 일치를 확인했을 뿐이다. 아주 많은 시간이 흐른 후에, 문제의 아이들이 아무것도 신지 않은 채 발바닥과 발가락으로 거친 나무껍질을 건드렸을 때 느꼈을 즐거움과 고통이 뒤섞인 감각을 상상함으로써, 나는 당시에 느꼈던 그 이상한 감각을 기억해낼 수 있었던 것 같다. 그들이 떨어질지도 모른다는 두려움에서 비롯된 약간의 현기증과 더불어, 누더기를 걸친 초라한 아이들의 모습이 내 동요를 일으키는 데에 직접적으로 관여하지 않았을까?

어쨌든 발기를 일으켰던 장면과 발기라고 하는 현상 사이에 아무 관계도 확립하지 못했기 때문에, 원인 불명의 이 갑작스러운 발기는 자연이 내 몸속으로 난입한 것, 즉 외부 세계가 갑자기 무대 위로 올려진 것에 상응했다. 아직 수수께끼라는 용어는 몰랐지만 나는 적어도 우연의 일치는 주목했던 것이다. 그 일치는 두 계열의 사건, 즉 내 육체에서 일어난 사건과, 이때까지 한 번도 실제로 분리된 환경에서 전개되는 것으로 생각하지 않았던 외부 시건들 사이에 존재하는 병행상태를 포함하고 있었다.

내 유년기의 여러 단계에 걸쳐 있는 이 기억들에 지나친 중요성을 부여하지는 않지만 그것들을 이 순간, 이곳에 모아놓은 것이 나에게는 일정한 이점이 있다. 그것들은 다른 모든 것이 놓이는 틀--또는 틀의 부분들--이기 때문이다. 어떤 특정 사건들은 나에게 훨씬 더 결정적인 것으로 여겨졌다. 그것들 중 일부는 내가 그 영향력을 간과한 적이 한 번도 없었던 것들--연극, 특히 오페라와 관련된 것들이다--이며, 다른 것들은 루크레티아와 유디트라고 하는, 특별한 매력을 지닌 두 여성이 그려져 있던 크라나흐의 그림 덕분에 그것들의 보다 은밀한 의미가 우연히 드러났을 뿐이다.

　몇 년 전 이 두 인물--자의적일지 모르지만 이들에게 나는 알레고리의 의미를 부여했다--을 보고 내 마음이 흔들렸다. 육체의 병이 아닌 다른 병들을 치유한다고 주장하는 모든 것에 대한 나의 혐오에도 불구하고, 내적 불안감 때문에 어쩔 수 없이 받게 되었던 정신분석 치료가 끝나갈 무렵이었다.[5] 이로부터 이 페이지들을 쓸 생각이 떠올랐다. 이 페이지들은 처음에는 크라나흐의 그림에 근거하여 나를 짓누르는 상당수의 것들을 표현해냄으로써 그것들을 청산할 것을 목표로 한 단순한 고백에 불과했지만[6] 곧 이어 그것들은 기억의 요약, 내 삶의 모든 양상들에 대한 파노라마적 관점을 쓰는 것으로 변했다.

　이와 같은 추억의 회랑이 내 눈에 어떻게 보였는지를 알려면 7살이 채 되기 전에 내 침대머리에 걸려 있던 묵주--손으로 들고 다닐 수 있는 십여 개로 요약된 세계(좀 더 큰 묵주 알 하나가 십여 개의 다른 묵주 알과 분리되어 있고 끝에는 십자가가 달려 있다)--에, 또는 시골에서 내가 재미삼아 일구던 정원 구석에 고스란히 완벽하게 담겨 있던 식물계(스위트피, 한련旱蓮, 금어초의 모습으로)에, 또는 더 나아가 고사리 줄기를 꺾은 후에 발견하고는 감탄해마지 않았던, 마치 나의 모든 세계를 응축하고 있는 것 같은 그 이상한 기호--진짜 솔로몬의 육각별--에 비교해 볼 수 있을 것이다.

 그것이 연극 작품 또는 내가 항상 아주 좋아하는 드라마 중의 하나라면, 그 주제는 다음과 같이 요약될 수 있을 듯하다. 어떻게 주인공--다시 말해 홀로페르네스--이 이럭저럭 (좋다기보다는 차라리 더 나쁘게)[7] 유년기의 기적과도 같은 혼란에서 성년기의 가혹한 질서로 접어들게 되었는가.

비극적인 것들

파우스트 - 메피스토, 저기 멀리 혼자 떨어져있는 안색이 창백한 예쁜 여자 보이지? 자리에서 일어나 힘없이 나가고 있잖아. 그런데 발에 쇠사슬을 차고 걷는 것 같아. 내가 보기엔 마르그리트와 닮은 것 같은데?

메피스토펠레스 - 내버려둬. 안 그러면 후회할거야. 그건 마법으로 만든 생명 없는 인물이야. 우상이지. 만나서 좋을 거 없어. 저 멍한 시선과 마주치면 사람은 피가 굳고 거의 돌로 변하게 돼. 메두사라고, 들어본 적 있지?

파우스트 - 사랑하는 사람이 감겨주지 않은 진짜 죽은 사람의 눈이야. 그런데 저 가슴은 내가 만졌던 마르그리트의 가슴이고, 저 감미로운 육체는 내가 소유했던 바로 그 육체가 틀림없어.

메피스토펠레스 - 바보야, 그게 마법이야. 누구나 자신이 사랑하는 여자를 본다고 믿게 되거든.

파우스트 – 얼마나 감미로운가… 얼마나 고통스러운가. 저 시선에서 눈을 뗄 수가 없어. 아름다운 목을 감싸고 있는 것 같은 하나밖에 없는 저 붉은 리본 좀 봐, 참 이상하기도 하지… 폭이 칼등만 해.

메피스토펠레스 – 그래 맞아. 내 눈에도 잘 보여. 자기 머리를 들고 있을 수도 있을 꺼야. 페르세우스가 머리를 잘랐으니까.

(괴테,『파우스트』, 제라르 드 네르발 번역)

내 유년기의 대부분은 부모님이 나를 데려가 보여주었던 공연들, 오페라나 가극의 영향 속에서 전개되었다. 아버지나 어머니 모두 연극을 좋아하셨는데 음악이 곁들어 있을 때 특히 좋아하셨다. 부모님은 오페라 극장의 이층 귀빈석을 자주 이용했다. 아버지가 재산을 관리하던 한 부유한 여자 고객이 좌석을 빌려주었던 것이다. 이 이층 귀빈석에서--객석의 오른쪽, 연극무대에서 보았을 때 두 번째 귀빈석--(칸막이 좌석의 첫 줄에 앉아도 왼쪽 무대의 절반밖에 볼 수 없었기 때문에 몸을 많이 숙이고서) 나는 10살 되던 해부터 목록에 나와 있던 많은 작품들, 『로미오와 줄리엣』, 『파우스트』, 『리골레토』, 『아이다』, 『로엔그린』, 『뉘른베르그의 명가수들』, 『파르시팔』, 『햄릿』, 『살로메』를 관람했다. 내가 항상 암시나 은유를 통해 접근하거나 마치 무대 위에 있는 것처럼 행동하는 습관이 든 것은 어쩌면 이 공연들이 나에게 남긴 인상 때문인지도 모른다.

 내가 받은 감동이 진실된 것이었는지 거짓된 것이었는지는 헤아려보지 않았지만, 나는 베로나 커플의[1] 죽음에 슬퍼 울었고, 발푸르기스의 밤(마지막 두 음절 때문에 무녀들의 가무를 생각나게 했다[2])에 나오는 수영복을 입은 발레리나와 두꺼운 황금색 종이로 만든 술잔들, 조명효과, 다양한 호사스러움을 보고 흥분했었다. 어릿광대 리골레토가 실수로 자기 딸을 죽였을 때 전율했고[3], 지하 감옥에 생매장당한 라다메스와 아이다의 고통을 같이 겪었으며[4], 황새의 기사와 함께 몽살바트 성을 떠났고[5] 햄릿과 함께 광기의 잔을 비웠다. 살로메기 세례 요한의 잘린 머리 앞에서 반쯤 벌거벗은 채 몸을 비트는 것을 보고 처음으로 불안감을 느꼈는데, 당시에는 그 불안의 에로틱한 본질을 모르고 있었다. 『뉘른베르그의 명가수들』들은 실망스러웠다.[6] 왜냐하면 나는 "명가수"들이 설익은 공갈[7] 같은 것을 내뱉다가 증오에 차 살육을 벌이거나 예술가들이 무자비할 정도로 경쟁하다가 공연의 끝에 이르러 서로 목 졸라 죽이는 비극적인 이야기를 기대하고 있었기 때문이다. 『파르시팔』에서 나는 "꽃으로 치장한 소녀들"에는 거의 관심이 없었다. 순결의 맹세를 깨뜨린 후 성스러운 창에 찔려 허리에 상처를 입은 암포르타스 왕의 부상 때문에 혼란스러웠고, 그의 슬픔이 이상하게 나에게 충격을 주었다.[8]

『파르시팔』에는 뭔가 이해해야 할 것이 있다는 사실을 알고 있어서, 나는 특히 그 작품에 대해 스스로 질문을 제기하곤 했다. 사람들이 내 앞에서 바그너를 "이해하는" 사람과 "이해하지 못하는" 사람들에 대해 이야기했던 것이다. 『파르시팔』의 깊은 의미를 이해하기 위해서는 어른이 되어야 할 뿐 아니라 특별한 재능이 있어야 한다는 말을 듣곤 했다. 그 의미는 크리스마스의 신비와 탄생의 신비 같은 어떤 것, 당시 나로서는 모호하게 느끼기만 했을 뿐, 내가 사춘기 이전이었음을 고려하면 실제로는 이해할 수 없었던 어떤 것이었다.

극장에 갈 나이가 되기 훨씬 전부터, 나는 누나--나보다 13살 더 많았다--가 연극 관람 후에 해주는 이야기에 귀를 기울이곤 했다. 그 중에서 특히 『팔리아치』라는 작품이, 이중의 드라마 때문에 나를 혼란의 심연에 빠뜨렸다.[9] 누나의 이야기에 따르면, 어떤 광대가 관객들 앞에서 아내를 살해했는데, 관객들은 그 살인이 거짓에 불과하다고 확신하고 배우들의 사실적인 연기에 감탄하며 브라보를 외쳤다. 그런데 그 살인은 진짜였고 관객들은 나중에야 그 사실을 알아차렸다.

나는 상연된 드라마가 극중극이라는 사실과 눈앞에서 벌어진 살해를 보고 환호하는 관객들이 실제 관객--내 누이를 포함하여 공연장에 있는 사람들--이 아니고 그들 또한 연극에 포함된 상상의 관객이라는 사실을 모르고 있었다. 그래서『팔리아치』를 상연할 때마다 주연배우가 상대 배우를 실제로 칼로 찌른다고 생각했다. 이런 관행의 진정성 여부를 전혀 의심하지 않았기 때문에 나는 어떻게 이처럼 엄청난 일이 일어날 수 있을까 하고 속으로 생각하곤 했다. 나는 이 사실과 루이 13세 치하에 있었던 결투(당시 나는 이 결투의 결과가 치명적임에도 불구하고 이 결투를 순전히 스포츠적인 것으로 간주하고 있었다), 내가 들어본 적이 있었던 검투사들의 싸움 또는 원형경기장에서 벌어졌던 기독교인들의 순교 사이에 유추관계를 맺음으로써 그 난관에서 벗어나곤 했다.

　사람들에게 이끌려 내가 처음으로 가 본 연극 무대는 그레뱅 박물관의[10] 작은 전시실이었다. 내 생각에 그곳에서는 어떤 마법사가 공연을 하고 있었다. 공연에 빠져들어서, 나는 적절한 때에 나를 데리고 나가달라고 어머니에게 부탁하는 것을 잊고 바지에 오줌을 싸고 말았다. 냄새가 풍기고 아주 빨갛게 붉어진 두 뺨이 수치스러운 내 실수를 드러내고 있었다. 내가 아는 한, 어머니가 나를 아주 심하게 야단친 것은 아니었다. 하지만 어머니가 고약한 냄새에 절은 나를 데리고 갈 때 나는 매우 자존심이 상했다.

　또 한 번은『80일간의 세계일주』를 보러 샤틀레 극장에 갔었다. 나는 연극을 아주 조용히 관람했고 뱀들이 살아있는 것이 아닐까 궁금하기는 했지만 별로 무섭지는 않았다. 증기선 앙리에트호의 보일러가 폭발하면서 들린 폭발음도 마찬가지로 그렇게 무섭지 않았다. 그런데 어머니와 형들과 함께 바토 무슈를[11] 타고 돌아오면서, 배가 증기선처럼 폭발하여 침몰할 게 분명하다는 생각에 갑자기 공포에 사로잡혔다. 그러고는 울고 고함치기 시작했다. "이게 폭발하지 않으면 좋겠어... 이게 폭발하지 않으면 좋겠어..." 나를 달래기는 정말 쉽지 않았다. 지금도 그렇지만, 나는 일들이 그런 식으로 전개되는 것을 막기 위해 소리치고 싶어질 때가 있다. 그러면 나는 "전쟁이 일어나지 않으면 좋겠어!"라고 말할 텐데. 그렇지만 이전과 마찬가지로 사건들은 나에게 복종하는 것 같지 않다.

나를 오페라 극장에 데려가던 시절에는 나는 이미 너무 커서 무대 위의 사건들을 실제 사건들만큼 신뢰하지 않았다. 또는 역으로 무대에서 보았던 것을 통해 실제 사건들은 어떻게 전개될까 하고 추측하지 않았다. 그렇지만 연극에 대해 여전히 마법적인 생각을 갖고 있어서, 연극을 현실과는 확실히 구분되는, 따로 떨어져 있는 별도의 세계로 간주하고 있었다. 그 세계에서는 모든 것이 조명 너머에서 시작되는 공간 안에 신비롭게 잘 배치되고, 숭고함의 차원으로 옮겨지며, 또 그 모든 것이 얼마나 일상 세계보다 우월한 영역에서 전개되던지, 그곳에서 엮이고 결말지어지는 드라마를 일종의 신탁이나 모델로 여겨질 수밖에 없었다. 오페라 극장은 어른들의 전유물로 보였고 상연되는 작품의 비극적 중요성, 웅장한 건물, 그곳에 갈 때 차려입는 정장차림과 같은 특성 때문에 그곳은 그 어떤 극장보다 더 고귀하게 보였다. 오페라 극장에 간다는 사실이 나에게는 입사식入社式으로 여겨졌고, 나는 내 나이에는 허용되지 않는 우월한 장소에 받아들여지는 특권을 누렸다. 그리고 오페라 극장에는 휴게실을 사용할 권리가 있는 정기권자들이 있으며, 많은 정기권자들이 무희들을 '정부情婦'('초등학교 선생님'을 연상시켰기 때문에 항상 몹시 싫어하는 단어였다[12])로 두고 있다는 것 또한 나는 알고 있었다.

어른들이 가는 극장 중의 극장인 오페라에서 관람했던 연극들은 나에게는 당연히 어른들--또는 적어도 어른 중에서 가장 멋지고 특권적인 사람들--의 삶의 반향 그 자체로 여겨졌다. 약간의 두려움이 없진 않았지만 이 매혹적인 존재 양식을 나는 내 존재의 가장 멀고 깊은 곳에서부터 열망했다. 그 결과 이 시기부터 나는 비극적인 것, 불행한 사랑, 슬픔이나 피에 젖어 애처롭게 끝나는 모든 것에 대해 아주 뚜렷한 취향을 갖게 되었다. 삶에 대한 표상을 오페라 극장에서 본 것에 맞추고 또 무엇보다 사랑(사랑에 접근하기 위해서는 어른이 될 필요조차 없다고 나는 생각했다)에 마음을 쓰고 있었기 때문에, 삶과 죽음을 위해 모든 것을 쏟아 붓는 어떤 것, 반드시 불행하게 끝나는 어떤 것이 아니면 나는 그것을 진정한 열정으로 받아들일 수 없었다. 열정이 행복하게 끝나면, 그것은 더 이상 사랑이 아니기 때문이다. 연극의 막은 결국 내려지기 마련이고 샹들리에는 꺼지고 의자 덮개도 다시 씌워지리라는 것을 분명히 알고 있을 때, 연극의 막이 올라가는 것이 아름다운 것이다.

어떤 공연물을 보러 갈지 알게 되면 나는 강렬한 흥분에 빠져들었다. 나는 먼저 어떤 내용이 전개될지 빠짐없이 예측해보았다. 가수들의 이름을 완전히 외우고 공연 전날 밤에는 잠을 자지 못했다. 낮동안 내내 조바심으로 속을 끓이다가 점차 공연시각이 다가오면 즐거움에 일말의 쓰라림이 섞여드는 것이 느껴졌다. 그러고는 막이 오르자마자 즐거움은 대부분 사라지고 말았다. 조금 있으면 연극이 끝날 거라는 생각 때문에, 연극이 시작했다는 사실만으로도 연극은 이미 잠재적으로 끝난 것과 마찬가지였던 것이다. 오늘날 내가 느끼는 즐거움도 이와 다르지 않다. 왜냐하면 나는 곧 죽음을 생각하게 되고, 그래서 어렸을 때 연극 작품이 상연되는 동안 느꼈던 슬픔이 떠오르면 나는 울고 싶은 욕망을 억누르지 않으면 안되기 때문이다.

  나는 오페라 극장을 다른 극장들, 심지어는 오페라 코믹보다도 더 높이 쳤다. 그러나 오페라 코믹에서 본 오페라 두 편, 『유령선』과 『호프만 이야기』는 나에게 강렬한 충격을 주었다. 『유령선』에 대해서는, 그 누구보다도 탁월한 낭만적인 주인공이자 끊임없이 징벌이 쫓아다니는, 바다를 유랑하는 유대인이라 할 수 있는 '방황하는 네덜란드인'이[13] 나에게 남긴 인상을 언급하면서 다시 이야기할 것이다. 이 드라마에 대해서는 지금으로서는 형들과 나만 집에 있던 어느 날, 우리 이 피드 거실(상황에 맞게 '파리-리릭 극장'이라고 이름붙이고)에서 무대 장식과 의상을 즉석에서 만들어내면서 이 드라마를 상연하고 놀았다는 정도만 말해두고자 한다. 나이가 제일 어린 내가 유일한 여성 인물인 어부의 딸 젠타의 역을 맡았다. 큰형이 네덜란드인의 역을 맡았고, 큰형 친구 중 한 명--나에게 돛단배를 준 형--이 젠타의 아버지, 달란드 노인 역을 맡았다. 형들과 놀 때면 언제나 변함없이 나에게 주어졌던 '학대받는 사람'의 역할과 마찬가지로 이 역할도 내 마음에 들었다. 내 남성성을 발견했던 시골의 숲속의 빈터에서 인디언 놀이를 할 때, 죄수의 역할을 맡아 고문대에 묶이고 머리가죽이 벗겨지는 척하다가 실제로 공포에 사로잡히는 사람도 항상 나였다.

연극과 관련된 다음과 같은 기억이 내 성격에서 가장 심오한 특징 중의 하나인 '학대받는 사람'이라는 특성과 연결된다. 일차대전이 발발하기 몇 년 전에 앙비귀에서[14] 교정원을 다루는 사실적인 작품인 『소년형무소Bagnes d'enfants』를 공연했었는데, 그 작품의 포스터를 보고 모골이 송연했던 기억이 있다. 포스터에는 비쩍 마르고 창백한 얼굴, 나막신 차림에 푸른 베레모를 쓴 청소년들과 함께 뚱뚱한 배, 콧수염을 많이 기르고, 눈은 화난 기색이 역력한 커다란 덩치의 난폭한 간수가 그려져 있었다. 이 기억에서 경찰에 대한 나의 뿌리 깊은 증오심과 혐오감이 처음으로 드러난 게 분명하다(육체적으로, 적어도 공동침실의 악취는 끌고 다니지 않는 노동자들과 비교해도 훨씬 더럽고, 땀 냄새를 풍기며 엉덩이는 지저분하고 음경의 포피는 잘 씻지도 않는, 상스럽고 난폭한 자들). 그런 감정들과 동시에 '도둑집단'은 나에게 본능적인 두려움을 불러 일으켰는데, 그 두려움은 약간의 끌림이 섞여있는 아주 모호한 두려움이었다. 포스터에 그려진 젊은 죄수들을 보면서 느낀 이중의 감정은 다음과 같다. 한편으로는 부랑자들의 파리한 얼굴에서 참을 수 없는 혐오감을 느꼈고, 다른 한편으로는 그들의 불행 때문에, 또 좋은 집안의 소년이지만 사소한 잘못을 저질렀다고 아버지가 소년형무소에 집어넣는 바람에 결국 목매달아 자살했던 이 연극의 주인공처럼, 나도 이들 죄수와 같다고 즉각적으로 상상했기 때문에 동정심과 연민을 느꼈다.

『호프만 이야기』에[15] 대해 말하자면, 나는 줄거리에 뭔가 '이해해야' 할 것, 『파르시팔』과 마찬가지로 어느 정도 포착해야 할 것이 있다는 사실에 매혹되었다. 세 명의 여주인공들--자동인형 같은 올림피아, 고급 창녀 줄리에타, 여가수 안토니아--이 독립적인 세 개의 이야기로 제시되었고 이야기들은 각각 하나의 막을 구성하고 있었다. 마지막에 가면 호프만이 술에 취해 잠이 들어 이 세 이야기를 꿈꾸었고 그의 상상 속에서 세 인물이 태어났으며, 그녀들이 한 여인, 즉 호프만이 사랑했으나 성과는 없었던 교태를 부리는 스텔라의 세 가지 모습에 불과하다는 것을 사람들은 알게 된다. 막이 내리기 직전에 큰 통에 불이 밝혀지면서 뮤즈가 나타나, 머리를 테이블에 대고 잠든 호프만을 부드러운 말로 위로한다. 포착할 수 없는 한 여인--이 세 경우에서도 그렇지만 현실에서도--을 다양한 모습으로 구현한 이 세 가지 형상이 나로 하여금 팜므 파탈에 대해 처음으로 일정한 관념을 갖도록 한 틀들 중 하나가 될 것이니. 깨지는 사동인형, 배반하는 고급 창녀, 폐결핵에 걸려 죽는 여가수는 호프만의 꿈속에 등장하는 이 거만한[16] 여자의 아바타들이다. 이 변화하는 형상들은 사람들이 저마다 자신이 사랑하는 여자의 모습을 본다고 믿게 되는 메두사와 같다.

당연한 말이지만, 나는 이 사실을 아주 막연히 느꼈을 뿐이다. 이

후에 관찰한 바를 그 기억에 덧붙이고, 또 기억에 떠오른 과거의 요소들이나 현재의 요소들을 서로 비교하면서, 나는 기억나는 대로 그것을 여기에서 재구성하고 있다. 이와 같은 방식은 위험할 수도 있다. 실제 사건에는 없는 정서적 가치를 사후에 부여하여 이 기억들을 변형함으로써, 간단히 말해, 과거를 편향된 방식으로 되살림으로써, 내가 기억에는 없던 새로운 의미를 부여하지 않는다고 누가 말할 수 있겠는가?

여기에서 나는 고백록이나 회고록을 쓰는 사람들이 치명적으로 부딪히기 마련인 암초에 부딪힌다. 이 위험은 내가 객관적이고자 할 때 반드시 고려해야 하는 사항이다. 나는 모든 것을 연극처럼, 나를 데리고 가 보여주었던 공연의 관점에 따라 보고 있다는 사실을 밝히는 것으로 만족하고자 한다. 나는 모든 것을 비극적 관점에서 보고 있었던 것이다. 당시 내 가슴과 머리에서 싹텄던 것이 얼마나 핏빛 조명 아래 채색되었던지, 지금까지도 나는 한 여자를 사랑하게 되면, 예를 들어, 그녀를 위해 내가 어떤 드라마에 뛰어들 수 있을지, 뼈를 부수거나, 살을 찢고, 익사하거나, 불에 자작자작 태워지는 고문을 견뎌낼 수 있을지 묻지 않을 수 없다. 그 질문에 대답할 때면, 육체적 고통을 얼마나 두려워하는지 정확하게 인식하는 나로서는, 이 치유할 수 없는 비겁함으로 인해 나의 전 존재가 부패했다는 느낌이 들기 때문에, 육체적 고통에서 빠져나와도 수치심에 짓눌릴 수밖에 없다.

오늘 이런 생각들을 하다 보니, 잘린 목 위에 놓여 있는 익명의 머리로 괴테의 초판 『파우스트』를 환히 빛나게 하던 거대한 인물인 메두사의 이미지가 다시 떠오른다. 나는 구노의 작품을 각본작가들이 무대에 올린 것을 보고 파우스트를 알게 되었다. 3막에 이르면,[17] 악마와-계약을-맺은-자는 "도끼 날 만큼이나 얇은" 붉은 리본을 목 주위에 두른 마르그리트의 환영이 솟아나는 것을 눈앞에서 보게 된다. 『파우스트』를 관람할 때마다 애를 쓰고, 칸막이 좌석의 부드러운 난간 너머로 몸을 기울여 필사적으로 노력해 보았지만, 유감스럽게도, 그 유령을 볼 수 없었다. 그 유령은 아주 불분명한 모습으로 무대의 오른쪽에만 등장했기 때문이다.

그러나 여성에 대한 다른 상징적인 이미지들, 『호프만 이야기』에 나오는 스텔라의 아바타들처럼 다양하고, 메두사처럼 매혹적이고 마르그리트처럼 불분명한 이미지들은 일찍부터 나를 유혹했다.

여성에 대한 가장 최근의 이미지로 앤 볼린을[18] 언급해두고자 한다. 작년 크리스마스 무렵, 런던에서 그녀를 주제로 한 이상한 노래를 들은 적이 있다. 일부러 음울하게 편곡한 하소연하는 곡조에 맞춰, 사람들이 참수형을 당한 자의 불행을 노래하고 있었다. 그녀가 잘린 머리를 손에 들고 탑과 거리를 떠돌다가 결국은 흔해 빠진 코감기에 걸리고 마다는 것이었다. 당시 컴비랜드 호텔 레스토랑에서 보았던 여직원이 얇은 입술과 찢어진 눈, 낡아빠진 서빙 복장 때문에 앤 볼린과 유디트에 연결된다.

여성에 대해 품고 있는 가장 오래된 이미지로는 성녀 주느비에브,[19] 잔 다르크, 마리 앙투아네트가 있다. 당시 나는 프랑스사를 해야 할 숙제로 잘못 알고 프랑스사에 나오는 여주인공들보다 더 매력적인 여성들이 존재할 수 있다는 사실을 모르고 있었다.

고대들

나는 사창가 같기도 하고 젤리스[1](당시 열심히 드나들던 몽마르트르의 댄스홀)와 비슷한 나이트클럽 같기도 한 어떤 곳에 여자들과 함께 있다. 그녀들은 육체관계를 맺기 위해서가 아니라 미래를 예언하기 위해 그곳에 있다. 그녀들은 보통 창녀들이 입는 것처럼 옷을 입고 있다. 그중 몇 명이 운세를 말해준다며 나를 데려 가고 나는 이끄는 대로 몸을 맡긴다. 운세를 말하기 위해서 그녀들은 자신들의 별자리에 맞는 분신을 불러냈는데, 그 분신만이 진정으로 미래를 내다보는 능력이 있었다. 몇 가지 물질을 태우고 춤추고 비명을 지르는 등 다양한 주술을 펼치자 진짜로 미래를 내다보는 별자리의 존재들이 나타났다. 몸매는 무척 아름다웠고 삼베로 된 흰 셔츠 차림 위로 풀어헤친 금발머리가 물결치고 있었다. 피부는 매우 부드럽고 눈은 풀려 있었다. 그러나 코가 있어야 할 자리에서 작은 구멍 두 개만 보였고 그것들은 콧구멍처럼 보이지 않았다. 입이 있어야 할 자리에서는 미세한 핏자국이 보였다. 이 마지막 세부 사항으로 그녀들이 흡혈귀라는 사실이 분명히 드러난다.

(1925년 7월에 꾼 꿈)

나는 알레고리에 항상 매혹되었다. 알레고리는 이미지 형태로 교훈을 주기도 했고 동시에 풀어야 할 수수께끼처럼 보이기도 했으며 또 대개의 경우 매혹적인 여성들의 모습으로 등장했다. 그 여성들은 매우 아름다웠고 상징이라면 당연히 갖고 있는 혼란스러운 모든 것을 가득 담고 있었다. 아주 어려서부터 나는 누나 덕분에 손에 거울을 들고 벌거벗은 채 우물에서 나오는 '진실'과 화려하게 치장하고 매혹적으로 미소 짓는 '거짓'이라는, 이 신화적 여성 인물들이 그려진 그림 몇 개를 접할 수 있었다. '거짓'이 등장할 때 얼마나 매혹되었던지, 실제 인물인지 아니면 동화의 주인공인지 더 이상 확실히 기억나지는 않지만, 한 번은 어떤 여자에 대해 누나와 이야기를 하면서 "그녀는 거짓처럼 아름다워!"라고 말한 적도 있었다.[2)]

하지만 님프나 요정처럼, 짧은 옷을 입거나 호화로운 장신구를 단 여신 같은 우아한 알레고리만 있는 것은 아니었다. 추상적이고 엄격한 알레고리들도 있었다(예를 들면 『아름다운 이미지』라는 책에서 읽은 것으로, '환상'을 공작새로, '경험'을 거북이로 나타낸 우화도 있다. 그 동화에서는 한 젊은 왕자가 공작새와 거북이를 데리고 인생의 길을 가고 있었다. 공작새의 깃털은 점차 색이 바래는 반면, 거북이는 몸집도 커지고 등껍질에는 갖가지 보석이 박혀 있었다). 불길한 알레고리도 있었다(러시아 전설로 알려진 '재앙'에 관한 이야기가 그것으로 같은 유형의 그림책에서 읽었다. '재앙'은 매우 마르고 왜소한 노파로 등장하는데, 배고픔을 견디다 못해 농부가 골수가 빠진 뼈에 그 노파를 쑤셔 넣고는 늪에 던졌다. 영주가 그 뼈를 건졌는지 아니면 그저 노파를 만나게 되었는지 잘 기억나지 않지만 영주가 노파를 집으로 데리고 왔다가 결국 온갖 불행을 끌어들이게 된다).

어쨌든 '알레고리'라고 말하기만 하면, 그것으로 모든 것이 변했다. 표현된 내용의 본질이 어떤 것이든 간에 (즐겁든 슬프든, 마음이 놓이든 끔찍하든), 빌려온 이미지가 어떤 모습이든 간에, 알레고리가 있다는 그 간단한 사실만으로도 모든 것이 다 해결되었다. 결국 나는 광장에 있는 것과 같은 멋진 동상, '거짓'처럼 유혹하는 여신이나 '진실'처럼 밝은 여신의 초상화만 보았던 것이다. 비교주의祕敎主義에 대한 내 애착은 대부분 '알레고리'에 대한 이 오랜 사랑과 동일한 움직임에서 유래하고 있다. 간결한 표현이나 유추, 이미지를 빌어 생각하는 습관 또한 확신컨대 알레고리에 대한 사랑이라는 관점에서 접근해야 한다. 내가 원하든 원치 않든, 현재의 텍스트도 이 정신의 기술을 적용했을 따름이다.

『도판 누보 라루스 사전』은 성적 호기심 때문에 생기는 수많은 문제의 해답을 찾을 수 있지 않을까 하고 열심히 넘겨보았던 청소년기--철들 무렵부터 사춘기까지--의 성경이었다. 라루스 사전에는 복제화 형식으로 제법 매력적인 알레고리 풍의 누드화가 많이 실려 있는데, 루카스 크라나흐(아버지, 1472-1553)[3] 항목에서 다음과 같은 평을 읽을 수 있다.

"크라나흐는 자연을 파악하는 자유로운 통찰력, 활기찬 색조를 얻어내면서도 섬세하고 경쾌하게 색을 배합하는 방식에서는 뒤러와 유사하다. 그러나 순진한 어린아이 같은 평온하며 감미롭고 거의 소심할 정도로 우아한 점에서 뒤러와 구별된다. 그는 여성의 얼굴을 그리는데 특히 뛰어났다. 이

브와 루크레티아와 같은 여자들의 **나신**은 매우 섬세하다. 요컨대 그는 걸작들의 주제를 환상의 세계에서 찾아냈던 것이다."

1930년 초가을--내가 관여하던 예술 잡지를 위해 세례 요한의 참수 그림을 찾다가4)--우연히 드레스트의 회화 갤러리에 전시되어 있는 크라나흐의 작품의 복제화(게다가 잘 알려져 있는)에 눈길이 갔다. 그것은 루크레티아와 유디트라고 하는 짝을 이루는 나체화로, 나는 화가의 '섬세하고 경쾌한' 특징보다는 이 두 인물을 후광처럼 둘러싼--나에게는 매우 예외적인 것으로 보였다--에로티즘 때문에 충격을 받았다. 모델들의 아름다움, 정말이지 극도로 섬세하게 그려진 두 나신, 두 장면이 보여주는 고대적 특징, 특히 (둘을 나란히 배치해 놓았기 때문에 더욱 두드러졌던) 극도로 잔인한 측면, 이 모든 것 때문에 이 두 그림은 나에게 특별히 암시적으로 여겨졌고, 그 앞에 서면 '넋을 잃고 바라보게 되는' 그림의 전형이 되었다.

6학년 때 공부하던 교과서 중에서 내가 가장 좋아했던 고대사 교과서를 장식하던 건축물, 흉상, 모자이크, 부조물浮彫物의 사진들처럼, 내 기억 속에서 그것을 예증하는 갖가지 사실들이 떠오른다.

고대의 여성들

오래 전부터 나는 고대에 주저하지 않고 관능적인 특징을 부여하고 있다. 대리석 건축물들은 얼음같이 차갑고 딱딱해서 나를 매료시킨다. 내가 타일 위에 (피부로 그 차가움을 느끼며) 누워있거나 상반신을 원주 기둥에 붙인 채 서 있다고 상상하기도 한다. 간혹 내 욕망을 표현하려면, 나는 기꺼이 "로마 건축물처럼 차갑고 단단한 엉덩이"를 원한다고 말해야 할 것이다. 고대의 장엄함이 나를 매료시키며, 고대의 목욕탕 또한 마찬가지다. 나는 메살리나와[5] 같은 여자, 방탕한 부인들을 생각한다. 연회, 검투사들의 싸움, 원형 경기장에서 벌어지는 여러 잔인한 행위들이 떠오르면서 로마에 대한 관념은 나를 육체적으로 고양시킨다. 그 관념은 힘의 이미지와 관련되기도 한다. 성경에 등장하는 고대와 관련해서는, 천벌을 받아 사해에 묻힌 소돔과 고모라 생각에 감정이 북받친다. 사해에는 타르가 얼마나 많이 쌓였던지 그곳에 빠져 죽는 것은 거의 불가능하고, 티투스 황제가 쇠사슬에 묶인 죄수들을 사해에 던지라고 명령을 내렸지만 그들은 물 위에 둥둥 떠 있었다고 전한다.

아주 일찍부터 관능적인 의미를 부여했던 단어 중에 궁정의 귀부인courtisane이라는 단어가 있었다. 그 단어에 특별한 무엇, 나로서는 상당히 신비로운 뭔가가 있다는 느낌이 들긴 했지만, 그 단어를 나는 궁정의 신하courtisan의 여성형으로 이해하고 있었다. 그런데 궁정의 귀부인을 그리스풍의 소매없는 헐렁한 옷을 입은 모습으로만 알고 있었기 대문에 궁정의 귀부인이 내게는 항상 고대의 귀부인을 의미했다.[6]

열한두 살 무렵, 밤에 켜놓는 미등 불빛 아래에서 (미등의 구리 색과 끈적끈적하고 축축한 느낌, 석유 냄새를 아직도 느낄 수 있다) 자위에 몰두하면서 나는 천천히 의식을 거행하곤 했다. 그 의식은 어깨를 따라 잠옷을 미끄러뜨려 내려오게 함으로써 상체를 드러내고 토인들이 걸치는 것처럼 허리에만 간단히 옷을 두르는 것이었다. 그러고는--마치 상상되고 욕망되어진 대상과 나 자신을 동일시하는데 이른 것처럼--스스로 '궁정의 귀부인'이 된 듯 상상하곤 했다.[7] 궁정의 귀부인은 뭔가 왕가와 관련된 게 분명했지만 약간은 중심에서 벗어난 그런 인물 중 하나였다. 오랜 시간이 지난 후에야 비로소 그녀의 사회적 지위를 정확하게 알게 되었다.

기사의 여자

아버지가 소장하던 삽화책 『세기의 전설』에서[8] 『롤랑의 결혼』을 소재로 한 판화를 본 적이 있었는데, 아주 최근에 그 기억이 다시 떠올랐다. 그 도판에는 여자는 등장하지 않고 롤랑과 올리비에만 투구를 쓰고 상체를 드러낸 채 방패를 맞대고 싸우고 있었다.[9]

축축이 젖은 손으로 동전을 오래 쥐고 있으면 생기는 냄새(이유는 알 수 없지만, 나는 이 냄새를 좋아했다)를 풍기면서 땀에 젖은 상체가 철제 무기와 갑옷에 바짝 붙어 있다는 생각. 마찬가지로 뜨겁고 축축한 갑옷에 바짝 닿아있는, 단단한 근육 위의 땀에 젖어 뜨거운 피부. 칼에 맞아서 갑옷은 조각조각 떨어져 나가고 전사戰士 한 명은 박차拍車를 잃어버린다. 부상에 대해서는 기억나는 게 없고, 단지 떨어져 나간 금속과 땀에 젖은 청동 냄새. 무대 측면에는, 벨벳으로 된 듯한 긴 드레스 사이로 아름답고 새하얀 두 팔을 드러낸 "흰 팔의 아름다운 오드"가 있는 데, 무거운 잠옷 같아 보이는 드레스의 양쪽 어깨에는 황금 버클이 하나씩 달려 있다. 붉은 벨벳으로 된 듯한 길고 두꺼운 드레스. 어깨까지 완전히 드러낸 새하얀 두 팔. 폭이 좁은 왕관 모양의 황금 레이스를 이마에 살짝 두른 검은 머리카락. 두꺼운 가죽 샌들 속의 맨발. 풍만한 체구를 감추려고 드레스를 길고 여유있게 입은 오페라 여가수 같은 모습. 동전 몇 개, 청동 갑옷, 발기한 남성의 성기 같은 것에 놓인 축축한 손, 한증막의 열기, 작은 땀방울이 맺힌 피부, 소용돌이치는 수증기, 이 모든 것이 로마의 목욕탕에서 일어난다.[10]

희생 의례

1927년 그리스를 여행하면서 올림피아를 방문하던 중에 폐허가 된 제우스 신전에 특별한 방식으로 봉헌물을 바치고 싶은 욕망을 억누를 수가 없었다. 날씨는 쾌청했고 곤충 소리가 많이 들렸으며 봉헌물에서 났던 소나무 냄새가 지금도 기억난다. 나는 아직도 부드러운 회색빛 돌 위로 내밀한 봉헌물이 흘러내리는 것을 본다. '희생 의례'라는 용어가 담고 있는 신비롭고 도취적인 그 모든 의미에서, 나는 그것이 희생 의례였다고 분명히--전혀 문학적인 의미에서가 아니라 진짜로 솔직하게 생각하고 있었다.[11]

좀 더 과거로 거슬러 올라가면, 또 다른 예로, 희생 의례라고 생각하고 의도적으로 실행했던 어떤 행동이 떠오른다. 사춘기 무렵에, 친구 한 명과 함께 바이르Baïr, 캐슬, 카우다Cauda라는 이교적인 삼위일체를 생각해내고 이를 숭배하기 위해 의례를 만들었다.[12] 의례는 내 방에서 이루어졌는데, 벽난로 대리석을 제단 삼아 그 위에 우리가 마시던 맥주를 올려놓고 술의 신인 바이르를 경배했고, 우리가 피우던 '쓰리 캐슬'을 올려놓고 담배의 신인 게슬을 경배했다. 오직 카우다 신만이 금기 때문에 모습을 드러내지 못했다. 마지막 신을 경배하기 위해 그 친구와 내가 비난받을 만한 행동을 함께 한 것은 아무것도 없다. 단지 각자 집에서 따로 그 신에게 희생 의례를 바쳤을 뿐이다.

  이 행동들에는 약간 문학적인 색조가 어려 있었던 것 같다(몇년 전 그리스식, 로마식, 독일식 판테온에서 일치하는 사항들을 도표로 만들어 보고자 했던 신화에 대한 나의 취향, 토사제를 준비해 놓은 요란한 로마풍 대향연에 관한 이야기들, 또는 해골에 펀치를 넣어 마시던 바이런경식의 연회의 영향). 그러나 훨씬 문학적이지 않았던 것도 확실히 있었다. 이 의례를 하던 중에 언젠가 한번은 방을 완전히 깜깜하게 만든 다음, 꺼지긴 했지만 아직 빨갛게 달구어져 있는 성냥을 우리 입에 집어넣음으로써--당시 아직 소녀티도 나지 않던--내 귀여운 조카를 공포에 질리게 만들며 즐거움을 느꼈고, 또 이렇게 해서 몰로크 신과[13] 같은 잔인한 신들에 우리를 동일시했던 것이다. 여기에서 우리는 어린애와 같은 가학적인 모습을 보여주고 있었고 동시에 모호하게나마 에로티즘과 두려움을 일치시키고 있었다. 내가 기억할 수 있는 가장 오래된 지점까지 거슬러 올라가보면, 나의 성적인 삶은 의심의 여지없이 에로티즘과 두려움의 일치에 의해 지배되고 있었다.[14]

철들기 2~3년 전까지 아주 오래된 과거로 거슬러 올라가보면, 나는 바이르, 캐슬, 카우다와 비교할만한 삼위일체 개념을 다시 발견하게 된다. 그렇게 표현해도 괜찮다면, 그것은 '신학적인' 관심사 같은 것이 이미 나에게서 드러나고 있음을 보여준다. 그 당시 나는 누나에게--문제된 바 있는 여자 아이의 어머니--절대 결혼하지 않을 거고, 흰 목제 가구만 있고 장식이라고는 성모 마리아, 잔 다르크, 베르생제토릭스,[15] 이 세 인물 그림밖에 없는 집에서, 누나와 함께 살 거라고 자주 말하곤 했다. 이 그림들은 일종의 삼위일체를 이루는 것으로 성모와 베르생제토릭스가 이럭저럭 가정을 이루고, 잔 다르크는 그들이 낳은 양성兩性을 지닌 아이를 상징하는 것 같다. 잔 다르크는 이 둘의 특성을 모두 갖고 있는 처녀 용사로 나는 그녀를 순결하면서도 사람을 죽이는 이중의 자질 때문에, 오늘날 내 정신 속에 굳건히 자리 잡고 서 있는 피 흘리는 두 여자, 즉 차가운 루크레티아와 칼을 다루는 유디트의 이미지를 조금이나마 미리 보여주는 것으로 간주하고 싶다.[16] 최소한으로 축소된--분명하고 검소한--가구는 이미 단단함에 대한 나의 취향, 다시 말해, 징벌에 대한 나의 강박관념을 예고하고 있다. 징벌에 대한 강박관념은 유령의 모습으로 나타났는데, 거의 같은 시기에 꾸었던 악몽에서는 법복을 입고 법관 모자를 쓴 법관 모습의 폭풍우 구름이라는 상징적 형태로 나타났다. 법복은, 탄창을 끼우는 아버지의 미제 권총에서 그다지 멀지 않은 곳에 정돈해둬야 했던 검은 헌 옷들로서, 영국 체류 중에 런던시 당국자로부터 경찰봉을 선물 받았던 할아버지를 기념하여 식당 벽에 걸어 놓았던 경찰봉과 마찬가지로, 법을 상징하고 있다.

사창가와 박물관

1927년 말이나 1928년 초 무렵, 그리스 여행에서 돌아오면서 나는 다음과 같은 꿈을 꿨다

나는 누워있고 옷을 다 벗고 엎드려 있는 X와 함께 있다. 그녀의 등과 둔부, 발을 감탄하며 바라보는데, 이것들은 놀라울 정도로 희고 매끄럽다. 엉덩이 가운데 선에 입을 맞추며, 나는 '트로이 전쟁La guerre de Trois'이라고 말한다. 깨어난 후, '협로DETROIS'라는 단어를 생각한다. 이 단어가 모든 것을 분명히 설명해준다 (협로 = 엉덩이의 골짜기).[17]

'트로이 전쟁'이라는 단어는 고고학과 박물관 냄새를 진하게 풍긴다. 사실 박물관은 거의 고대만큼이나 강력하게 나를 즐겁게 하는 요인이다. 조각 박물관이나 그림 박물관의 어떤 외진 구석은 나에게는 항상 음란한 무대처럼 보인다. 아름다운 외국 여자가 손안경을 들고 걸작을 감상하는 뒷모습을 갑자기 발견하고, 그녀를 붙들고 성관계를 맺는 것 또한 만족스러울 것이다. 교회에 있는 독실한 여자가 그렇듯이, 아니면 당신이 돈을 지불한 그 행위를 성실하게 한 후, 더럽혀진 입을 씻어내려고 흰 변기에 몸을 숙이고 맹렬히 이빨을 닦고는, 당신을 기절시킬 것 같기도 하고 동시에 가슴을 오싹하게 만들기도 하는 약한 소리를 내면서 다시 입을 헹궈내는 직업적인 흡혈귀처럼, 그녀는 십중팔구 태연하게 있을 것이다.[18]

나에게 박물관만큼 사창가와 비슷하게 여겨지는 곳은 없다. 이 두 곳에는 수상쩍은 측면과 화석화된 측면이 모두 있다. 박물관에는 아름다운 이미지 형태로 굳어 있는 비너스와 유디트, 수잔나,[19] 주노,[20] 루크레티아, 살로메 같은 여자들, 그리고 다른 여자 영웅들이 있다. 사창가에는 전통적인 방식으로 몸을 치장하고, 매우 관례화된 행동과 말과 관습을 갖고 있는 살아 있는 여자들이 있다. 두 곳 다 어떤 면에서는 고고학의 기호 아래 놓여 있다. 내가 오랫동안 사창가를 좋아했던 것은 사창가 또한 노예 시장과 의례적 매음이라는 속성 때문에 고대에 속하기 때문이다.

12살 경에 나는 그 사실을 알게 되었다.

형들 중 나와 더 친했던 작은형이 어느 날 나에게, 당시 장식예술학교 학생이던 큰형이 친구에게 이끌려 소위 포르텔이라는 곳에 갔던 이야기를 해 주었다. 형은 포르텔이 일종의 호텔인데, "여자를 빌려서 너를 기쁘게 할 수 있는 것은 뭐든 시킬 수 있어"라고 말했다. 내가 원래 단어를 변형시켜 만들어낸 '포르텔'이라는 단어는 내 마음 속에 문porte과 호텔이라는 생각을 불러일으켰다. 그 단어는 이 두 단어의 축약 같은 것이었다.[21] 사실 지금까지도 사창가에 갈 때 가장 감동적으로 여겨지는 것은 루비콘 강을 건너는 것같은,[22] 문턱을 넘는 행위이다. 당시 그와 같은 관습에서 거의 믿기지 않았던 것은 호텔방을 빌리듯이 여자를 빌리는 임대가 있다는 사실이었다. 여자를 **빌리**는 게 아니라 **산다**고 했으면 그다지 놀라지 않았을 것이다. 내가 당시에 에로틱한 이면을 의심하고 있던, "아이를 사다"라는[23] 표현 때문에 구입이라는 생각에 이미 익숙했던 것일까? 그러나 "자신이 원하는 모든 것"을 시키기 위해 여자를 빌릴 수 있다는 사실이 내게는 다른 세계에서나 일어날 수 있는 일로만 보였다.

지금으로서는 매음과 관련하여 가장 놀랍게 여겨지는 것은 매음의 종교적 특성이다. 손님끌기나 손님받기에서 보이는 의례, 똑같은 실내장식, 체계적으로 옷 벗는 행위, 선물 증정, 목욕 의식, 그리고 매춘부들이 관습적으로 내뱉는 언어, 습관적으로 널리 인정되어서 "계산된" 것이라고 말할 수조차 없고 또 영원히 그래왔던 것처럼 여겨지는 기계적인 말들, 이런 것들이 매음의 종교적 특성을 이룬다. 그런 것들은 여러 민간전승에서 볼 수 있는 혼례의식만큼이나 감동적이다. 거기서도 조상 전래로 내려오는 원시적 요소를 똑같이 발견할 수 있기 때문이다.

이 모든 것은, 적어도 약간은, 유용했던 몇가지 독서 경험의 영향을 받았음이 틀림없다.

청소년 시절, 고백할 수 없는 어떤 목적 때문에 아버지 서가에서 도판 책들을 몰래 꺼내 보았는데 그 책들은 피에르 루이스의 『아프로디테』,[24] 아나톨 프랑스의 『타이스』처럼[25] 일반적으로 고대의 주제들을 다루고 있었다. 헨리크 센케비츠의 『쿠오 바디스』를[26] 읽으면서 매우 충격을 받았는데, 네로의 대향연이 묘사된 문장이 특히 충격적이었다.

장 리슈팽의 『콩트』에[27] 그려진 채색 삽화도 기억하고 있다. 그 삽화에서는 벌거벗은 여자 마법사를 볼 수 있었다. 흰 피부에 검은 머리카락, 냉혹한 얼굴, 굵은 허리, 아름다운 엉덩이를 가진 그 마법사는 핏빛 나는 생고기로 된 카나페 옆에 서 있었는데, 강신술을 하려면 자신이 그곳에 눕거나 다른 사람을 눕게 만들어야 했다. 매음과 예언이 긴밀한 혈연관계를 맺고 있는 것 같은 생각은 이 이미지에서 비롯된 것이 아닐까? (내가 창녀에서 좋아하는 것은 그녀가 미신을 믿을 때다. 스커트 자락을 높이 걷어 올리고, 가슴은 넘쳐나고, 얼굴에서 화장분이 떨어지는데, 한 창녀가 기름 때 낀 테이블 구석에서 카드점을 치는 모습을 보면, 나는 항상 기분이 좋다. 운명을 매독이나 임질의 형태로 생각하면서, 예언자에게 가듯 갈보집에 갈 수 있으면 좋겠다.) 이러한 사실로 미루어 볼 때, 벌거벗음에 잔인성이 약간 섞이기만 하면, 나는 고대라는 개념을 벌거벗음이라는 개념과 연결시킨다고 단순하게 결론을 내려야 하지 않을까?

'트로이 전쟁'에 관한 꿈으로 만들어낼 수 있는 관계가 아무리 다양해도, 즉각적으로 관능적인 측면에서 보았을 때에도 그렇고 또 적어도 고풍스러운 면을 담고 있다는 점에서, 그 꿈은 가장 엄숙한 가운데 행해지는 매음의 장소--성스러운 벗김의 장소--의 이미지 그 자체로 보인다. 거기에는 서커스적인 요소도 섞인다('선생'이라는 개념이 환기되어 있기 때문에). 그래서 아이들이 어머니의 성기를 통해서가 태어나는 것이 아니라 배꼽--나는 배꼽이 결국은 흉터에 불과하다는 것을 (그보다 훨씬 오래 전 어느 시기에) 알고 매우 놀랐었다--을 통해서 태어난다고 상상하던 먼 과거에 그랬던 것처럼, 이러한 서사시적 요소가 내가 양성간의 싸움에[28] 부여할 수밖에 없었던 피 흘리는 폭력의 특성을 표현하고 있지 않은가 하고 나 스스로 물어 보고 있다.

집의 정령

고대가 옷을 입지 않았던 대표적인 시대였지만, 다른 면에서 보면, 루크레티아와 유디트가 나체가 아닐 때에는 헐렁한 잠옷으로 몸을 감싸고 있었던 것처럼, 여자들이 긴 드레스나 긴 옷을 입은 시대다.

형들 중 한 명과 내가 잠자던 방은 부모님 방과 작은 복도를 사이에 두고 마주보고 있었다. 그 복도는 헌옷과 여행 가방을 넣어두는 컴컴한 작은 방 앞으로 나 있었다. 이 구석진 곳을 지날 때마다 나는 겁이 났는데--갑자기 어둠 속에서 동물이 나타나지 않을까? 깊은 곳, 아주 깊은 곳에, 두 눈을 빛내고 있는 늑대가 있지 않을까?--말을 듣지 않으면 사람들이 나를 가두겠다고 엄포를 놓았던 곳도 바로 그곳이었다. 부모님이 잠자리에 들면, 침대와 가구에 프랑스 군복 색인 감청색 시트를 덮어 놓은 안방에서 부모님이 속삭이는 소리가 들리곤 했다. 부모님은 항상 방문을 조금 열어놓았다. 우리가 어떻게 자는지 더 잘 살펴보기 위해 잠자리에 들기 전에는 어쨌든 방문을 다시 열어놓았던 것이다. 때때로 어머니가 잠잘 채비를 하는 모습이 얼핏 내 눈에 띄었다. 할 수 있는 한 최대로 나는 어머니가 옷 벗는 모습을 바라보았다. 어느 날 저녁, 어머니의 가슴이 드러난 것을 보고 위선자처럼 타락했었던 것이 기억난다.[29]

어머니를 생각할 때 가장 자주 떠오르는 이미지는 그때 보았던 모습, 잠옷 차림--흰색의 긴 잠옷--과 머리를 등 뒤로 땋아 내린 모습이다. 당시 내가 잘 감염되었던 '가짜-후두염 faux croup'[30] 때문에 아팠을 때, 어머니는 실제로 그 모습으로 나타났다.

한밤중에 격렬한 기침 때문에 가슴이 깨질 듯 아파서 갑자기 깨어났다. 그 기침은 내 목과 기관지를 찢었고 쐐기나 도끼 같은 것이 안으로 점점 깊이 내려가 박히는 것 같았다. 아프기도 했지만 기침할 때마다 더 깊어지고 거의 내장까지 흔드는 것 같은 기침을 기다리면서, 나는 고통 속에서도 어떤 즐거움을 느꼈다. 그 뒤에 따라올 것, 즉 어머니가 걱정하면서 동정심을 보이고 사람들이 나를 아낌없이 보살펴주리라는 것을 잘 알고 있었다. 뭔가가 나를 흥미로운 존재로 만든다는 사실에 막연히 기분이 좋았다. 그 이후, 자주, 병이 나도 고통스럽지만 않으면 만족스러웠다. 병 때문에 얻게 된--전적인 자유에 따른--무책임감뿐 아니라, 사람들이 아낌없이 보여주는 관심, 그리고 열이 나면 열 때문에 예민해진 피부, 즉 긴장되어 있으면서도 확연히 행복하고 민감한 상태는 물론이고 열 자체를 아주 높이 평가했다.

사람들이 나를 식당으로 데려갔다. 상표 때문에 '라디외즈'라고[31] 불렀던 난로 옆에서, 어머니가 나를 무릎에 앉혔다. '라디외즈'는 양 옆에 긴 물통을 하나씩 달고 있었고, 석탄의 열기 때문에 항상 톡톡 튀는 소리가 났다. 그 물통은 각각 10여 리터를 담을 수 있었고, 열기 때문에 물통에서 수증기가 빠져나와 공기가 건조해지는 것을 일시적으로 완화시켜 주었다. 중앙에 그려져 있는 여자 얼굴--공화국 스타일의 고전적인 초상[32]--덕분에 '라디외즈'라고 하는 여성 이름이 정당화되었고 그 난로도 집안의 한 인물처럼 여겨졌다. 언젠가 식당을 무대로, 난로가[33] 주인공이었던 사고가 기억난다. 형과 내가 라디외즈에 물을 채우려다가 물을 물통에 넣는 대신 석탄을 넣는 가운데에 부어버렸다. 당연히, 물은 맹렬히 끓어올랐다. 증기가 씩씩 소리를 내더니 벌겋게 달구어진 석탄들이 '라디외즈'의 입에서 분출되어 마룻바닥을 태웠다. 우리는 기쁘기도 했지만 겁에 질렸다. 그때까지 그토록 신비로워 보였던 화산의 생태를 이 순간부터 더 잘 이해하게 된 것 같다. 바다 근처에서, 물이 스며들어 중앙에 있는 불이 물에 잠기면 화산은 끓어오르며 부글거리는 것을 쏟아낸다. 잉걸불이 비처럼 쏟아져 마룻바닥을 태웠듯이 용암이 흘러 땅을 침식하는 것이다. 또 한 번은 굴뚝 청소를 해야 해서 주물로 된 난로를 옮긴 적이 있었다. 굴뚝으로 기어 올라가야 했던, 석탄이 묻어 아주 새까만 작은 소년의 모습과 집을 위에서 아래로 관통하는 이 끔찍한 음관音管을 통해 서로 부르던 소리를 상당히 정확하게 기억하고 있다. 이 관은 진짜 터널이나 화산의 입구와 마찬가지로, 무엇이 지나갈 지는 오직 신만이 알 수 있는 현기증 나는 터널이었다. 이 소통은 크리스마스의 수수께끼와 혼동되곤 했는데, 그 수수께끼 또한 일종의 마법의 그을음처럼, 장난감이라고 하는 감미로운 보물이 놓여 있던 이 모호한 관을 무대배경으로 하고 있었다.[34]

내가 '라디외즈' 옆에서 어머니 무릎에 푹신하게 자리 잡았을 때,

난로는 괴물 같은 느낌을 전혀 주지 않았고 오히려 숨결 소리를 들으면 안심되는 미지근하고 착한 동물 같은 느낌을 주었다. 어머니는 키가 아주 작았는데, 잠옷 위에 낡은 실내 가운을 걸쳐 입고 머리는 등 뒤로 길게 땋아 늘어뜨렸음이 틀림없다. 아버지는, 실내복 차림으로, 토하도록 하는 갈색기가 도는 물약이 가득 채워져 있는 작은 병을 들고는, 목을 간지럽힐 깃털이 들어있다고 말했다. 토사제는 별로 좋아하지 않았지만 깃털이라는 생각에 기분이 좋았다. 또 푸른색 금속으로 된 '라디외즈' 옆에 고대의 귀부인처럼 앉아있는 어머니, 앙리 2세풍의 찬장을 장식하는 상반신 문양들 사이에서 이페카를[35] 찾는 아버지와 함께, 한밤중에 벌어지는 드라마의 주인공이 되었다는 생각에 기분이 좋았다.

동 주앙과 기사

책을 좋아하는 사람은 전혀 아니지만 나는 내 소유의 책들에 대해 거의 페티시스트적인 관심을 갖고 있다. 가장 애착을 품고 있는 책들 중 두 권은 어머니로부터 물려받았는데, 어머니는 그 책들을 처녀 때 상이나 선물로 받은 것 같다.

라신의 책 한 권. 내가 라신을 좋아하는 것은 특히 『이피세니』(아가멤농이 냉혹하게도 딸을 희생제의에 바치려고 하자 그 딸을 보호하려고 클리템네스트르가 남편과 싸운다. 신들이 개입하고 벼락을 떨어뜨린다) 때문이다. 그리고 내가 아주 중요하게 생각하는 고대의 딱딱함과 함께, 사랑에 빠진 육체들처럼, 라신의 작시법이 모든 선들이 유연하게 녹아드는 일종의 부드러운 규방을 보여주기 때문이다.

몰리에르의 책 한 권. 몰리에르는 비속한 자들을 등장시키기 때문에 그의 모든 작품을 싫어하지만 『동 주앙』은 예외다(동 주앙은 '못된 대귀족'으로, 그의 위대함은 번개 치는 가운데 기사의 석상이 무시무시하게 등장할 때 절정에 이른다. 그 석상은 대리석처럼 하얗고 고대처럼 단단한 모습을 지니고 있다).

동물이 도약하는 모습이나 오벨리스크의 긴장된 형태처럼, 단숨에 뿜어져 나오는 아름다운 시구詩句를 높이 평가하고, 고전적인 형태에 어떤 취향을 간직하고 있는 것은, 적어도 대부분은, 이 두 권 덕분이다. 어떤 의미에서 보면, 나에게 '고대의 것'과 '고전적인 것'은 차이가 없다. 그것들은 항상 순수성, 딱딱함, 차가움, 엄격함--명칭은 원하는 대로 해도 좋다!--과 관련되기 때문이다.

어머니에 대한 애정에서 이 책들에 대한 애정으로 넘어가고, 이 책들을 대상으로 좋아하다가 내용까지 좋아하게 되었는데, 일찍부터 아버지 서재의 금지된 선반이라는 관점에서 바라보며 부여했던 고대의 의미가 이 애정으로 인해 강화될 수 있었다. 이 책들에 대한 기억이 로마의 여인인 루크레티아와 성서에 나오는 여인인 유디트라고 하는 두 주인공의 이미지를 발견했을 때 혼란을 느끼도록 하는 데에 기여했음이 분명하다.

루크레티아

루크레티아는 위대한 타르퀴니우스의 친척인 타르퀴니우스 콜라티누스의 아내로, 기원전 510년에 죽었다. 그녀의 비극적 죽음은 로마제국의 몰락을 초래한 것으로 널리 알려져 있다. 아르데아를 포위 공격하면서 왕자들은 자기들이 없는 동안 아내들이 어떻게 행동하는지 궁금해졌다. 그들은 말을 타고 밤을 도와 로마에 도착했다. 부인들은 즐겁게 시간을 보내고 있었다. 루크레티아만 하녀들과 열심히 실을 잣고 있었다. 섹스투스 타르퀴니우스는 그녀의 아름다움에 깊이 매료되었다. 며칠 후, 그는 로마에 돌아와 루크레티아의 저택에 가서 숙박을 청했다. 밤에 루크레티아의 방에 들어가 저항하면 그녀가 남편을 속이고 부정을 저질렀기 때문에 자신이 그녀를 죽였다는 소문을 퍼뜨리겠다고 위협했다. 루크레티아는 굴복했다. 그러나 그 다음날 아버지와 남편을 불러 자신이 겪은 모욕을 이야기하고 그들의 면전에서 단도로 자살했다. 유니우스 브루투스가 피에 젖은 단도를 흔들며 민중들에게 반항할 것을 선동했고 타르퀴니우스 가의 폐위가 선언되었다.

(『도판 누보 라루스 사전』, 티투스-리비우스에 따름[1])

사랑의 행위에 대해--또는 차라리 그 행위의 무대인 잠자리에 대해--나는 기꺼이 '진실의 장소'라는 용어를 사용하고자 한다. 그 용어는 투우의 원형경기장, 다시 말해 싸움의 장소를 가리킨다. 황소와 단 둘이 마주 섰을 때 (투우의 속어로 투우사가 "갇혔다"라고 부르는 상황에 놓일 때) 투우사 또는 '살해자'가 자신의 진정한 능력을 보여주는 것처럼, 성관계에서 지배해야 할 파트너와 단 둘이 갇혔을 때 남자는 자신이 현실에 직면해 있음을 깨닫는다. 상황에 적절히 대처하는데 커다란 어려움을 겪고, 두려움을 느낄 때가 아니면 가장 모호한 비현실성 속에서 허우적거리는 느낌을 받는 내가 투우에는 아주 열광하고 있다. 왜냐하면 투우에서는 연극 이상으로—그리고 심지어 모든 것이 매일 저녁 똑같이 반복되며 어떤 위험이 발생해도 이미 예상되고 상투적인 탓에, 모든 것이 축소되어 보이는 서커스 이상으로--진정한 무엇, 즉 죽음의 집행, 희생에 참여한다는 느낌을 받기 때문이다. 그 희생은 순전히 종교적인 그 어떤 희생보다도 더 가치 있다. 그 희생에서는 마술적인 죽음, 다시 말해 초자연과 아주 급격하게 접하면 누구나 무릎쓰게 되는 허구적인 죽음을 겪는 것이 아니라, 희생 집행자가 끊임없이 죽음의 위협을 받으며 뿔에 박히는 실제적인 충격을 겪기 때문이다. 투우가 크레타섬의 투우에서 유래했는지, 미트라의 의례에서[2] 유래했는지, 아니면 소를 죽이는 다른 종교에서 유래했는지를 아는 것은 중요하지 않다. 성스러움 때문에 생긴 혼란이 성적 감정에 속한다는 점을 고려해보면, 투우에 직접적으로 흥미를 갖게 하는 요소인 가학적인 요소 그 이상으로 희생 의례적인 면모가 투우에 열정적인 가치를 부여하는 요소인데, 중요한 것은 투우가 희생 의례적 면모를 지니게 된 이유를 분명히 하는 것이다.

　전체적으로 보면 투우는 무엇보다 일종의 신화적 드라마로 제시되는데, 그 주제는 '영웅에 의해 야수가 길들여지고 살해되었다'라는 것이다. 신적인 것이 지나가는 순간--커다란 재앙이 끊임없이 스쳐 지나갔다가 다시 닥치는 느낌이 현기증을 낳으며, 그 현기증 속에서 공포와 쾌감이 일치하는 순간--은 투우사가 마침내 죽음과 더불어 놀기에 이르고, 기적이라고 할 수밖에 없는 방식으로 죽음에서 벗어나면서 죽음을 매혹시키는 순간이다. 그 순간을 통해 투우사는 영웅이 되고, 모든 관중은 자신을 영웅화하기에 이른다. 영웅을 매개로 관중들은 불멸성에, 극히 위태롭기 때문에 더욱 도취적으로 경험되는 영원성에 도달하는 것이다.

동물에 관해 말하자면, 그 동물은 필연적으로 죽어야 한다는 생각이 깔려 있다. 관객들은 암묵적으로 공모하여--또는 일체가 되어--빠짐없이 이 살해에 참여하며, 살해자가 동일시할 수 있을 만큼 위대한지 그렇지 않은지에 따라 환호를 보내거나 야유한다. 그리고 살해자에게 "올레"라고 외치며 격려한다. 출산중인 여자에게 고함을 질러 도와주는 것과 마찬가지로 이 외침은 보상이 아니라 도움이다.

카포테에서 창으로, 창에서 카포테를 든 사람에게로, 사람에게서 리본 달린 짧은 창으로, 짧은 창에서 가늘고 긴 칼로, 칼에서 단도로 이끌려, 그 거대한 동물은 곧 김이 나는 육체 덩어리가 되고 만다. 투우가 다소 멋들어진 장식이 가미된 남살에 불과하다면, 투우에는 초인간적인 아름다움은 없을 것이다. 그 아름다움은 살해자와 황소 사이(황소를 끌어들이는 카포테에 황소가 감싸이고, 인간은 자기 주위를 돌고 있는 황소 속에 감싸인다)에 싸움과 동시에 결합이 있다는 사실에 근거하기 때문이다. 사랑과 희생 의례도 그렇다. 희생 의례에는 희생물과의 밀접한 접촉이 있고, 저 너머의 힘을 향한 사절使節이 될 이 동물 속에 모든 의례 집행자들과 보조원들이 녹아드는 융합이 있고, 그리고 대개의 경우 죽은 황소의 몸을 먹음으로써 동물의 실체를 흡수하는 행위가 있다.

현재 투우에서 행해지는 의례를 종교의식의 직접적 잔존물이라고 해석하기는 확실히 어려울 것이다. 잘 알려져 있다시피, 투우는 마상馬上시합 유형에 속하는 것으로 무엇보다 기사도가 표현되는 장이었다. 또한 전문 투우사인 페드로 로메로, 코스티야레스, 페페 이요가 19세기 초에 현대식 투우의 규칙을 발전시키기 전에는 모든 것이 훨씬 거칠었다는 사실은 잘 알려져 있다. 그러나 투우가 희생 의미를 지니고 있다는 견해를 지지하는 흥미로운 사실을 여러 가지 제시할 수 있다.

우선 큰 규모의 투우가 개최되는 시기가 지방 축제와 겹치며 지방 축제는 종교 축제와 관련된다. 그리고 이른바 '빛의 옷'이라고 하는 눈부실 정도로 번쩍이는 특별한 옷을 착용하는데 사제복처럼 보이는 그 옷을 입으면 투우의 주역들은 일종의 사제로 변한다. 투우사라는 직업의 표지인 자그마한 쪽진 머리(오늘날에는 가짜다)인 콜레타조차 신부들이 삭발한 것을 환기시킨다.

좀 더 깊숙이 들여다보면, 죽음을 부과하는데 있어 특별히 극도로 섬세하게 예법을 지키는데 놀라지 않을 수 없다. 당사자들의 측면에서 볼 때, 스포츠에서는 공격할 때 금지되는 규칙은 몇 개 안되고 상당히 많은 것이 허용되는 반면, 투우에서는 규정상 투우사에게 금지된 것은 상당히 많고 허용된 것은 극히 적다. 그래서 사람들은 투우를 보면서 규칙이 아주 느슨하게 개략적으로만 제시된 스포츠와 같은 놀이가 아니라, 전개과정이 꼼꼼하게 계산되고, 즉각적인 효과보다 예법과 스타일이 더 중요한 마술魔術을 마주하고 있는 것처럼 느끼게 된다. 관중의 측면에서 보면, 그들은 사형 집행이 아주 엄숙한 분위기에서 완수되는 것을 목격한다. 투우사가 용기 있는 사람이자 위대한 예술가로 행동해서 환호를 받든지 아니면 황소를 훌륭하게 죽이지 못하고 터무니없이 도살했을 뿐이어서 분노에 찬 휘파람소리와 비난의 함성에 짓눌리든지 간에, 용감하게 행동한 황소에게 박수갈채를 보내든지 아니면 무기력한 모습을 보인 황소에게 야유를 퍼붓든지 간에, 이 순간 관중의 태도가 피조물이 겪은 죽음에 대한 종교적인 태도라는 점에서는 변함이 없다. 어떤 광장에서는 동물이 쓰러지자마자 관중이 모두 일어서고 다음 동물이 경기장 울타리 안으로 들어올 때에야 비로소 자리에 앉는다는 사실이 그것을 증명해 줄 것이다. 게다가, 기사 칭호를 부여하는 것처럼, 선배가 신참 투우사를 임명하는 투우사 서임식 같은 관례나 살해자가 동물을 칼로 찌를 준비를 하면서 그 동물을 투우 경기장 안에 있는 유력인사나 관중 전체에게, 또는 축제가 열리는 그 도시에 속하는 관례도 인용할 수 있을 것이다(그 결과 이처럼 제공되는 황소는 엄밀히 말하면 **희생자**의 모습을 지니게 된다). 또 제물로 바쳐진 동물의 생식기를 먹는 관례도 있다. 그 관례는 신념에 찬 몇몇 애호가들이 최근에 만들어낸 것 같은데, 그들은 자기 자리로 생식기를 가져오게 한 다음 다른 투우 경기를 보면서 그것을 먹는다. 이런 식으로 그들은 죽은 황소의 사체를 놓고, 마치 황소의 장점을 자신의 장점으로 삼으려는 듯, 일종의 의례에 따른 향연에 몰두한다.

투우의 명성은 이런 종교 의식적 면모와 밀접하게 연결되어 있다(희생을 상징적인 형태로만 받아들임으로써 깊은 의미를 잃어버린 현대 서구의 그 어떤 종교 의식보다 투우의 종교 의식이 더 가치 있다). 내 생각에 투우가 감동을 주는 것과 기술적 견지에서 투우의 완성도 여부는 상대적으로 별로 관련이 없다. 투우의 본질은 정확한 규칙에 따라 동물이 살해되었는가, 그리고 동물을 죽이는 자에게 죽음의 위험이 있었는가 하는 데에 있다.

현재까지 투우를 볼 기회가 여섯 번 있었다. 첫 번째 투우는 프레쥐스의[3] 로마식 투우 경기장에서 열린 것으로, 수치 그 자체였다. 투우사들은 너무 어리거나 너무 늙었고, 커다란 송아지들은 푸줏간에서보다 더 마구잡이로 살육되었으며 때때로 공포에 질려 오줌을 싸거나 울어댔다. 관중은 스페인 식으로 이럭저럭 자기들의 열광을 드러내는 정도였다. 주최측에서는 그나마 의연하게 죽은 동물의 꼬리를 자르게 했고, 자격도 없으면서 그 영예를 얻은 투우사는 정중한 태도로 그 꼬리를 관람석에 앉아 있던 한 여성 관객에게 던졌다. 그녀는 기절했고, 주위 사람들은 그녀가 정신을 차리도록 했고 신문지로 전리품을 둘둘 말아 싸면서 그녀에게 그 미묘한 의도를 이해시키려고 노력했다. 두 번째 투우는 (프랑스 카탈루냐 지방의 생-로랑 드 세르당에서 있었던 '모의' 싸움이었다[4]) 우스꽝스러웠지만 감동적이었다. 투우가 열리는 마을 광장에 햇빛이 내리쬐는 가운데 **테노라**라고 불리는 관악기의 떠들썩한 소음에 맞춰 사르단을 추는 것으로 행사가 시작되었다.[5] 호텔의 창문은 관람석으로 바뀌었고, 난간에는 숄이 갖춰져 있었다. 투우 애호가들이 코카르드를[6] 잡는 영광을 누리려고 제자리에서 발을 구르며 자신을 위기 상황에 몰아넣었다(정육점 소년이 가장 잘 했다). 황소 뿔에 투우사의 바지가 찢어져 바지를 바꾸러 찾으러 다녀야 했다. 세 번째 투우는 사르고사에서 보았던 **노빌라다**(정기적으로 개최되지만 공식적인 투우에는 부적합한 어린 소나 결함 있는 황소가 등장한다)였다.[7] 할인된 가격으로 볼 수 있는 보잘 것 없는 흥행물이었지만 그래도 매혹적이었다. 피델 크루즈라는 사람이 뿔에 찔려 몸이 두 번이나 허공에 떴지만, 창백한 모습으로 다시 황소에게 돌아와 결국은 보기 좋게 **데스카벨로**, 다시 말해 목덜미를 가격함으로써 척수를 잘라 황소를 즉사시키는 데에 성공했다. 겁에 질린 동물이 거의 관중석에까지 뛰어 오르기도 했고, 세비야의 한 젊은이는 카포테를 잘 다루었는데 불행하게도 소가 너무 약했다. 관중들이 그 소를 돌려보낼 것을 요구했지만 소용이 없었다. 그는 웬만하게 동물을 죽였는데도 사면초가가 되었다. 방서이 우비채집 널니는 가운데 누우를 마셨고, 그의 적이 죽자 그는 모자에 눈물을 쏟으며 친구들의 부축을 받고 퇴장했다. 손잡이를 돌려 번호가 들어있는 통을 움직이는 복권 행사가 경기장 한 가운데에서 진행되면서 경기가 중단되었다가, 젊은 안달루시아 청년이 다친 사고 때문에 관중이 경기장에 난입하는 바람에 결국 곤봉을 든 경찰이 개입하는 것으로 끝이 났다. 네 번째 투우는 벨 디브처럼[8] 광고로 뒤덮인 바르셀로나의 투우 경기장 라 모뉘망탈에서 거행되었다.[9] 두 명의 투우사--한 명은 멕시코인이었고 다른 사람은 바스크인이었다--가 다루기 힘든 동물들을 앞에 두고 그들이 할 수 있는 한 이럭저럭 잘 꾸려나가고 있었다. 오케스트라로 적십자 밴드가 왔다고 해도 아무도 이상하게 생각하지 않았을 것이다. 투우는 힘겹고 위험했지만, 계속해서 광채를 잃고 음울했다. 마지막 투우 두 개는 지난 여름에 보았다. 하나는 비토리아에서[10] 본 것으로, 호아킨 로드리게스 카간초(오만한 집시로, 우아함만큼이나 주기적으로 반복되는 그의 공포심으로 유명했다), 페페 비엔베니다(섬세하고 고전적인 스타일), 루이스 고메스 엘 에스투디안테 (의대생이었다 투우로 전향했는데, 알파벳 I처럼 꼿꼿하고 날씬하고 귀족적이었다), 루이스 카스트로 엘 솔다도(눈부신 용기를 보여준 멕시코인으로 거친 검투사 같았다)가 나왔다. 다른 하나는 발렌시아에서[11] 본 것으로, 신문에서 이구동성으로 신동이라고 칭찬하는 그 도시 출신의 라파엘 폰세 라파엘리요(다시 말해 '작은 라파엘')가 나왔다. 마지막으로 본 두 번의 투우는 모든 점에서 훌륭했다. 그것들을 보고 열광했지만, 그렇다고 내 관점을 변화시킬 특별한 것은 하나도 없었다. 죽음을 부과하는 장면이 빠지지만 않으면, 내가 본 모든 투우에서 나는 거의 똑같이 감동을 받았다. 결국 본질적인 것은 스펙터클이 아니라 희생적 요소, 죽음과 아주 가까이에서 죽음을 부여하기 위해 완수되는 엄격한 행위이다.

투우를 관람할 때, 나는 칼이 황소의 몸에 박히는 순간에는 황소에, 투우사가 자신의 남성다움을 가장 분명히 보여주는 순간에는 황소의 뿔에 찔려 살해당할 (혹은 거세당할?) 위험을 겪는 투우사에 나 자신을 동일시하는 경향이 있다.

  남편의 형인[12] 난폭한 군인 섹스투스 타르퀴니우스로부터 강간당하고 눈물을 흘리는 루크레티아의 이미지는 따라서 나를 감동시키기에 충분하다. 나는 사랑을 고통과 눈물 이외의 다른 방식으로는 이해하지 않는다. 시선으로 모든 것을 암살하는 유디트 같은 여자가 아니면, 울고 있는 여인만큼 나를 감동시키고 유혹하는 것은 없다. 가장 감미로운 유년시절까지 거슬러 올라가면서 나는 **부상당한 여인들**과 관련된 기억들을 다시 발견한다.

곡예사 외삼촌[13]

  내가 아주 어렸을 때 (매일 아침 어머니가 나를 씻겨주던 시절이다) 어머니는 손목골절로 고생하던 오빠를 집에 데리고 있었다. 외삼촌은 얼마 전에 이혼한데다 수입도 변변찮아서 간호사나 하녀를 들일 형편이 아니었기 때문에 돌봐줄 사람이 없었다. 어느 날 아침, 오빠의 상처를 치료 해주러 나를 안고 외삼촌이 방으로 들어가나가 어머니가 미끄러지면서 바닥에 매우 심하게 넘어졌다. 운이 없어서 가구 모서리에 머리가 부딪혀 구멍이 났고 피를 상당히 많이 흘렸다. 팔에 깁스를 해서 외삼촌은 어머니를 도울 수 없었다. 외삼촌은 욕을 내뱉고 도와달라고 고함을 지르며 그 자리에 무력하게 있을 수밖에 없었다. 넘어지면서 턱을 부딪치는 바람에 나는 족제비 울음 같은 비명을 질렀다. 게다가 며칠 동안 턱을 움직이면 고통이 느껴질 정도로 심하게 아팠다.

어머니의 오빠로, 손목 골절이 사고의 첫 번째 원인이었던 문제의 외삼촌은 나에게 큰 영향을 끼쳤다. 내 눈에 그가 표상하는 것 때문에 그리고 어쩌면 그를 어머니와 연결시키는 혈연관계 때문에 나는 외삼촌을 항상 굉장히 좋아했다. 반대로 친가쪽 친척들은 거의 모두를 끊임없이 싫어했다. '48년 공화주의자'의[14] 부르주아적 청교도주의를 빠짐없이 갖췄던 고위 경찰 공무원의 아들인 외삼촌은, 비록 자기 방식으로는 상대적으로 보수적이었지만(내가 그를 알았던 당시, 그는 매주 성당에 가긴 했지만 대중의 방해를 받지 않으려고 일요일에 가지 않고 수요일에 갔다), 출신 계급과 비교해보면 문자 그대로 스캔들이라 할 수 있는 삶을 살았다.

연극에 매혹되었고 희극 재능도 탁월해서 그는 우선 배우가 되기 위해 공부했고 프랑스 극단을 지망했다.[15] 그러나 거드름을 피우는 엉터리 배우들을 만날 수밖에 없었고, 혐오감 때문에 멜로드라마의 배우가 되어 지방이나 거리의 무대에서 활극에 출연했다.[16] 이 집단 또한 너무 작위적이고 젠체한다고 생각하고 카페-콩세르의[17] 가수가 되었다가, 나중에는 서커스의 어릿광대가 되었다. 서커스에서 몸과 마음을 비쳐 예술에 헌신하는 단순하고 정직한 사람들을 발견했기 때문에 그는 서커스에서만 편안함을 느꼈다.

자기가 속한 부르주아 계층의 사람들에게는 '타락'으로 여겨질 수밖에 없는 행동을 하다가, 그는 우여곡절 많은 애정 생활을 어리석은 결혼과 그것보다 더 어리석은 동거생활로 마감했다. 그는 어리석고 무식한 여자 두 명을 모든 점에서 뛰어났던 다른 여자들보다 더 좋아했다. 첫 번째 여자는--아주 어려서 중국 순회극단을 따라 가출한 시골 여자였다--처음에는 칼을 삼키는 역을 하다가 나중에는 철사줄 위에서 춤을 추었다. 그녀는 몸매가 좋았고 외삼촌에게 애정을 품고 있었으며, 외삼촌도 그녀를 "관능적으로 열렬히 사랑했다"고 하지만 외삼촌보다 나이가 많다는 사실에 힘들어 하더니, 질투심으로 외삼촌을 거의 미칠 지경으로 만들어서 외삼촌은 그녀의 동물적 관능성에 싫증나고 말았다. 그녀에 대해 기억하는 가장 오래된 모습은 신선한 피에 흠뻑 젖은 것처럼 보일 정도로 붉은 옷을 입은 모습이었다. 그녀의 뒤를 이은 동거녀는 못생겼고 외설스럽고 상스러웠다. 그녀는 더 할 나위 없이 어리석었으며, 끊임없이 트집을 잡아 외삼촌을 괴롭히고 지나칠 정도로 모욕했다.

   어머니는 이 외삼촌을 무척 사랑했다. 나는 어머니와 아버지가 외삼촌의 '돈키호테적' 면모에 대해 이야기하는 것을 자주 들었다. 몇 년 동안 외삼촌은 매주--내 생각으로는 월요일마다--집에 와서 점심 식사를 했다. 나를 데리고 자주 뮤직홀에 갔고 아주 박식해서 나에게 모든 기교를 다 설명해 주었다. 예를 들면 그는 많은 경우에, 우리가 보고 있는 묘기를 해낼 수 있는 사람이 유럽에 몇 명이나 있는지 알고 있었다. 그는 나에게 진정한 작업을 높이 평가하도록 가르쳐주었고 효과를 내기 위한 저속한 속임수에 불과한 것을 경계하도록 했다.

때로는 오랜 친구들 집에 나를 데리고 갔는데 그들은 모두 서커스나 뮤직홀의 예술가들이었다. 그들 중에 빈민구역의 오두막집에서 채소를 재배하며 살던 곡예사 가족이 기억난다. 그기 살던 파리 근교의 작은 집 테이블에는 곡예에 필요한 온갖 물품들, 붉은 공, 흰 공, 작은 공, 다양한 형태의 막대, 곤봉, 실크 모자들이 놓여 있었다. 은퇴를 했음에도 불구하고 그는 운동 삼아 아침마다 곡예를 했다. 내 앞에서도 자주 곡예를 했는데 얼마나 능란한지 놀랄 정도였다. 아주 말랐고 코가 두드러져서 그는 돈키호테풍의 어릿광대 같았다. 누나가 임신했을 때 누나와 외삼촌의 덩치 차이를 드러내기 위해, 형과 나는 도미노 게임을 하면서 더블 식스는 '쥘리에트'로, 더블 블랭크는 '외삼촌 레옹'으로 부르곤 했다.[18]

외삼촌은 나이도 많고 스노비즘이라고는 전혀 찾아볼 수 없었다. 은둔생활을 하고 있음에도 불구하고 때때로 아주 놀라운 현실감각을 갖고 있었다. 전쟁 기간 동안, 채플린 영화가 처음 나오자마자 천재적인 어릿광대가 등장했다고 나에게 알려준 사람이 외삼촌이었다. 그가 반복해서 알려준 몇 가지 가르침은 내 정신에 새겨져서, 나는 지금도 여전히 그 가르침을 따르고 있다. 더 야심찬 연주들도 많이 있지만, 그보다는 리사이틀이나 뮤직홀의 공연물 한 편을 완벽하게 공연하는 것에 훨씬 많은 재능이 요구될 수 있다는 사실을 그가 나에게 알려주었다. "고전극보다 두 푼짜리 샹송에 더 나은 시적 정취"가 있을 수 있다는 것을 알려준 사람도 외삼촌이었다.

용기의 관점에서 외삼촌과 나를 비교하고 싶지는 않지만, 다른 사람들에게는 실추에 불과한 것을 평생 놀라울 정도로 의연하게 추구하고, 여자들을, 한 명은 톱밥이 깔린 무대에서, 다른 한 명은 거의 거리에서[19] 줍듯이 그러모은 이 외삼촌을 나는 아주 가깝게 느낀다. 그는 가식없고 진정한 것에 대한 취향을 갖고 있었으며 그것을 서민들에게서만 발견할 수 있다고 생각했다. 그는 자신을 희생하는 데에서 즐거움을 느끼고 있었던 것이 틀림없다. 이 점에서 그는 그토록 오랫동안 다양한 형태로 고통, 파산, 속죄, 징벌을 (두려워하면서도) 추구해온 나와 대단히 비슷하다.

거의 모든 계층--최악의 계층도 예외없이--에 출입했고 젊었을 때에는 헤어지려고 하자 여자가 그를 칼로 찔렀다는 점 때문에 내 눈에 비친 외삼촌의 매력은 더욱 증가했다.

아버지(몇 년 후에 발생한 일이다[20])와 마찬가지로 외삼촌도 눈이 내리는 가운데 돌아가셨다. 평생토록 그는 눈 내리는 것을 보면 현기증 같은 것을 느꼈다.

뽑힌 눈

여섯 살인가 일곱 살이던 어느 날, 유레카 기병총을 가지고 놀다가 실수로 부모님이 데리고 있던 하녀의 눈에 화살을 쏜 적이 있었다.[21] 그녀는 (이름이 로자였고, 약간 바람둥이였음이 틀림없다[22]) 눈이 뽑혔다고 외치면서 달아났다.

하녀들이 이전에 나를 특별히 성적으로 자극했다고는 생각하지 않는다(이유는 모르지만 형들과 내가 '에클레르'라고 불렀던 독일 여자, 후에 부모님과 영국의 해변으로 피서 갔을 때 호텔방을 청소하던 여자들 중 한 명을 제외하면). 따라서 조금 전에 이야기했던 사건이 나에게 특별히 모호한 가치를 지니고 있다고 생각하기는 어려운 일이다. 그렇지만 이 소녀의 눈을 팠다는 생각에 내가 울고 비명을 질렀다는 것은 기억하고 있다.

'뽑힌 눈'과 관련된 불쾌한 느낌을 다시 한 번 경험한 것은 10살이나 11살 무렵, 누나와 매형이 시켰던 놀이를 할 때였다. 이 놀이는 다음과 같다.

환자의 눈에 붕대를 감고 그에게 "어떤 사람의 눈을 파내게 할 것"이라고 말한다. 환자의 두 번째 손가락을 꼿꼿이 세우게 하고 환자를 희생자 쪽으로 데리고 가는데, 희생자는 말랑말랑하게 젖은 빵으로 가득 채운 잔을 자기 눈높이에 들고 있다. 손가락이 끈적끈적한 곳을 파고드는 순간, 가짜 희생자는 비명을 지른다.

내가 문제의 환자였고 누나가 희생자였다. 내가 느낀 공포는 묘사할 수 없을 정도였다.

'뽑힌 눈'은 나에게 매우 본질적인 의미를 지니고 있다. 지금도 일반적으로 여성의 성기를 더러운 것으로, 또는 피 흘리는 것, 점액성인 것, 오염된 것들이 모두 그렇듯이, 그 자체로는 매력이 없지 않은, 하나의 위험한 상처로 간주하는 경향이 있다.

거세된 소녀

초등학교 5학년 때(?) 다니던 기관은 매우 보수적이었는데 상당수의 학생들에게 (대부분 가장 나이 많은 학생들이 선택되었다) 크리스마스 축제나 수상식 때 **예수의 탄생**에 관한 작은 종교극을 상연토록 했다. 몇 개의 짧은 장면으로 구성된 이 작품은 이교도의 세계에 예수 그리스도가 오셨음을 알리는 여러 기적을 보여주고 동방박사와 목동들의 경배로 끝이 났다. 마지막 장면을 제외하면 다음과 같은 두 장면만 기억난다.

한 장면의 주인공은 그리스의 선원으로 바다위에서 어떤 목소리가 판의 죽음을 선언하는 것을 들었다. 이로써 고대 신들의 황혼이 공표되었다.[23]

다른 장면에서는 성스러운 불을 꺼뜨렸기 때문에 산 채로 갇히는 형벌을 받는 베스타 신을 섬기는 처녀가 등장한다(나중에 알게 된 바로는, 이 형벌은 순결의 의무를 깨뜨린 여자들에게 부과된 징벌이었다[24]). 어린 소년--안색이 파리하고 더할 나위없이 섬세하며, 내 생각으로는, 이름에 귀족을 나타내는 드de가 붙은--이 이 처녀의 역할을 맡았다.

상연하는 동안 내내, 특히 어린 소녀가 죽음의 형벌을 받아야 하는 장면에서, 나는 딱딱함과 운명의 상징인 고대가 내 마음 속에 항상 불러일으키던 혼란에 사로잡혔다. 죽음의 형벌을 받는 장면은 하마터면 천둥을 내려치는 주피터가 진짜로 개입하여 운명의 이미지에 더욱 일치하는 것으로 끝날 뻔 했다. 지나치게 많은 마그네슘에 갑자기 불이 붙어 작은 폭발이 일어나는 바람에 『목동들의 경배』에 혼란이 일어났던 것이다.

공부하기보다는 친구들을 선동해서 비행사들이 출입하는 큰 바에 가서 술 취하게 했다는 이유로 학교에서(바칼로레아를 재수하면서 전쟁기간 동안 다시 수업을 들었다) 나는--당시 17살이었다--여러 번 퇴학을 당했다. 사실을 말하면, 내가 열심히 선동한 것이 아니고 친구들이 내 행동을 따라 한 것이었는데도 말이다. 이 퇴학조치는 매번 취소되었다. 미사 시간(우리는 목요일 아침마다 출석해야 했다)에 보였던 내 교화적인 태도를 교장선생님--알자스 사람으로 집시풍의 콧수염을 길게 기른 국수주의자였는데 어머니는 '사기꾼' 같은 인상이라고 말하곤 했다--이 좋아했는지, 아니면 그럴 생각은 전혀 없으면서도, 내가 나를 '구원하기' 위해 자원입대하겠다고 우겼던지 간에 내가 교장선생님의 마음을 항상 돌려놓았던 것이다.

나보다 나이가 많은 청년들은 방탕한 삶을 누린 후 입대를 했다. 전쟁 막바지 기간 내내, 그들은 결연한 태도로 징벌을 찾기만 하면 가혹한 처벌을 받아, '죄를 씻은' 자들이 된 듯한 후광을 달고 있는 것처럼 보였다. 내가 이런 반응을 보였다고 해서 거기에 애국심이 조금이라도 섞여 있는 것은 아니다.

순교한 성녀

첫 번째 성체배령을 할 무렵, 나는 늙은 신부님(루씨이용 출신으로, 학생들이 장난치면 세게 꼬집고, 스페인 해적 같은 얼굴로 코담배를 들이마셨다)이 운영하는 학교의 등교생이었는데 상품으로 와이즈만 추기경의 저작, 『파비올라』를 받았다. 로마의 학정 아래, 기독교인들이 견뎌야 했던 불행을 그리고 있는 이 책은 고문대에 묶인 채, 점차 팔과 다리를 부러뜨리는 고문을 받는 어린 처녀의 이야기를 도판과 함께 전해주고 있었다. 이 무미건조한 소설을 다 읽은 것은 아니지만 나는 이 에피소드에 매혹되었다. 순교로 경련을 일으키는 얼굴과 흐트러진 긴 머리카락, 밧줄에 묶인 맨발이 아직도 눈에 선하다. 내 생각에 그녀는 보잘 것 없는 튜닉을 걸친 민중의 딸로서, 난폭한 얼굴을 한 백인대와 외인군단에 둘러싸여 있었다. 밧줄을 잡아당기는 데에는 나무로 된 권양기가 사용되고 있었다.

이 기억은 더 오래되었지만 더 정확한 기억(왜냐하면 약 7년 전에, 얼마나 큰 감동을 느꼈던가!, 그곳을 다시 방문했던 것이다), 즉 아주 어릴 때 어머니가 그레뱅 박물관을 구경시켜주었던 기억과 섞인다.

노일 전쟁에 관한 그림--아르투르 항구 포위전으로[25] 기억하는데 그림 전면에 관자놀이에 구멍이 난 일본인 시체가 있었다. 이 대살육의 이미지가 오랫동안 나를 사로잡았다--과 함께 그레뱅 박물관에서 그 유명한 카타콤베를[26] 보았다. 사자와 아무것도 입지 않은 기독교도들 사이를 창살이 갈라놓고 있었고, 그들은 사자에게 던져질 운명이었다. 밀랍으로 만든 아름다운 여인도 보았는데, 그녀는 실물 크기의 나체로 자신의 아름다운 머리카락에 반쯤 가려진 어린아이를 손으로 안고 있거나 아니면 젖을 먹이고 있었다. 무거운 검은 색 망토 같은 머리카락이 등과 젖가슴 위로 드리워져 있었고, 그것들을 사자가 송곳니로 곧 찢어버려 피와 젖을 완전히 비워버릴 터였다. 본능적으로 나는 기독교인들과 나를 동일시했다. 나는 배경에 서투르게 그려진 사자뿐 아니라 이상한 방식으로 미라가 되어버린 시체 같은 이 밀랍 동상들 때문에 겁이 났다. 또 벌거벗고 무표정하며, 육체에는 장밋빛이 도는 이 밀랍 동상들은 어떤 면에서 보면 욕망을 불러일으키기도 했다.

『파비올라』를 부분적으로 조금 읽었을 때도 그랬지만 이 독실한 장면을 보았을 때 느꼈던 아주 구체적인 느낌은 내 마음 속에 어느 정도 신비주의가 있다는 사실과 조금도 모순되지 않는다. 나는 첫 번째 성체배령을 '열렬하게' 했고, 또는 거의 그럴 뻔 했다. 성찬이 입에서 녹을 때 나는 기적을, 엄청난 계시를 기다렸다. 또 성찬이 내 목구멍에 비해서는 너무 크다는 것은 알고 있었지만 그것이 약포처럼 부드러워 질 수 있다는 사실을 몰랐기 때문에 성찬을 삼킬 일을 걱정하고 있었다. 내가 그것을 삼킬 수 있도록, 크리스마스의 장난감이 크기와 상관없이 굴뚝 밑에 도달하는 것과 비슷한 기적을 신이 행하지 않아서, 성찬이 기도氣道로 들어가면 그것을 다시 뱉어야 한다는 것 때문에 큰 두려움을 느꼈다. 두려움에서도 그랬지만 기다리면서도 끔찍할 정도로 실망스러웠다(그렇지만 내가 사랑에 입문할 때 실망했던 것만큼은 아니었다). "그거밖에 안되는 거였어"라고 속으로 중얼거리며 나는 더 이상 기적을 기대하지 않았다. 성당 다니는 것을 곧 그만두었고 또 믿지도 않았다. 그리고 결코 다시 시작하지 않았다.

이 다양한 기억이 아무리 생생하고, 또 이 기억들 하나하나가 루크레티아, 다시 말해 부상당하거나 거세된 여자의 특징을 지닌다 해도 이 기억들은 위험한 여인, 즉 유디트들과 관련된 기억 옆에서는 빛이 바랜다.

유디트

　유디트는 유대인의 영웅으로 그녀에 대한 이야기는 구약성경에 자신의 이름을 달고 있는 장에서 다루어지고 있다. 주요 골자는 다음과 같다. 베툴리아는 니네베의 왕인 네부카드네자르의 장군 홀로페르네스의 군대에 의해 포위되었고 곧 항복하려고 한다. 유디트라는 과부가 신의 영감을 받아 백성을 구원하기로 결심했다. 그녀는 하녀 한 명만 거느리고 베툴리아를 떠나 아시리아 진영으로 갔다. 홀로페르네스 곁으로 안내되자 그녀는 미모로 그를 사로잡았고, 그의 술자리에 앉기로 동의했다. 홀로페르네스가 술에 취해 쓰러지는 것을 보고, 그녀는 그의 머리를 잘라 밤을 도와 베툴리아로 돌아왔다. 그 다음날 유대인들은 피 흘리는 홀로페르네스의 머리를 성벽에 내걸었다. 아시리아인들은 처참하게 패한 후, 겁에 질려 포위를 풀었다.
(『도판 누보 라루스 사전』, 유디트서에 근거하여)

　솔직히 말해 나는 내가 죽는다고 말할 수 없다. 왜냐하면--격렬하게 죽든 그렇지 않든--나는 그 사건의 일부밖에 참여하지 못하기 때문이다. 죽음을 생각하며 느끼게 되는 대부분의 공포심은 거기에서, 즉 내가 사라짐으로써 영원히 그 결말을 알지 못하게 될 어떤 위기의 한 가운데에 중단된 채 남겨지게 된다는 현기증에서 비롯되는 것인지도 모른다. 이와 같은 죽음의 비현실성, 부조리성은 (죽음이 육체적 고통을 동반하지 않을까 하는 두려움을 제외하면) 근본적으로 죽음을 끔찍하게 하는 요소이지, 다른 사람들이 생각하는 것처럼 ("내가 죽은 후에 대홍수가 난다 해도 알게 뭐람!" "죽은 후에는 아무것도 없는데 왜 두려워하십니까?" "당신은 더 이상 살아 있지 않을 텐데 그게 무슨 상관이에요?" 등) 죽음을 받아들이게 하는 요소는 아니다.

이 관점에서 보면 사람들이 유언장을 준비하고, 무덤에 대해 걱정하고, 장례절차를 엄격하게 정하는 것은 당연하다. 또 사람들이 슬퍼하며 애도할 거라고 생각하고 이런 모든 것들 덕분에 자신이 어느 정도 계속 존재하는 것이라고 스스로 확신하고 안도하는 것도 당연하다. 여기에서 혐오스러운 점이 있다면, 그것은 사람들이 소멸에 대해 이런 식으로 **보험** 같은 것을 들어둔다는 것이다. 그 보험의 인위적이고, 전적으로 사회적이며 관례적인 성격이 혐오스러운 것이다. 특히 악취나는 자신의 시체에 다른 사람들을 연결시키려는 생각까지 했다는 점에서, 그것이 표상하는 취향의 부재--게다가 실제로 비열한 짓이다--가 혐오스러운 것이 아닐까?

다른 식으로 말하면 죽음의 위기는 오르가즘과 유사하다. 오르가즘에서는 모든 능력이 사라지고 일시적으로 혼란상태로 돌아가기 때문에 솔직히 말해 사람들은 결코 그것을 의식하지 못한다. 성관계 후에 느끼는 슬픔은 완결되지 않은 모든 위기에 내재한 이 현기증에서 비롯된다. 죽음에서도 그렇듯이 성관계의 경우에도, 위기의 정점에서는 의식을 잃기 때문이다. 적어도 성관계에서는 부분적으로 의식을 잃게 된다. 사랑을 죽음에서 벗어나는--죽음을 부정하거나 실제로 죽음을 잊는--방법으로 생각하게 되는 것은 사랑이 조금이나마 우리가 죽음을 경험하는 유일한 방법이라고 막연하게 느끼기 때문일 것이다. 왜냐하면 성관계의 경우, 우리는 적어도 그 후에 일어나는 일을 알고 있으며, 뒤를 잇는 참담한 결과의--쓰라리게 곱씹는--증인이 될 수 있기 때문이다. 사랑은 나쁜 운명을 액땜하는 방식, 이 더러운 사건을 조금씩 의도적으로 행함으로써 그것이 일어나지 않도록 하는 마법적인 행동 양식이 될 수 있다. 이 모든 것은 청구된 금액보다 싸게 지불하고 계산을 끝내는 것, 부분을 희생함으로써 모든 것에서 면제되는 것, 필요없는 것을 희생시켜 남는 것을 구하는 것, 외양간 정도는 기꺼이 불타게 내버려두는 것과 같은 것이다. 두려운 것에서 벗어나기 위해 일부러 두려운 것을 실현하는 똑같은 마법적인 행위를--그리부이이의 전략[1]--자살에서도 발견할 수 있다. 자살은 죽음을 자유롭게 이용함으로써 또 우리 자신이 죽음을 실현함으로써, 역설적으로 죽음에서 벗어날 수 있는 유일한 방법처럼 보인다는 점에서 여러 모로 매력적이다. 그러나 자살할 때 우리는 부분만 태우는 것이 아니다. 우리가 투사하는 것은 우리 전체이며, 그것은 돌이킬 수 없는 일이다.

유디트에 대해 밀하는 순산 내게 떠오른 생각은 이런 것들이다.

유디트 이야기--처음에는 과부였다가 살인자가 되며, 그것도 조금 전에 동침했던 남자를 죽인 살인자라는 점에서 그녀는 이중 삼중으로 끔찍한 주인공이다--를 어렸을 때 『신성한 역사』라는 작은 책에서 처음 읽었을 때에는 그다지 감동적이지 않았다. 외설적인 세부

사항은 모두 엄격하게 제거되어 있었던 게 사실이다. 마카베오 가문 이야기, 그들의 싸움 이야기, 어머니 눈앞에서 아들들이 받았던 고문 이야기가 나에게는 더 재미있었다.[2] 그렇지만 애인의 칼로 애인의 머리를 자른 다음 그 머리를 보자기에 싸거나 아니면 부대자루에 넣어 가져간 유디트를 중심으로 내 삶에 결정적인 영향을 끼친 이미지들이 결정화된다.

기억할 수 있는 한 가장 오래전부터--아마 내가 태어나기 전부터--우리 집에는 '사랑에 빠진 사자'라고 하는 널리 알려진 에피소드를 그린 끔찍한 취향의 도판이 하나 있었다.[3] 머리를 위쪽으로 틀어 올린 벌거벗은 여자가 동굴 같이 생긴 곳의 주변에 앉아, 완전히 얼빠진 표정을 짓고 있는 사자를 향해 애정이 넘치는 태도로 몸을 숙이고 있었다.

이 도판에서는 여자가 물어뜯길 위험을 무릅쓰고 있다는 점보다는 사자라고 하는 거대한 수컷이 어리석게도 웃음거리가 되고 있다는 사실이 충격적이었다. 나는 이 도판이 아버지의 몰취미를 드러낸다고 생각한다.

나도 아는 사람이고 또 자살로 생을 마친 어떤 사람이 자기 아버지가 방귀 뀌는 소리를 들었던 유년기부터 아버지에 대해 지울 수 없는 적의를 품었다는 이야기를 전해 들은 적이 있었다. 아버지에 대한 내 적의는 무엇보다 아버지의 외모가 우아하지 않고, 사람은 좋지만 태도가 저속하며, 예술에 대한 취향이 완벽할 정도로 부재한다는 사실에서 비롯되었다.

듣기 좋은 테너 목소리로 그는 마쓰네의[4] 로망스를 노래했는데, 이 어리석은 관능성 때문에 나는 더 화가 났다. 나는 아버지와 어머니 사이에 진정으로 성적인 어떤 것이 일어나리라고는 전혀 생각해 본 적이 없다.

증권거래인이라는 직업을 어리석은 직업이라고 생각해서 (지금은 아버지가 자기 직업에 대해 보인 경멸이 아버지의 성격의 좋은 측면 중 하나라고 생각한다) 그는 첫 두 아들이 예술가가 되기를 꿈꿨다. 큰 아들은 실내장식가, 작은 아들은 바이올린 연주가가 되고 나는 공과대학에 가도록 미리 계획하고 있었다... 불쌍한 사람! 운명은 그를 속여, 형들은 현재 둘 다 증권업계에 종사하고, 꼭 예술가라는 것에 집착한다면, '예술가'로 여길 수 있는 사람은 나밖에 없다.

내면을 아름답게 꾸미기 위해 그는 가끔 동상을 사곤 했는데, 두말할 필요 없이 끔찍한 것들이었다. 나에게는 그중에서 세 개가 특히 특징적으로 보였다.

첫 두 개는 테라코타로 만든 흉상으로 '모던 스타일'이었는데, 그 여자들은 사이렌, 님프 또는 발키리를[5] 연상시켰다. 세 번째 것은 커다란 청동상으로 뱀을 두르는 여사였다. 길고 가는 나팔을 입에 물고, 뱀이 여자의 섬세한 어깨를 소용돌이 모양으로 두르고 있는 이 뱀 다루는 여자는 터번을 쓴 머리를 제외하면 완전히 나체였다. 이 청동상을 산 것을 축하하는 한 친구에게 아버지가 "이 청동상에서 아름다운 것은 나체인데도 아주 순결하다는 거야"라고 말하는 것이

다시 들린다. 그러나 나는 청동상의 몸 전체를 오랫동안 어루만진 뒤에, 이 청동상 때문에 여러 번 논쟁의 여지가 있는 행동에 몰두했었다.[6]

아버지는 아주 선하고 친절하며 근본적으로 관대한 사람이었다. 그는 손님 초대하는 것을 매우 좋아했고 능력이 되는 한 예술을 열심히 후원했다. 노래를 열렬히 좋아해서 집에서 작은 저녁 음악제를 열어 안면이 있는 음악가들의 노래를 듣곤 했다. 여러 사람들 중에서도, 아버지는 당시 퍽 알려져있던 플라망드 여가수를 남편과 함께 저녁식사에 자주 초대했다(그녀의 남편은 어머니의 사촌으로[7] 상당히 재치가 넘치고 호감이 가는 사람이었으며 미식과 안락한 삶을 즐겼는데, 후에 항문암으로 끔찍한 고통을 겪으며 죽었다). 누나와 형들과 나는 그녀를 (우리 부모님의 사촌의 배우자에 불과했지만) 진짜 숙모로 여겼고 나는 앞으로 그녀를 '리즈 숙모'라는[8] 가명으로 부를 것이다.

당당한 체격에도 불구하고 리즈 숙모는 아주 소박하고 친절한데다 넘쳐나는 건강에 목소리도 훌륭했고, 키도 크고 튼튼한 활기찬 여자였다. 아주 예쁘지는 않지만 야하게 옷 입은 모습, 통통한 아름다운 팔, 살집이 오른 엉덩이, 어린 암소의 평온함을 갖춘 갈색의 아름답고 풍만한 젖가슴, 새까만 머리카락과 아주 붉은 입술, 아주 생기 있는 피부, 분장히는데 서툴러서 항상 너무 검게 화장하는 매력적인 두 눈이 아직도 눈에 선하다.

그녀의 사생활에 대해서는 기억나는 게 거의 없다. 우리 부모님 집에 노래하러 왔을 때, 그리고 시간이 지나 내가 청소년이었을 때, 그녀는 단지 '연극인'이라는 전형적인 모습으로만 보였다. 다시 말해 내 눈에는 그녀의 존재에서 무대에서의 삶만이 중요했다. 그렇지만 남편을 잃은 지 몇 년 지나지 않아 오래전부터 그녀가 전적으로 신뢰했던 헌신적인 하녀가 보석들과 다른 물건들을 훔쳐갔다는 사실을 나는 알고 있다. 전쟁 기간에는 그녀를 두 번밖에 보지 못한 것 같다. 한번은 벨기에 군대에서 비행사로 복무하던 키가 190센티미터를 넘는 조카와 우리 집으로 저녁을 먹으러 왔을 때였고, 다른 한번은 마들렌 성당 근처에서, 중산모자를 쓰고 옹색하기는 하지만 우아한, "프랑스를 아주 좋아하는" 발칸의 외교관과 그녀가 함께 있을 때였다.

그러나 그녀가 노래하는 것을 듣기도 했고 연기를 하는 모습을 찍은 다양한 사진을 보기도 했는데, 그녀가 맡았던 역할들은 거의 모두 공통적으로 나로 하여금 그녀를 유디트로 간주하게 했다.

카르멘[9)]

담배공장에 근무하던 여직공을 칼로 찌르고, 자기 때문에 탈영했던 그 멍청한 사람을 모욕해서 결국 그에게 죽임을 당하는 카르멘, 배가 찢어질 위험을 무릅쓰고 죽인 짐승을 잔혹한 여신에게 헌정하듯이 그녀에게 헌정하는 투우사("잘 생각해봐, 그래! 싸울 때, 검은 눈이 너를 쳐다본다고, 사랑이 너를 기다린다고 생각해봐!")의 애인인 아름다운 카르멘은 살해당하기 전에는 살해하는 사람이었다. 예쁜 여자가 팔이 묶인 채 의자에 앉아 교활하게 돈 호세를 유혹하여 자신을 풀어주게 한 장면이든, 아니면 3막 산악 장면에서--밀수업자들이 나팔총까지 지니고 있었는지는 잘 기억나지 않지만 그들 사이에서 창녀처럼 귀엽게 카드점을 치면서--그녀가 공포에 사로잡혀, "죽음이! 또! 계속해서! 죽음이!" 다가오는 것을 보고, 단지 죽음이 다가오는 것을 알아차렸다는 사실 때문에 죽음 그 자체만큼이나 강박적이 되었을 때든 상관없이, 맡은 역할을 격정적으로 수행하는 리즈 숙모는 나에게 투우와 아주 밀접한 관계를 맺고 있는 훌륭하고 매혹적인 인물로 보였다.

라 글뤼[10]

리슈팽의 소설을 원작으로 하는 이 끔찍한 서정 드라마에서 리즈 숙모가 마리-데-장주의 역을 하는 것을 본 적이 있다. 시나리오는 단순한 사회면 기사에 불과했다. 자기 아들을 갖고 놀다가 차버린 도시의 창녀를 어부의 과부가 살해하고 요부의 전남편인 의사가 죄지은 과부를 구하기 위해 자수한다는 것이다.

이 역에서 리즈 숙모는 브르타뉴 지방의 농부 복장으로 등장했다 (살찐 얼굴에 화장을 해서 특별히 어울리지는 않았다). 그녀는 그 유명한 '심장의 노래'를 불러 큰 성공을 거두었는데, 그 노래를 듣고 나는 극도로 감동받았다. 여기에서는 "자기 개에게 먹일 어머니의 심장"을 요구하는 매춘부에게 푹 빠진 아들이 문제였다. 어머니를 죽이고 피 흘리는 심장을 가지고 가다가 아들이 넘어지자 심장이 아들에게 "애야, 다치지 않았니?"라고 말하는 것을 들을 수 있었다.

이 드라마에서는 선한 어머니와 악한 애인의 대립이 가장 충격적이었다. 해초 냄새를 풍기는 바다와 요부가 기운을 잃는 비오는 도시가 대립되듯이 말이다. 2막에서 라 글뤼는 자신의 곡을 노래했다. 그 노래는 냉혹하고 무료하고 만족할 줄 모르는 창녀, 불만족의 심연을 채우려고 노력하지만 실패하고 마는 진짜로 냉담한 여자가 느끼는 견딜 수 없는 권태를 보여주었다. 비록 늙은 어머니가 살인자이고 그녀가 희생자였지만, 나무 자르는 도끼로 두개골을 쪼갠 노파 마리-데-장주 이상으로 라 글뤼가 더 유디트적인 인물이었다. [11]

살로메[12]

나는 리하르트 슈트라우스가 작곡한 살로메의 역을 맡은 리즈 숙모의 사진을 여러 장 갖고 있었다. 맨살이 드러난 것인지 분홍색 수영복을 입은 것인지 분명치는 않지만 두 개의 세공한 금속판으로 지탱한 그녀의 풍만한 가슴을 보고 나는 강한 충격을 받았다. 그녀의 냄새를 맡을 수 있을 것 같았다.

신의 분노로 유황불이 비처럼 쏟아졌던 두 도시, 소돔과 고모라가 사라지고 미약은 그 영향이 완전히 사라지지 않은 사해 기슭에 위치한 헤롯왕의 테라스에서 이 드라마는 펼쳐진다. 슈트라우스의 음악과 오스카 와일드의 텍스트 때문에 나는 악몽의 느낌과 고통스러운 에로티즘의 느낌을 받았다. 불길한 전조("아! 내가 미끄러져 피 속에 빠져들었구나!")를 두려워하여 방탕 속에서 도피처를 찾던 겁에 질린 왕, 다른 한 편으로 (살로메의 요구에 따라 왕이 참수시킨 세례 요한의 머리를 가지고 살로메가 연기를 한 후에[13]) 방패에 짓눌려 죽은 살로메--이중으로 근친상간을 범한 왕의[14] 명령에 따라--는 완전히 환각을 불러일으키는 요소들이다. 살로메의 발아래에서 술에 취해 뒹구는 겁 많고 잔인한 이 왕에게 많든 적든 간에 자주 나를 동일시했다.

어렸을 때, 나는 슈트라우스의 『살로메』를 오페라에서 두 번 보았다. 처음 본 것은 이탈리아 가수 젬마 벨린치오니가 등장한 작품으로 살로메의 병적인 측면을 잘 끌어내었다. 두 번째는 당시 매우 아름다웠던 스코틀랜드의 소프라노 마리 G...가 출연한 작품이었다. 이 매혹적인 스코틀랜드 여자의 사진을 보면서 내 상상력은 여러 번 되풀이하여 자극되었다. 그 사진에서 그녀는 치부까지 포함하여 전신에 꼭 맞는 반짝이는 긴 튜닉을 입었고, 한쪽 팔과 어깨, 겨드랑이가 전부 드러나 있었다.

더 최근에는 와일드의 『살로메』를 조르쥬 피토에프 극단의 작품으로 보았다. 조르쥬 피토에프가 직접 헤롯왕의 역을 했고 그의 부인이 살로메의 역을 했다. 이 작품을 본 것은 내가 나중에 이야기하게 될 어떤 관계가 끝나갈 무렵이었다.[15] 이미 더 이상 사랑하지 않는 여자 친구와 이 작품을 보게 되어 매우 슬펐다. 이 여자 친구와 사귀던 중에, 어쩌면 바로 그 시기에, 내 사랑이 줄어들고 있음을 느끼고 나를 벌하기 위해, 나는 옷을 다 벗고 목욕탕에 들어가 분노와 관능이 뒤섞인 결연한 마음으로 가위를 들고 온 몸을 그어댔다.

마지막으로 1934년 12월 17일에 오페라에서 『살로메』를 다시 보았는데, 그곳에 가지 않은 지도 퍽 오래 되었다. 영국인 여가수가 타락한 소녀로 분했고, 배가 불쑥 나오고 가슴이 떡 벌어진 바그너풍의 테너가 헤롯 역을 노래했으며, 괴력을 보여주는 장사같은 얼굴을 한 호주인 바리톤이 앙상하게 뼈만 남은 세례 요한의 역할을 했다. 그렇지만 슈트라우스의 오케스트라 연주가 예외적일 정도로 탁월했는지, 지속적으로 격렬했는지는 잘 기억나지 않는다. 영국여자의 노래는 그런대로 괜찮았지만 몸매가 좀 모자랐고, 너무 옷을 입고 있어서 뻣뻣하고 무거운 천으로 갑옷을 두른 듯했다. 교태를 부려도 전혀 자극적이지 않았고 점차 교묘하게 옷을 벗는 일곱 베일의 춤은 사기에 불과했다. 오페라에서는 으레 그렇듯이, 배우들은 (차가운 바람이 불어오는 커다란 무대와 희끄무레한 가슴과 백발이 보이는 흥분된 오케스트라 박스 사이에 끼어 있는 것처럼) 작아 보였고, 관객들은 솔직히 말해서 배우들의 대사를 하나도 이해하지 못했다. 그러나 내가 볼 때에는 (멜로드라마 스타일로 극단적이고 상투적인, 게다가 약간 그로테스크한) 왕의 광기가, 어디에서나 죽음을 보고 여자 앞에서는 부들부들 떨며, 마치 공간 밖에, 오랜 세월 밖에 있는 검은 자궁에서 올라오는 무서운 것처럼, 수풀 많은 곳에서 외쳐대는 예언자의 설교에 몸을 떠는 호색한이자 강박적인 군주의 이야기를 전하는 이 작품에 제 자리를 잡아 주는 것 같았다. 마지막에 이르면, 세상사가 자기 뜻대로 되지 않는 것을 분명히 알게 되자 장난감이 자기 말을 안듣는다고 아이처럼 발을 구르면서, 왕은 살로메를 죽이라고 명령을 내린다.

이 드라마에 대해서 말을 하자면 아직 할 말이 많이 남아 있다. 살로메 본인에 대해서도 마찬가지다. 살로메는 냉혹한 거세하는 여자(세례 요한을 사랑했지만 그의 머리를 자르게 했고 또 극 초반에 다른 남자가 그녀 때문에 자신의 배를 칼로 찔러 자살했으므로[16])이며, 근친상간하는 아버지, 공포에 질린 아버지인 헤롯에 의해 결국 거세당하는 여자이다. 막이 오르고 내릴 때까지, 댕그랑 소리를 내며 떨어지는 동전 몇 푼에 돌아가는 자동인형 소리와 시장의 악취가 뒤섞인 가운데, 모든 것은 계속해서 격렬한 성스러움의 양식에 따라 진행되었다.

엘렉트라, 달리라와 플로리아 토스카

호프만스탈의[17] 각본에 따라 리하르트 슈트라우스가 작곡한 『엘렉트라』에 출연한 리즈 숙모의 초상화가 《코메디아 일뤼스트레》인지, 아니면 《뮤지카》에 실렸다. 그녀는 엘렉트라--아버지 아가멤논을 죽인 어머니 클리템네스트라를 살해한 오레스트의 공모자--의 모습으로 출연했는데, 머리는 헝클어지고 맨발인 채로, 얼굴에는 야만적인 즐거움을 드러내며 손에는 횃불을 들고 불의 춤을 췄다.

나에게 엘렉트라는 비극 작품군에 속하는 것으로 어머니가 소장했던 라신과 분리될 수 없을 정도로 연결되어 있다. 그녀의 근육질 다리, 그녀의 열정, 웃음, 헝클어신 머리카락은 전형적으로 바커스 신의 여제관을 표상하며, 더 우울한 무엇을 가지고 있다. 그러나 예를 들어 우리가 포도를 수확하면서 식사하는 것이 흑인들이 의례에 따라 술을 마시는 것과 다른 것처럼, 바커스 신의 여제관은 포도나무 가지를 머리에 쓴 전원의 춤과는 관계가 없다.

그 역할이 야생적인 격렬함을 요구하고 또 소리의 편차가 크고 찢어지는 듯한 소리를 요구해서 이 역을 하면서 리즈 숙모의 목소리가 상했다고 아버지가 말한 것이 기억난다.

생-상스의 학구적이지만 쓰레기 같은 작품인 『삼손과 달리라』에 나오는 달리라의 명곡을 숙모가 노래하는 것은 수없이 들었다. 달리라 또한 삼손의 머리카락을 잘랐기 때문에 살해하는 여자이다. 머리카락이 잘리자 삼손은 노예상태에 빠졌고 그것이 눈을 잃게 되는 원인이 되었으며, 자신의 힘을 잃음으로써 거세와 마찬가지 상태에 빠졌다. 빅토리엥 사르두의 드라마를 각색한 푸치니의 또 다른 쓰레기 같은 작품 『토스카』에[18] 나오는 곡들도 들었다.[19] 이 작품에서는 가수 플로리아 토스카(숙모가 그 역을 맡았다)가 경찰 스카르피아를 칼로 찌르는 것을 보았다. 그가 자신의 애인이었던 화가 마리오 카바라도시를 총살시켰기 때문이다. 나에게 흥미진진했던 것은 가수인 숙모가 실제로 가수의 역할을 했다는 점이었다.

유령선

이 작품에서는 살해하는 여자가 문제되지는 않았다. 리하르트 바그너 극의 여주인공 젠타는 방황하는 네덜란드인을 사랑하는 인물로, 이 저주받은 자를 짓누르는 영원한 방랑의 저주를 풀기 위해 스스로 물에 빠져 죽는다.

리즈 숙모는 자살한 젊은 여자의 역으로는 전혀 성공을 거두지 못했다. 내 생각이지만, 그처럼 부드러운 역할은 그녀에게 적합하지 않았다. 그렇지만 징벌에 쫓겨 수세기동안 바다를 떠돌아야 했던 방황하는 네덜란드인, 장엄하면서도 침울한 이 인물은 나에게 얼마나 위엄있는 인물로 비추어졌던가!

이 네덜란드인은 또 한 명의 세례 요한처럼 심하게 마르고 수염을 길렀으며, 선원의 방수모를 쓰고, 유령처럼 긴 망토를 입고, 긴 해적 장화를 신고 있었다. 죽을 수 없었고, 자기 뒤로 창백한 얼굴을 한 일단의 유령들을 승무원으로 끌고 다니는 이 네덜란드인은 가장 환각적인 영웅으로서, 그가 구원을 받기 위해서는 소녀가 자신을 희생해야 했다.

이 환상적인--감히 닮고자 하기에는 너무 위대한--인물이 내가 항상 간직해온 사랑에 의한 구원이라는 낭만적인 관념과 연결되어 있다고 나는 거의 믿고 있다. 또 방랑에 대한 개념, 자리 잡고 정착할 수 없다는 개념, 더 정확히 말하면, 바다에서 바다로 떠돌지는 못하지만 물질적으로나 감정적으로 모든 것이 다 갖춰진 어떤 특정 공간에 정착할 수는 없다는 개념이--내가 실제로 천천히 먼 곳으로 여행을 할 정도로[20]--나에게 마법적인 매력을 행사한 데에는 이 환상적인 인물이 관련된다고 나는 거의 믿고 있다.

이제 2년도 더 지난 일이지만 아프리카를 횡단할 때, 시화적으로 고양될 수 있는 상황이 조금이라도 주어지면, 나는 다소간 동일시하고 싶었던 이 '굶주린 저주받은 자'를 자주 떠올리곤 했다.

나르키소스

　내가 알기로 리즈 숙모가 맡았던 역에서 진짜로 진부했던 역할을 하나만 꼽으라면 『부랑자』에서 맡았던 선량한 시골여자 투아네트의 역할을 들 수 있다.[21] 그것은 작곡가 크사비에 르루(내 초등학교의 알자스인 교장선생님처럼 집시풍의 콧수염을 길게 길렀다)와 '시인' 장 리슈팽의 작품으로 더 말할 것도 없이 형편없었다. 거의 같은 시기에 나는 우연히 『벤데타』라는 제목의 서정 드라마(그 작품에 대해서는 아무것도 기억하지 못하지만 제목만으로도 뻔히 알 수 있다)에서 숙모가 노래하며 연기하는 것을 보았다.[22]

　『벤데타』에는 『나르키스』라는 제목의 발레가 덧붙여져 있었는데, 그 발레는 당시 도덕적인 이유로 스캔들을 일으켰다. 『나르키스』는 장 로랭의 콩트에 근거하여, 나르키소스 신화를 '러시아 발레단'의[23] 취향으로 각색한 것이었다. 그 발레에서는 둥근 가슴장식을 한 다수의 남자들이 거의 나체로 줄을 지어 행진하는 것과 금가루를 뿌리고 국부보호대만 한 미소년인 이집트 왕자 나르키스를 볼 수 있었다. 그 발레에서 비슷한 차림이지만 초록색으로 국부보호대를 한 남자와 상체를 완전히 드러낸 북 아프리카 여자가 특히 기억난다. 그 여자의 긴 곡선의 배꼽을 실컷 볼 수 있었는데, 단편적으로 숨어서 본 경우가 아니면 그 어떤 여자에게도 그렇게 해본 적이 없었.

　당시 나는 한 장면이 잘린 것을 매우 유감스럽게 생각했다(삭제된 부분에 이해할 수 없는 수상쩍은 뭔가가 있다는 생각에 매우 초조해졌다). 게다가 잘린 장면의 이야기가 프로그램에는 나와 있었기 때문에 더욱 유감스러웠다. 마지막 장면에서 관객은 황금색 몸을 가진 나르키스 왕자가 상체를 드러낸 여자 무용수(반은 악마이고 반은 잠자리인 선성적인 마법사)에 이끌려 오염된 연못에 가서 얼굴을 비춰 보고, 자기 모습에 매료되어 연못에 어깨까지 몸을 담그며 머리만 물 밖에 남게 되는 순간, 여자가 와서 마치 꽃을 꺾듯이 그 머리를 잘라 가져가는 것을 보게 되어 있었다.

그와 같은 생각에 깊은 매력을 느끼면서도, 모든 것에 비춰볼 때 악으로 여길 수밖에 없었던 이 시나리오 때문에 나는 동요되었다. 그뿐 아니라, 정장을 한 두 남자--키가 매우 크고 운동선수 같은--가 극장을 나서면서 나르키소스의 역을 했던 배우에 대해 다음과 같이 생각을 주고받는 소리를 듣게 되었다. "잘 생기긴 했지만 충분히 근육질은 아니야." 이제는 매우 잘 아는 사실이지만, 그들의 모습으로 판단해보건대, 그들은 동성애자가 확실했다. 당시에는 동성애가 뭔지 몰랐기 때문에 나는 그들을 '탐미주의자'라고 불렀다. 그러나 거기에 **타락한** 무엇이 있다는 생각에 오랫동안 사로잡혀 있었다. 그리고 알 수 없는 이유 때문에 검열당한 이 장면이 잘 보여주듯이, 나는 또 다른 세계가 옆에 존재하고 있음을, 금지되고 터부시된 '에로틱한' 영역이 존재하고 있음을 알게 되었다.

또한, 성별이 없는 남자, 요컨대 발레에 등장했던 인물 중 내시와 유사한 '거세된'(내 느낌으로는) 남자들이 있다는 생각에 나는 깊이 동요되었다. 매우 부드럽지만 약간 겁이 나는 리즈 숙모의 이미지에 곁들여, 이러한 사실은 나로 하여금 사랑을 위협적이고 치명적인 무엇으로 간주하도록 했다. 사랑의 연회가 지나쳐 그 와중에 홀로페르네스가 목숨을 잃은 것처럼, 사람은 사랑으로 인해 생명을 잃을 수 있는 것이다.

  리즈 숙모가 맡았던 역할을 요약하고 비교하면서, 이 아름답고 착하며, 평온하고, 그토록 부르주아적이고 관습적인 숙모가 내 어린 눈에는 단지 남자를 잡아먹는 여자로 보였음을--약간 놀랍기도 하고 재미도 있지만--확인하게 된다.
  곡예사 외삼촌과 결혼한 사람이 그녀가 아니라 칼을 삼키는 여자라는 것이 유감스러웠다.

홀로페르네스의 머리

 단지 아름다운 장소에 이끌려 오게 되었을 뿐이라고 여겼던 우리의 생각과는 달리, 우리는 마법에 이끌려 왕궁의 입구에 있는 회랑에까지 이르렀다. 그곳에 도착하자마자, 겉보기에는 단단해 보이던 대리석이 갈라지면서 우리 발아래에서 푹 꺼졌다. 예기치 않게 추락하면서 우리는 회전하는 바퀴 아래로 떨어졌다. 그 바퀴에는 예리한 칼날이 달려 있어서 순식간에 우리 몸의 각 부분이 분리되고 말았다. 더 놀라운 사실은 이처럼 이상하게 몸이 해체되어도 죽음이 뒤따라오지 않는다는 것이었다.
 자체의 무게에 이끌려 우리 몸의 각 부위는 깊은 구덩이에 떨어졌고 그곳에 쌓여있던 많은 팔다리와 뒤섞였다. 우리 머리는 공처럼 굴러다녔다. 이처럼 이상하게 굴러다니는 바람에 초자연적인 모험에도 불구하고 좀 남아 있던 이성이 마비되어, 나는 어느 정도 시간이 지난 후에야 겨우 눈을 뜰 수 있었다. 나는 내 머리가 성별, 나이, 피부색에 상관없이 팔백 개의 다른 머리들과 나란히 또는 마주보며 계단에 놓여 있음을 알 수 있었다. 이 머리들의 눈과 혀는 여전히 움직이고 있었고, 특히 턱이 움직이면서 거의 끊임없이 하품을 하고 있었다.

(제라르 드 네르발이 『환상가늘』에서 인용한 카조트의 글[1])

 내가 간직하고 있는 가장 오래된 기억 중 하나는 다음과 같은 장면과 관련이 있다. 나는 일곱 살이나 여덟 살이고 남녀 공학 초등학교에 다니고 있다. 회색 빌로드로 된 옷을 입은, 길고 곱슬곱슬한 금발

머리 소녀가 나와 함께 긴 의자를 쓰고 있다. 우리는 『신성한 역사』라는 책을 함께 공부하는데, 그 책은 커다란 검은 색 나무 책상 위에 놓여있다. 그때 보았던 그림을 나는 아직도 상당히 뚜렷이 기억하고 있다. 그것은 아브라함의 희생과 관련된 그림이었다. 무릎을 꿇고 두 손은 묶인 채 목을 늘어뜨리고 있는 아이 위로 아버지가 커다란 칼을 들고 서 있었다. 노인은 진심을 다해 하늘을 향해 두 눈을 들고는, 아들을 희생 제물로 바치기 위해 심술궂은 하느님의 동의를 구하고 있었다.

어린이 책의 한 면을 장식하고 있는 이 보잘 것 없는 도판은 나에게 지울 수 없는 인상을 남겼다. 이 도판을 중심으로 여러 다른 추억들이 전개된다. 우선 역사 교과서나 신화 교과서에서 읽었던 전설들이 있다. 독수리가 간을 파먹는 프로메테우스 신화나 늑대를 훔쳐서 자기 튜닉 안에 숨겼는데 늑대가 가슴을 심하게 물어뜯어도 도둑질한 것을 드러내기 보다는 차라리 아무 말도 않고 갖은 고통을 다 당하고자 했던 스파르타의 한 어린아이에 대한 이야기가 그것이다. 그리고 꿈들이 이어지는데, 먼저 기억나는 꿈들은 다음과 같다. 한번은 내가 숲 속에, 아마도 숲 속 빈터의 한 가운데에 있었다. 내 주위의 모든 것은 녹색이었고 풀에는 개양귀비와 데이지 꽃이 여기저기 섞여 있었던 것 같다. 늑대 한 마리가 갑자기 나타나 입을 크게 벌리고 나에게 덤벼들더니--귀는 뾰족하게 서있고 눈은 반짝였으며, 축축이 젖은 분홍색 혀는 흰 이빨들 사이로 길게 늘어져 있었다--나를 삼켜버렸다. 또 한 번은, 삯마차의 말이 나를 잡아먹었다. 그 낡은 사륜마차의 기억은 지금도 여전히 나를 힘들게 하는 기억으로, 노란색과 검은색으로 칠해져 있고 비를 맞아서 씻긴 그 마차를 흰색 가죽으로 된 구식 중절모를 쓴 지저분한 옷차림의 마부가 끌고 있었다. 그리고 『신성한 역사』에서 유래한 또 다른 이미지들도 있다. 파라옹의 군대를 집어 삼키는 홍해, 시리아의 왕 안티오코스가 마카베오 가문에게 가한 형벌[2], 단도로 코끼리를 찔렀지만 그 코끼리에 밟혀 죽은 유다 마카베오의 동생[3], 모세와 타오르는 덤불이 그것들이다.

  이 다양한 기억들은 어느 날 큰형이 포도주병따개로 맹장수술을 하겠다고 위협했던 것, 또 급우 한 명이 나와 다투고는 자기 아버지가 도끼로 내 머리를 박살낼 거라고 위협했던 것과 연결된다. 이 기억들은 내 나이 또래의 한 소년에게 일어났던 사건 때문에 느꼈던 불쾌한 느낌과도 연결된다. 그 소년은 손목에 깊은 상처가 나서 아주 커다랗게 붕대를 감고 다녔는데, 흰색 붕대 아래에서 거의 완전히 잘려서 핏빛이 된 손목, 팔뚝에서 거의 절단된 손이 감춰져 있으리라고 나는 상상하곤 했다. 그러고는 다양한 사건들에 대한 기억이 점점 더 넓고 모호하게 떠오른다. 예를 들면 어느 날 저녁, 평판이 좋지 않은 동네에 살고 있던 삼촌 집에서 나오다가 부모님과 함께 들은 싸움 소리, 마필쪽 내로를 연결하는 전철의 지상에 있는 가장 음울한 역 중 하나에서, 전동차에 치여 온몸이 으깨진 한 여자가 지른 끔찍한 비명 소리가 기억난다.

  유년기의 공포심에 완전히 지배되어 있었기 때문에, 내 인생은 미신적인 공포심에 영원히 사로잡힌 채, 어둡고 잔인한 신비의 영향을 받는 한 민족의 삶과 유사하다. 인간은 인간에게 늑대이고, 동물은 당신을 잡아먹거나 잡아먹히기에 적합할 뿐이다. 공포에 사로잡혀 사물을 바라보는 이러한 방식이 **부상당한 인간**과 관련하여 다른 추억들과 연관되었을 가능성이 있다.

잘린 목

대여섯살에 나는 공격의 희생자가 되었다. 내가 말하고자 하는 것은, 비대증식한 편도선을 제거하는 목 수술을 받았다는 것이다. 수술은 마취를 하지 않은 채 아주 거칠게 이루어졌다. 우선 부모님은 나를 외과의사에게 데리고 가면서 어디로 데리고 간다고 말하지 않은 잘못을 저질렀다. 내 기억이 맞다면, 나는 우리가 서커스 구경을 간다고 생각하고 있었다. 그래서 외과 의사와 그를 도와주는 늙은 가정의가 마련해놓은 그 음울한 수작을 전혀 예상하지 못했다. 그것은 하나하나가 음모처럼 진행되었다. 나는 사람들이 나를 끔찍한 함정에 끌어들였다는 느낌을 갖게 되었다. 사건은 다음과 같이 진행되었다. 부모님을 대기실에 남겨 놓고, 늙은 의사가 나를 외과 의사에게 데리고 갔다. 외과의사는 다른 방에 있었는데 검은 수염을 기르고 흰 가운을 입고 있었다(이것이 적어도 내가 간직하고 있는 식인귀의 이미지다). 날카로운 수술 도구들이 눈에 들어왔다. 나를 무릎 위에 앉히면서 늙은 의사가 안심시키려고 "자, 귀여운 녀석, 부엌놀이를 하게 될 거야"라고 말한 것으로 보아 내 표정이 겁에 질려 있었던 것 같다. 외과의사가 공격하듯 갑자기 내 목에 수술 도구를 집어넣었고, 내가 고통을 느꼈으며, 배를 가를 때 동물이 지르는 것 같은 비명을 질렀다는 사실을 제외하면, 이 순간부터 내가 기억하는 것은 아무것도 없다. 옆방에서 내 비명소리를 들은 어머니는 겁에 질렸다.

마차를 타고 돌아오면서 나는 한마디도 하지 못했다. 얼마나 충격이 심했던지 24시간 동안 말을 전혀 할 수 없었다. 어머니는 완전히 당황해서 내가 벙어리가 된 것이 아닐까 생각했다. 수술 직후에 있었던 일 중에서, 마차를 타고 돌아온 것, 부모님이 나에게 말을 시키려고 했지만 소용이 없었던 것, 집에 돌아와 어머니가 거실 벽난로 앞에서 나를 안고 있었던 것, 소브레를 삼키도록 했고, 소브레의 딸기색과 섞여서 잘 구분되지는 않았지만, 피를 여러 번 뱉어낸 기억이 난다.

이것이 생각건대 내 유년시절의 기억 중에서 가장 고통스러운 기억이다. 사람들이 나를 그렇게 아프게 하리라고는 생각지도 못했을 뿐 아니라, 오직 내 인격을 가장 야만적으로 공격하기 위해 내 환심을 사려고 했다는, 어른들의 속임수, 함정, 끔찍한 배반에 대한 개념을 갖게 된 것이다. 내가 삶에 대해 갖고 있는 모든 이미지는 이 개념으로 각인되어 있다. 세상은 함정으로 가득하고, 거대한 감옥이거나 커다란 수술실일 뿐이니. 나는 의사들을 위한 실험용 육체, 대포에 부서질 육체, 관에 들어갈 육체가 되기 위해 이 세상에 태어났을 뿐이다. 서커스에 데려간다고 하거나 부엌놀이 한다고 하는 거짓 약속처럼, 나에게 일어날 수 있는 모든 유쾌한 일은 조만간 내가 이르게 될 도살장에 나를 더 확실하게 끌고 들어가기 위한 미끼이며 사탕발림

일 뿐이다.

부풀어 오른 성기

이 일이 있은 후 몇 달 (또는 몇 년) 후, 내 생각으로는 귀두염이라는 이름으로 알려진 병에 감염되었다. 리트레 의학 사전에 따르면, 그 병은 "고추를 싸고 있는 점막이 부은 것"이다. 나는 과망간산칼륨 용해액을 이용한 국부욕局部浴 치료를 받았다. 농도에 따라 보라색의 진하기가 변하는 그 용해액을 즐겁게 관찰했음을 나는 제법 분명히 기억하고 있다. 약간 얼얼한 느낌이 들었는데, 그 느낌이 좋았는지 나빴는지는 말할 수 없을 것 같다. 그러나 고추가 부풀어 오른 데에 대한 두려움은 아주 컸다. 게다가 포경수술을 할 것인가가 문제되던 시기였는데, 나는 선천적으로 포경이 된 상태여서 (후에 내가 다른 아이들의 고추와 내 고추를 비교해 보았을 때 이것 때문에 나는 매우 큰 수치심을 느꼈다) 결국은 이런 수술을 할 필요가 없었다.

나로서는 내 첫 번째 발기와 병적으로 부은 상태를 구분할 수 없었다. 발기를 병이 공격적으로 재발한 것으로 여겼던 탓에 처음에는 발기 때문에 겁이 났던 것 같다. 그 병으로 인한 과잉 감수성 때문에 내 병이 나에게 쾌감을 주지 않았던 것은 아니다. 그러나 사람들이 나를 간호하는 것으로 미루어 볼 때, 그 병이 나쁘고 비정상적인 것이라는 것은 일 수 있었다.

내 에로틱한 삶이 의식적으로 표출된 첫 번째 기회는 이처럼 불길한 기호 밑에 놓여 있다. 그리고 당시 내가 고통스러워했던 그 불편함이 육체적 사랑에 대해 오랫동안 불안감을 느끼게 하고 성병을 두려워하게 한 큰 원인이 된 것은 틀림없다. 오랫동안 나는 예를 들어 남자에게 있어 순결의 상실은 여자와 마찬가지로 고통 속에서 피의 분출을 통해서만 일어날 수 있으리라고 생각하고 있었다. 내 신체 구조에 근거하여 생각해볼 때, 내 경우는 그 누구보다 더 안 좋을 것처럼 보였다. 게다가 모든 청소년을 위협하고 있는 위험에서 나를 보호해준다는 명목으로 어느 날 큰형이 어떤 소년에 대해 이야기해 준 적이 있었다. 그 소년은 열두세 살 경에, '음탕한 하녀'와 잠자리를 같이 해서 평생 불구가 되었는데(형은 그렇게 말했다), 너무 이른 시기에 사랑을 해서 벌을 받았다는 것이다. 너무 일찍부터 성교에 몰두하면 죄가 될 뿐 아니라, 성교가 특별히 위험한 행위처럼 여겨지는 데에는 더 이상 다른 것이 필요하지 않았다.

다친 발, 물린 엉덩이, 상처난 머리

앞에서 이야기한 바 있는 이 교외지역은[4] 내 유년기를 가장 잘 특징짓는 몇 가지 사건의 무대가 된 곳으로, 부상과 관련된 두세 개의 기억이 그곳과 연결되어 있다.

명시 내 나이에서는 흔한 일이었지만, 나는 나폴레옹과 같은 영웅적 환상에 완전히 심취해 있었다. 베르사이유 궁을 방문했을 때 그 유명한 "아브드 엘 카데르의 스마라 점령"을[5] 제외하면, "레겐스부르크에서 부상당한 나폴레옹"이라는 아주 유명한 그림이 내게는 가장 인상적이었다. 놀이를 하면서 나는 그 장면을 자주 재구성해보곤 했다. 종이로 이각모자를 만들어 쓰고는 '미르리플로르'라고 이름붙인 긴 털을 가진 바퀴달린 염소를 나귀로 간주하고 그 위에 다리를 벌리고 걸터앉아, 마치 고봉을 이서내리고 입술만 거만하고 뾰로통하게 약간 내민 채, 사람들이 내 상처에 붕대를 감아주기를 기다리기라도 하듯이, 나는 신발을 벗은 발 하나를 땅을 향해 늘어뜨리고 있었다(말을 탄 나폴레옹의 그림에서 내가 본 모습이 그러했다). 나는 정원 안, 잔디를 둘러싸고 조약돌이 뿌려진 산책로에서 나폴레옹 흉내를 냈다. 먼지와 조약돌 가까이에서 신발을 벗으며, 나는 거의 같은 장소, 같은 시기에, 아이들이 맨발로 나무를 타고 올라가는 것을 보았을 때 느꼈던 수수께끼 같은 혼란스러운 감정을 느꼈다.

거만하고 뾰로통한 이 표정--어머니는 내 '립'이라고 불렀고 나에게는 남성성을 표현하는 극점으로 보였다--을 나는 큰형이 가면무도회에서 착용했다가 나에게 물려준 투우사 옷을 입을 때 다시 드러내 보이곤 했다. 두건달린 짧은 외투를 한 쪽 어깨위로 아무렇게나 늘어뜨리고, 나전螺鈿으로 된 손잡이가 있는 칼을 손에 들고 으스대면서, 나는 카포테에 감싸인 투우사의 역할을 신중하게 수행하고 있었다.

우리 빌라 가까운 곳에 사촌 중 한 명의 부모님이 빌라를 갖고 있었는데, 어느 날 사촌이 개한테 물렸다. 상처가 얼마나 깊던지 "엉덩이 한 조각이 반바지에 남아 있었다"라고 사람들이 말했고, 그 세부사실이 나를 몸서리치게 했다. 이 사촌--그 후 전쟁에서 죽었다--을 생각하면, 이 사건이 일어났을 때 의 그의 모습이 다시 떠오른다. 이 튼튼하고 살찐 소년은 어떤 관점에서 보면 이상적인 아름다움과 건강미를 드러내고 있어서 그의 부모님은 그를 아주 자랑스러워했다. 거의 모든 가족들이 그의 장딴지를 보고 찬사를 쏟아냈는데, 우리 어머니만 예외적으로 자기 아들들이 "훨씬 더 세련되었다"고 생각하고, 그 소년을 '살찐 뚱보'라고 불렀다.

여름에 우리가 임대했던 빌라는 식수가 없어서 매일같이 물병과 양동이, 다른 그릇들을 가지고 펌프까지 힘들게 물을 길러 가야 했다. 누나와 가정부와 함께 돌아오던 어느 날, 우리는 어떤 사건을 목격하게 되었다. 자전거를 타고 전속력으로 언덕길을 내려오던 푸줏간집 소년이 미끄러졌든지 아니면 커브를 잘못 돌았다. 그가 철교의 아치에 세게 부딪힌 후 뒤로 나자빠졌는데, 이마에는 상처가 벌어지고 팔은 십자 모양(?)으로 꺾였으며, 자전거는 뒤틀린 채 그 옆에 널브러져 있었다. 누나가 즉시 부상당한 사람에게 다가가, 우리가 가져가던 물로 이마에서 흐르는 피를 씻어내고 그가 정신을 차릴 때까지 열심히 돌보았다. 나중에 가정부는, 누나가 헌신적으로 돌본 것에 대해 존경심을 담고 "성녀 같았어요"라고 말했다.

이 장면은 나에게 깊은 인상을 남겼다. 갑자기 일어난 사건, 다리를 타고 올라가다가 뒷바퀴로 서너너 수직으로 떨어진 자전거, 푸줏간 사람들이 그렇듯이 하늘색과 흰색으로 된 옷을 입고 의식을 잃은 채 쓰러진 소년, 머리를 더럽힌 붉은 피, 상처를 씻기 위해 그 소년 위로 부드럽게 몸을 기울인 누나. 가정부가 말했듯이, 누나는 '성녀' 같았고, 부상당한 소년을 돌봄으로써 자기 나이를 훨씬 넘어서는 무엇,

아주 도덕적인 동시에 약간은 대담한 무엇을 그곳에서 수행한 것 같았다. 그런 것이 누나를 단번에 처녀들의 범주에서 여자의 범주로 넘어가도록 했다.

악몽들

아직 오페라에 갈 때가 안됐다고 여겨지던 때이니 내가 아주 어렸을 때, 사람들은 나를 작은 '예술 서클'이 주관하는 아침 모임에 데려가곤 했다. 내 생각에 아버지는 그 서클에 회계로 참여하고 있었다. 그 모임은 우리 구의 구청이나, 가장 성대하게 치러지는 경우에는 최근까지 민중극단 공연장이었던 트로카데로 궁의 커다란 연회장에서 개최되었다.[6] 그 연회장은 더 할 나위 없이 음산했다. 커다란 내부 공간은 먼지가 많고 차가웠으며, 큰 오르간은 단상 뒤쪽에 바보같이 석순처럼 서 있었고, 음향의 관점에서 볼 때 이 장소는 울림이 심해서 파리에서 가장 혐오스러운 장소 중의 하나였다. 그곳에는 노인 냄새와 회양목 꽃 냄새가 났고, 시의 고물상들이 견장을 달고 프록코트의 깃을 세운 사치스러운 복장으로 칸막이 좌석에 앉아있었고, 바자회와 밴드를 곁들인 자선 축제 같은 농업공진회의 면모들이 빠짐없이 다 있었다. 나는 그곳에 여러 번 갔다. 열두 살과 열세 살에는 상 수여식에 갔고 (수상자 명단이 바로 그날 저녁에 《르 땅》지에 요약되어 실렸는데, 내 이름이 신문에 인쇄되어 실린 것을 보고 부모님과 나는 매우 기뻤다), 훨씬 나중에는 이사도라 던컨의 춤 공연 (내 생각에 그 춤은 아주 탁월했다), 찰리 채플린이 처음 파리를 방문했을 때

등, 이런저런 기회에 가게 되었다. 예술 서클의 모임이든, 장송-드-사이이 학교의 상장 수여식이든, 학구풍의 춤이든, 새빨간 옷을 입고 깃털 장식을 단 세실 소렐[7] 옆에서 부드러운 검은 색 옷을 입고 서 있는 찰리 채플린이든 간에, 시체 공시장 같기도 하고 결혼식장 같기도 하며 차압된 가구들로 가득한 경매장 같기도 한 이 연회장은 비참하면서도 공식적인 모습 때문에 항상 내 등골을 오싹하게 만들었다. 내가 갖고 있는 마지막 인상은 그 연회장을 허물 때의 인상이다. 마루와 의자는 사라지고 (그래서 철근 골조가 그대로 드러나 있었다) 잔해가 잔뜩 깔려 있는 이 넓은 공간은 혁명이나 지진이 발생한 후의 의회의 모습이나, 좌초되어 뼈대밖에 안남은 낡은 여객선이나 바다의 괴물 같은 모습이었다. 내부가 완전히 파괴되고 원형지붕마저 붕괴되자 그것은 로마의 폐허, 벽에 무어식 창문이 뚫린 원형경기장이 되었고, 그 옆방에는 르노메 여신상이[8] 방금 칼에 찔린 동물처럼 구석에 쓰러져 있고, 찢어진 텐트 사이로 위쪽에서 바람이 불어닥쳤다. 무너져내리는 원형경기장으로 변한 이 순간 트로카데로 극장은 진정으로 멋있었다고 말할 수 있다.

 예술 서클의 프로그램은 이 연회장의 장례식장 분위기와 잘 어울렸다. 공연물 중에서 두 개가 나에게 큰 공포심을 불러 일으켰다.

 우선 거리에서 사고 당한 사람들을 도와주는 단체인 '프랑스 구조단'의 시범을 들 수 있다. 예술 서클의 의장이던 약간 폴란드 풍의 시골 귀족이 구조단의 가장 유명한 구성원 중 한 명이었고, 그런 이유로 이 두 단체가 결합할 수 있었다. 병사나 부상자들을 도와주는 시범은 일반적으로 다음과 같이 이루어졌다. 지팡이를 짚고 모자를 쓴 사람이 등장하여 빨리 걸어가다가 무대 중간쯤에 이르면 갑자기 쓰러진다. 그때 외출복을 입었지만 푸른색과 붉은색(파리시의 색깔이다) 완장을 찬 구조단원 두 명이 뛰어온다. 경우에 따라 다양한 방식으로 예를 들면, 팔로 옮기기, 지팡이로 들것을 만들어 옮기기, 두 자전거 사이에 조치를 취해 들것을 만들어 자전거로 옮기기 등으로, 그들은 순식간에 사고 난 사람을 일으켜 세운 다음 무대 뒤쪽으로 데려간다.

무대에 사람이 나타나기만 하면 나는 그가 넘어질 것을 예상했고 (이전에 본 경험이 있어서 어떻게 전개될지 알고 있었다), 넘어지기를 기다리는 것이 내게는 가장 고통스러웠다. 당시 나를 괴롭혔던 불편함과 나중에 느끼게 되는 같은 유형의 다른 느낌들을 아주 오래된 같은 근원(예를 들면 맨발이 까지거나 떨어질 위험을 무릅쓰고 나무를 타고 올라가는 가난한 아이들을 보았을 때 느꼈던 동요가 이 근원에 연결될 것이다)에 연결시켜야 하는지는 잘 모르겠다. 그러나 운명의 범속한 표현인 일상사에 속하는 모든 것 앞에서, 나는 항상 두려움과 동정심이 모호하게 뒤섞인 똑같은 방식으로 반응했다. 나는 거리에서 벌어지는 사고, 특히 여름(날씨가 맑고 더워서 사람들이 땀을 흘리고 여자들은 가벼운 옷차림에 팔을 드러내고 가슴 파인 옷을 입고 있을 때)이나 축제기간, 휴가나 일요일(사람들이 산책하고 돌아올 때)에 벌어지는 사고--또는 싸움--간단히 말해 사람들이 "피 흘리는 크리스마스", "불행하게 끝나는 혁명 기념일", "비극적인 수영"이라고 부르는 모든 것에 공포심을 느꼈다. 기쁨이 쓰라린 것으로 변하고(마치 어린 시절에 지나치게 크게 웃으면 눈물이 나는 것처럼, 또는 지나칠 정도로 두드러져 보이던 낙관의 시기가 현기증 날 정도로 빠져드는 피할 수 없는 우울로 결론 나는 것처럼), '마른 하늘의 날벼락'이나 연회가 끝나갈 때 출현하는 유령, 또는 번영이 최고조에 이르렀을 때 터지는 전쟁이나 전혀 예상치 못한 순간에 평화로운 대중을 공격하는 경찰처럼, 모든 것이 평온해 보일 때 돌발적으로 발생하는 불행에 나는 공포심을 느꼈다.

  거리에 있을 때 나는 사람들이 모인 곳에 절대로 끼어들지 않는다. 대낮에 사람의 피가 흐르는 것을 보면 공포심에 사로잡히기 때문이다.

  이 글을 쓰면서, 최근 경전철을 타고 병원 근처를 지나다가 보았던 더러운 무엇, 사고가 발생한 작업장에서 두 동료가 부축하여 데려가던 노동자의 부상당한 발(맨발에 더러운데다가, 작열하는 태양아래에서 까치밥나무 열매 냄새를 풍겼다)이 생각난다. 나는 집으로 돌아가던 그 노동자, 이웃 사람들의 생각, 아이들의 당황한 표정, 아내의 미친 듯한 행동과 외침을 생각하곤 했다. 하루가 그토록 좋게 시작해 는데 이 실은 사신이 일어나나니! 이렇게 인생은 진행되어, 어느 날 내 아내도 아연실색한 표정으로 나를 쳐다볼 것이고 나는 암으로 고통 받거나 불구자가 될 것이다. 할 수 있는 일은 아무 것도 없다! 병자나 죽은 자들에게 닥치는 수많은 작은 불행들, 예를 들면 환자용 변기에 용변을 보고 괄약근을 통제하지 못해서 나쁜 냄새를 풍기고 기력을 상실하는 것을 제외하더라도, 나는 품위를 잃고 겁을 먹게 될 것이다.

날씨가 맑으면 나는 그 사실 때문에 약간 고통스러워진다. 날씨가 좋다는 것은 나쁜 신호다. 좋은 날씨는 유쾌하지 않은 어떤 사건을 예고하는 게 아닐까? 마찬가지로, 무엇이든지간에 내가 뭔가로 즐거워하면, 예측컨대, 나는 아주 가까운 미래에 그 즐거움의 대가를 지불해야만 한다. 그것도 백배로! 운명은 고리대금업자에 불과하기 때문이다.

사고 당한 사람들을 도와주는 이 시범과 마찬가지로 나에게 거의 똑같이 공포심을 불러일으키는 또 다른 프로그램이 있다. 뚱뚱한 중년 부인이[9] 등장하여--내 기억이 정확하다면--고대풍으로 옷을 입고 운문으로 말을 했다. 심지어 나는 그녀가 기념비적인 공화국 양식의 프랑스 혁명 당원의 모자를 쓰고 있다고 생각한다. 그녀가 낭송한 시 중에는, "악몽"이라는 제목의 시가 있는데, 내가 아직 기억하고 있는 단 하나의 싯구는 다음과 같다.

... 밤이여, 모든 것이 잠들기 시작할 때,
　악몽이 거기에 있다!

그 다음에는 보기 흉한 불구자들처럼 구석에 웅크린 악몽이라는 끔찍한 존재들에 대한 묘사가 이어진다.

끔찍한 것들을 가장 공허한 목소리로 낭독하던 이 여자, 큰 키와

뻣뻣하게 주름 잡은 옷 때문에 당당하게 보이던 이 여자가 나에게는 그토록 두렵던 악몽의 화신이었다. 이 악몽을 나는 다소간 아버지의 코고는 소리와 동일시했다. 때때로 밤에 들려오던 그 목쉰 듯한 숨소리, 무덤 저편에서 직접 들려오는 것 같던 그 불길한 소리를 지금은 아버지가 임종 시에 헐떡이던 소리와 혼동한다.

그 자체로 코고는 소리와 너무 비슷했던 이 여자의 낮은 목소리를 귀 기울여 들으며, 나는 잠들 때 그 소리를 또 듣게 되리라는 사실을 미리 알고 있었다. 그리고 이 음울한 비전이 꿈으로 구체화되어 내 잠을 방해하지 않아도, 공포에 사로잡혀 몸을 쪼그린 채 또는 땀에 젖은 채 얼핏 잠들 때까지 그 비전이 오랫동안 나를 사로잡을 것이며, 그 음울한 비전을 떠올리지 않기가 무척이나 힘들 것이라는 사실을 나는 미리 알고 있었다.

사이 안 좋은 형

사람들이 그림에 재능이 있다고 했던 큰형은 장식예술학교 학생이었다. 작은형과 내가 보기에 그는 라탱 구역의[10] 사람이었고, 보헤미언들과 가까이 지내고 카페의 테라스에 앉을 수 있는 사람, 그가 작업하는 이들기에 모델들이 있는 관계로 벌거벗은 여자들을 볼 수 있고 심지어 그녀들과 말할 수 있는 특권을 가진 사람이었다. 또 우리에게 '포르텔'의 존재에 대해 알려준 사람도 큰형이었다.

나이 탓도 있고 취향이나 성격도 서로 잘 맞아서, 작은형과 나는 일반적으로 큰형에게 대항하여 연합전선을 폈다. 우리는 사랑--사랑을 유일한 사랑이라는 형태로, 전 생애의 목표이자 실체로 생각하고 있었다--에 대해 똑같이 신비주의적인 생각을 품고 있었고 '결혼하기 좋아하는 사람'이 상징하는 바람기 많은 사람들에 대해 똑같이 혐오감을 품었다. 이런 정신 상태가 만들어진 데에는 우리가 받은 교육의 영향이 상당히 컸다. 예를 들면, 근본적으로 비도덕적이어서 적어도 "젊은 처녀들이 보면 안되는" 것으로 알려진 앙리 바타이유의 연극에 대해 부모님이 말씀하신 것을 나는 기억하고 있다. 사람들은 부모님이 앙리 바타이유의[11] 작품에 데리고 가는 소위 '현대적인'(명백하게 조롱적인 수식어) 처녀들과 그곳에 데려가지 않는 처녀들이라는 두 가지 범주로 처녀들을 나눌 정도였다.

'결혼하기 좋아하는' 범주에 완전히 들어맞는 것은 아니지만--이 불쌍한 청년의 품성은 너무나 평화로웠고 우리가 그토록 빛나는 것으로 상상했던 그 계급에 속한다고 생각하기에는 금전적으로나 옷 입은 상태로 보아 재산이 너무 보잘 것 없었다--예술가라는 직업과 그가 출입하고 접촉하던 모델들 때문에 우리는 큰형을 자유분방한 사람들 쪽으로 분류하고 있었다. 그는 아주 힘이 세고 다혈질인데다 욕심도 많고 짓궂고 화를 잘 냈다. 그가 "포도주병따개로 맹장 수술을 하겠다"고 나를 위협했던 것 외에도(그는 정상적인 상황에서 수술을 받았다), 한번은 나에게 "단추 수프를 먹이겠다"고 말했다. 그 낭시 우리 집에서 가장 자주 먹던 수프 중에 밀가루 반죽으로 별이나 알파벳 문자를 다양하게 만든 수제비가 있었다. 수프에 밀가루 반죽 대신 자개조각으로 된 단추들이 떠다니는 것을 상상하고 얼마나 혐오스러웠던지 지금도 와이셔츠나 반바지의 단추를 보면 단추가 내 입에 있다는 생각에 구역질이 나려고 한다. 좀 더 시간이 흐른 뒤에는 둘만 있을 때, 내 눈을 똑바로 바라보며 젖은 목소리로 아주 슬픈 시들을 암송해주면서 내가 그만하라고 애원하거나 울기 시작할 때까지 짓궂게 장난을 쳤다. 내가 내 입으로 자위한다는 것을 알려준 후에(나는 순진하게 과시하려는 의도로 작은형과 큰형에게 그 고백을 했었다) 그가 아버지에게 이르겠다고 말했었다는 사실을 덧붙이고자 한다. 그가 진짜로 그렇게 하리라고는 생각하지 않았지만, 그날 저녁 아버지가 증권거래소에서 돌아오셔서--아버지가 특히 좋아하던 가장자리가 평평한 중절모를 쓰고--나에게 시선을 던질 때마다, 그리고 저녁 내내, 아버지가 나를 의심하고 내 얼굴에서 고발내용을 확증하는 흔적을 찾아내려고 나를 관찰하고 있다는 생각에 당황한 기억이 난다.

 화내는 것에 대해 말하자면, 우리 셋 다 아직 아주 어렸을 때의 일인데, 작은형이 카드놀이를 하면서 속임수를 쓴다고 큰형이 작은형의 머리에 무거운 철제 촛대를 던지는 것을 본 기억이 있다. 이 촛대는 한쪽 가지가 휜 상태로 아직도 어머니 살롱의 벽난로를 장식하고 있다. 또 한 번은 이유는 모르지만, 큰형이 아버지와 싸웠는데, 둘 다 응접실 양탄자 위를 뒹굴었다. 저녁 식사 중에 일어난 일로, 둘 중 한 명이 포도주 병을 치켜든 장면, 어머니가 엄청나게 공포에 사로잡힌 장면이 기억난다. 부모님은 그가 격하게 화내는 것에 대해 걱정하면서, 언젠가는 큰형이 '발끈해서' 싸우다 다치고 게다가 살인을 저지를 거고, 군대에 가면 상관의 따귀를 때려서 군법회의가 소집될 거라는 등, 그런 분노 때문에 앞으로 일어날 여러 참사를 항상 예상해보곤 했다. 물론 부모님의 걱정이라는 게 거의 언제나 그렇듯이, 이 걱정은 완전히 헛된 걱정으로 드러났다. 큰형은 지금은 안정된 부르주아이자 많은 아이들의 아버지다.

처음에는 힘 때문에 그리고 오늘날에는 저속함 때문에 나는 큰형을 막연히 싫어했다. 나에게 그는 속물의 전형이었다. 아버지처럼 항상 예술과 문학에 대한 취미를 간직하고 있었기 때문에(나는 그의 책을 통해 처음으로 보들레르와 베를렌의 시를 읽었다) 그가 완전히 무감각하다고 할 수는 없고, 또 인간성이 전혀 없지도 않았다(그는 부상병을 들 것으로 나르는 사람이 아니면 1914-1918년 전쟁에 참전하지 않겠다고 했다). 그러나 소심하고 방구석에 처박혀 있는 특성, 정열 없이 감정적이고, 신비주의 없는 이신론자이며, 광적으로 심취하지 않는 관례주의자이기 때문에 그는 속물이다. 나로서는 그가 여섯 명쯤 되는 아이들의 아버지가 되는 것 외에 다른 것을 할 수 있으리라고 생각하기는 쉽지 않다. 그의 담배 파이프, 콧수염을 길게 기른 커다란 얼굴, 그가 보여주는 완벽하게 안전한 느낌을 나는 참을 수가 없다.

그가 우리보다 나이가 많고 사창가를 경험했다는, 간단히 말하면 우리가 아직 아이일 때 이미 입문한 사람이었다는 매우 단순한 이유를 찾아내지 못했다면, 작은형과 내가 큰형을 '결혼하기 좋아하는 사람'으로 분류한 이유를 지금으로서는 이해하기 힘들 것이다. 우리의 적대관계는 대부분 그 점에 근거해 있는 것이 분명했다. 그것이, 무엇보다, 가장 힘센 자의 특권에 대한 반항과 관련되어 있음은 의심의 여지가 없다.

우리가 그와 사이가 좋을 때 큰형은 우리를 여러 번 무모한 모험으로 이끌었다. 여름에 영국 해안에 머물며 산책 나갔을 때, 가장 짧은 지름길을 택해 만을 가로지르다가 하마터면 진흙에 매몰될 뻔한 기억이 난다. 부활절 방학 때에는 가장 가파르고 나무가 무성한 쪽으로 몽-생-미셸을 올라갔다.[12] 전쟁 초 비아리츠에서, 파도에 거의 전부 둘러싸인 어떤 바위의 꼭대기까지 구역질이 날 정도로 올라갔다(중도에 포기하려고 했지만 형이 빈정거리며 혼자 돌아가라고 해서 계속 갈 수밖에 없었다). 마찬가지로 비아리츠 근처에서, 올라가는데 한 시간이나 걸린 언덕을 전속력으로 달려 내려왔다(나무에서 나무로, 울퉁불퉁한 바위에서 바위로 뛰면서). 또 일요일이면 유람버스와 기차에서 사람들이 쏟아져 나와 붐비고 저녁이면 때때로 남녀가 술에 취해 큰 무리를 이루어 모자를 바꿔 쓴 채 춤을 추던 위에서 언급한 영국 해안에서, 그가 반했던 호텔의 여종업원에 대해 지금은 기억나지 않는 어떤 이야기 끝에 큰형이 나를 떠밀어 내가 가시철조망에 넘어졌다(정민지가 그에 빚이섰다). 그리고 얼마 지나지 않아, 우리는 베레모를 쓴 발랄한 **소녀**를 지나쳤는데 그녀를 보고 나는, 말하자면, 신발 끝까지 빨개졌다. 나는 그 사실이 무척 부끄러웠다.

내가 기억하는 한, 큰형에게는 사고가 두 번 있었다. 하나는 너무 어렸을 때여서 그것이 실제 기억인지 아니면 사람들의 이야기에 기초해서 재구성했는지조차 확실치 않은 사고이고, 다른 사고는 내가 열 살 무렵에 일어났다.

  누나가 우리 잠자리를 보살펴주던 어느 날 저녁, 형이 누나를 놀리려고 매트리스를 도약대 삼아 침대에서 계속 미친 듯이 깡충거리는 춤 같은 것을 만들어냈다. 그 사고는 누나가 형에게 요강을 건네주던 바로 그 순간에 일어났다. 형이 이전보다 더 과격하게 뛰더니 균형을 잃고 요강 위로 그대로 쓰러졌고, 요강은 마루에서 산산조각 났다. 그가 일어났을 때, 머리는 오줌으로 완전히 젖어 있었다. 반쯤 어두운 상태에서 형을 만져보고 누나는 형의 머리가 젖어 있다는 느낌을 받았다. 그것을 피라고 여기고 그녀는 형이 심하게 다쳤다고 생각했다. 형은 사실을 바로잡을 수 있는 행동은 전혀 하지 않았던 것 같고, 그래서 그녀의 두려움은 더욱더 컸다. 형은 거기에서 짓궂은 장난을 칠 기회를 얻었거나 아니면 강한 충격을 받아서 약간 멍해진 것이 아닐까?

  장식예술학교 학생이던 형이 어느 날 흥미로운 모습으로 돌아왔다. 한쪽 손은 붕대로 감고, 얼굴은 붉은 색인데 만족스러운 표정이었으다. 또 이상하게 과잉 흥분 상태에 사로잡혀서 계속 노래를 불렀다.

  참새들은 포도밭에 있다네!
  그것들은 포도밭에 있다네!

그는 식탁을 빙빙 돌면서 노래를 불렀는데 그를 멈추게 할 수가 없었다. 어머니는 무슨 일인지 의아하게 생각했다. 한참 시간이 지난 후에야 형은 마음을 먹고 사실을 밝혔다. 그래서 어머니는 상황을 짐작할 수 있었다. 아틀리에의 친구 한 명--우리 동네에 사는 소년으로, 전에 우리와 학교나 체육관을 같이 다녔는데, 어머니가 보기에는 약간 미쳤거나 성격이 독특했으며, 형의 말에 따르면, 한 번은 아틀리에의 어린 학생 하나를 '추행'하려고 했다(당시 나는 동성애가 무엇인지 잘 몰랐기 때문에 그 메커니즘을 이해하지 못했다)--이 칼을 잽싸게 던져 나무 책상에 꽂는 놀이를 했는데, 우연히 재수없게 칼이 날아가는 궤적에 형의 손이 있었고, 부상당하자 럼주 한 병을 강심제 삼아 다 마시고는 술에 취했다는 것이었다. 형이 이렇게 술을 마신 것은 이번이 처음이었고, 그래서 손바닥이 거의 관통되는 핑계거리가 필요했던 것이다. 부상은 심하지 않았다. 하지만 붕대를 감아준 약사의 말에 따르면, 손이 마비될 수도 있었는데 그만한 게 정말 운이 좋았다.

사이좋은 형

형들이나 나에게 일어났던 부상 이야기는 내 유년기를 온통 뒤덮고 있어서, 그것들을 모두 늘어놓자면 끝이 없을 것이다. 달려가다가 넘어져서 단도처럼 날카롭게 날이 선 사탕수수에 찔린 무릎, 짚으로 가득 찬 공에 강하게 맞아서 멍이 든 눈, 연필을 깎다가 칼에 깊게 베인 상처, 관습상 아르니카를[13] 사용하거나 2수짜리 동전같이 차가운

물건을 대어 치료하는 이마의 혹, 말을 안들으면 부모님이나 형들이 "하느님이 벌주신 거야!"라고 말했던 자질구레한 다양한 사건들.

나는 별로 소란스럽지도 않았고 싸우는 성격은 더더욱 아니었다. 오히려 일반적으로 겁이 많고 침울하고 잘 우는 편이었다. "길에서 개들을 쓰다듬지 마라!", "성냥 가지고 장난치지 마라!", "길 건너기 전에 잘 살펴봐라!"라고 나에게 주의를 줄 필요는 거의 없었다. 물릴까봐, 데일까봐, 차에 치일까봐 나는 너무 겁이 났다. 이전과 마찬가지로 지금도 나는 스포츠를 즐기지 않고, 내가 좋아하는 유일한 운동은 산책이다(들판을 가로지르는 긴 산책이나, 숨고 싶은 생각이 들 때 파리의 거리를 우울하게 걷기). 내가 이곳에서 서술하는 에피소드들이 나에게 진짜로 특기할 만하거나 예외적인 어떤 것을 상징하는 것은 아니다. 내가 그것들을 모아놓은 것은 **부상**에 대해 생각할 때 그것들이 단순히 머릿속에 떠올랐기 때문이다. 내가 동일시하던 어떤 사람(이미 나와 관계되는 것이 아닐지라도)이나 나와 아주 가까이 관계되는 사람에게 발생한 부상은 어떤 특별한 관계--공감이든 적대감이든, 긍정적이든 부정적이든--로 나와 연결되어 있다. 다음에 서술한 세 가지 사건은 내가 반응하는 방식을 특징적으로 보여준다는 점에서 약간 중요할 지도 모른다. 처음 두 개는 작은형과 나와 관계되는 사건이고 마지막 것은 나하고만 관계된다. 마지막 사건은 나에게 아주 깊은 인상을 남겼던 너덧살 무렵의 수술 사건과 일종의 짝을 이루는 것으로 나는 기꺼이 생각하고 있다.[14] 그 이유는 아마, 두 사건 모두 내가 관계되어 있고, 또 두 번째 사건에서는 내가 용기

있는 사람으로 등장하기 때문이다. 그런 점에서 두 번째 사건은 공포에 사로잡힌 상태에서 상당히 한심한 기억밖에 남지 않은 첫 번째 사건에 대한 복수처럼 여겨진다.

작은형과 나 사이에 유지되던 아주 좋은 공모 관계에 대해 앞에서 암시한 바 있다. 많은 관점에서 기질도 비슷해서(근본적으로 우수에 사로잡히는 성격이고 신비주의적인 성향이 있으며 삶에 대한 연극적인 감각을 갖고 있는 등등) 우리는 여러 가지로 연결되어 있었다. 그러나 오랜 시간이 지난 후에 각자 걸어온 삶의 여정을 헤아려 보며, 나는 그와 같은 일치(결국 실제적인 게 아니라 허울에 불과했던 것일까?)가 있었던 것에 놀라게 된다. 우리는 동일한 도덕관념(약간의 청교도주의)을 갖고 있었고, 우리가 좋아라하며 꾸며냈던 그 모든 이야기들--때로는 진실로 여겨졌던 이야기들, 때로는 완전히 비현실적인 허구들--로 엮어낸 동일한 신화를 갖고 있었다. 우리는 매일 저녁 화장실에서 만나(형은 나이 많은 사람에게 속한 자리에 앉고 나는 형 앞의 보잘것없는 요강에 앉았다), 하루씩 번갈아 이어가며 끝없이 긴 이야기--대개는 동물 주인공이 나오는 서사적 연속물 같은 것들--를 나누었다.

형이 나에게 애순 '신짜' 이야기들 중에 다른 것보다 더 전설처럼 보였던 이야기가 하나 있다. 나는 그 이야기를 굳게 믿었고, 그 주인공은 거의 신화적 후광에 감싸인 것처럼 보였다. 스포츠에 관심이 많던 시기--집 근처에 오퇴이유 경마장이 있어서 특히 달리기에 관심이 많던 시기--에 형은 나에게 어떻게 파리 굴렁쇠 대회에서 대상을 타게 되었는지, 경주를 상세히 묘사해가며 이야기해주었다. 우리가 자주 놀러가던 파리의 식물원15) 근처에서 출발. 두 줄로 빽빽이 늘어선 군중. 형과 거의 같은 나이의 다른 경쟁자들. 출발서부터 선두에 나서 다른 경쟁자 무리를 완전히 압도한 일. 거의 끝까지 경주를 선도하며 선보였던 흠잡을 데 없는 스타일. 거의 우승하게 되었을 때 끔찍하게 넘어진 일--무릎이 심하게 찢어졌다. 몸을 일으키기 위해 고통을 참고 영웅처럼 행동하기. 경쟁자들을 따라잡기 위해 기울였던 절망적인 노력. 고통스러운 투쟁을 시작해서 한명씩 따라잡고 마침내 승리한 후, 그의 용기에 감응되어 수많은 관객들이 열광적으로 환호하는 가운데 피곤에 지쳐 기절.

 이 이야기를 형은 거의 그대로 여러 번 되풀이했고 나도 그 이야기를 완전히 믿고 있어서, 샤를마뉴 대제, 바이야르,16) 튀렌17) 또는 나폴레옹과 같은 역사적인 인물들의 무훈 이야기를 듣고 아이들이 그들에게 부여하는 거의 초인간적인 위대함을 형에게 부여하고 있었다. 나는 운동에서 우승한 것보다는 그가 보여주었던 인내심, 부상 따위는 무시하는 극기정신, 지치고 고통스러워도 끝까지 최선을 다하는 태도, 영웅이 모든 사람을 구한 후에 비로소 재난이 일어난 장소에서 빠져나오듯이, 시합에서 이기기 전까지는 육체적인 허약함에 굴복하지 않는 교훈적인 용기에 감탄했다.

 이와 같은 감탄에는 무엇보다 금욕주의에 민감하게 반응하는 이 방식에는--내가 오늘날까지 여전히 간직하고 있는 용기에 대한 관념을 특징짓는 요소가 이미 포함되어 있음을 알 수 있다. 그 개념에 따르면, 용기는 눈부신 행동이나 용맹한 군사적인 무훈 속에 있는 것이 아니라, 예를 들면 끔찍한 위험 앞에서 냉정하게 행동하는 방식 속에, 더 잘 설명하자면 끔찍한 고문에 대한 저항 능력 속에 있는, 전혀 공격적이지 않은 수동적인 개념이다.

아래에 이어지는 모험에도 작은형이 등장하는데, 그 모험의 주요 국면은 르아브르의 사우스햄톤 강변로의 한 호텔에서 전개되었다. 이 사고--사실 아주 작은 사고--에서 모호하나마 예정된 운명의 표지를 보아야 하는지는 잘 모르겠다. 그러나 나는 르아브르를 항상 좋아했고, 해안 도시, 무엇보다도 낭트처럼 강을 낀 항구도시는 빠짐없이 다 좋아했다. 나는 바다에 대해서는 조금도 끌리지 않았고 수영은 결코 배우지 못했다. 나는 육상 동물이지 해상 동물은 절대 아니다. 그러나 예를 들면, 여객선을 타는 것을 좋아하고, 먼 여행이든 가까운 여행이든, 항해에 관계된 모든 것에 민감하다.

내 친구 중에 여럿이 르아브르나 또 다른 항구도시인 낭트 출신이다. 나에게 남아 있는 최상의 기억 중에는, 비록 체류 기간이 일반적으로 아주 짧긴 했지만, 항구에 머물렀던 기억들이 있다. 여전히 나보다 더 여행에 푹 빠져 있고, 동 유럽의 한 수도에서 몇 년 동안 철학교사로 있다가 최근에 파리에 정착한 한 친구와 함께 1924년 8월에 르아브르에서 며칠을 보낸 것이 특히 기억난다.[18] 나는 그때 사람들이 우글거리는 사우스햄톤 강변로, 레스토랑과 작은 바들, 약 12년 전에 문제가 되었던 사건의 무대였던 아미로테 호텔, 당시 내가 발견했던 갈리옹 거리--모직 숄을 걸치고 걸상에 앉아 읊조리듯 호객행위를 하던 여자 포주들이 소유한 수많은 에덴이 두 줄로 늘어서서 불을 밝히고 있는 홍등가--를 다시 방문했다. 내 친구와 내가 산책 중에 우연히 들어갔던 장소 중에, 아직까지 가장 인상에 남는 장소는 영국식--또는 자칭 영국식--바였던 '실버 달러'--이제는 없어졌지만 당시에는 교회와 경찰서 사이에 위치해 있었다--이다. 그곳에는 여자 바텐더가 두 명--둘 다 프랑스 여자였다--있었는데 자매였다. 둘 다 엉덩이가 둥글둥글하고 가슴이 날카롭게 튀어 나와 있고 똑같이 금발이었으며, 고객들과 함께 춤을 췄고 잔지바르 주사위 놀이와[19] 포커 다이스를 했고, 때로는 패션계의 모델들처럼 몸을 움직이며 술을 따랐다. 이삼일 전에는 암소의 젖을 짰을 것 같은 여급 하나가 그녀들을 도왔다. 계산대 위로 튀어 나와 있는 술병 진열대 중간에는 커다란 영국 인형 두 개가 은밀히 추파를 던지고 있었다. 계산대에 붙어 있는 방에서는 아주 의젓하지만 약간 알코올중독이고, 머리카락은 완전히 하얗고 초라하게 옷을 입은, 얼굴은 늙은 할아버지 같은 사람이 오래된 수형 피아노로 소녀처럼 오페레타의 곡조, 국가, 애국적인 후렴구들을 섞어가며 오래된 왈츠, 마주르카, 폴카와 같은 다양한 레퍼토리를 섬세하게 연주했다. 그는 이따금 일어나서 몇 명 되지 않는 고객들에게 다가가, 자기 수입에 어울릴 게 분명한 작은 재떨이에 돈을 걷었다. 가끔 두 자매는 한 손은 허리에 대고 작은 배를 앞으로 옆으로 흔들며 아주 크게 웃곤 했다. 하녀는 일하느라 왔다갔다 할 때를 제외하면, 얌전히--기분이 나빠서라기보다는 생각하느라 얼굴을 찌푸린 채--앉아 있었다. 그녀가 자리에서 일어나는 경우는 늙은 피아노 연주자 곁으로 가까이 다가가 피아노에 팔꿈치를 기대고 마치 반주를 맞추는 것처럼 작은 목소리로 노래를 부를 때뿐이었다. 그 장소의 내밀한 분위기는 반쯤 취한 미국인 선원들이 들이닥칠 때에만 깨졌다. 그들은 즉시 피아노를 독차지하고 으깨듯이 폭스트로트를 연주했다. 그 곡조는 다양한 색깔의 술처럼 천장과 벽에 튀거나 거품이 흘러내리는 도수 높은 맥주처럼 무겁게 쌓여갔다. 후에 전해 들은 바로는, 자매 중 한 명은 결혼을 했으며, 다른 한 명은 살이 찌고 침울해졌다.

내 기억 중에서 정확도는 떨어지지만 문자 그대로 바다와 더 많이 관련된 기억은 12살 때 영국을 처음 여행하고 돌아오던 때의 기억이다. 배가 도버를 떠난 지 얼마 되지 않아 마른 폭풍이 몰아쳤는데, 아주 인상적이었다. 전 수평선에 걸쳐 천둥이 길게 울리고 거의 끊임없이 번개가 쳤다. 날은 아주 깜깜했다. 바람 한 점 불지 않았고, 번개에도 불구하고 바다는 '기름 바다'라고[20] 불릴 정도로 완벽하게 고요해서 그 효과는 더욱 충격적이었다. 그 일이 있고 난 후에 천둥 번개가 가장 심할 때, 돛대의 꼭대기에 성 엘모의 불이[21] 붙었다고 자주 말하곤 했는데, 지금도 그것이 완전히 거짓이었다고 말할 수는 없다.

바다와 관련된 또 다른 기억으로 마르세이유에서 출발한 기억이 떠오른다.[22] 당시 나는 결혼을 했는데, 내적으로 나를 갉아먹는 것으로부터, 도망침으로써, 해방되기를 처음으로 기대하고 있었다. 나는 르아브르의 평판이 좋지 않은 지역을 함께 돌아다녔던 그 친구를 만나러 이집트 카이로로 향하는 길이었다. 여객선이 천천히 멀어짐에 따라, 갑판과 부두 사이에서 수포가 생기더니 더 커지는 것이 내 눈에 띄었다. 첫 출발의 순결을 한 번 잃고 나면 다시 찾을 수 없는 애절한 충일성의 순간. 그 순간 사람들은 사물들의 진가를 알아보고 사물들과 당신을 분리시키는 거리를 알게 되며, 그 결과 자신이 강렬하게 사물들 앞에 서 있다고 느끼고, 처음으로, 자신의 능력을 헤아리게 된다.[23)]

지난 성신강림 대축일에 했던 가장 최근의 르아브르 여행에서도 비슷한 일이 있었다.[24)] 전날 저녁, 나는 바와 무도회, 나이트클럽 그리고 갈리옹 거리의 사창가도 빠뜨리지 않고 돌아다녔다. 몇 년 전에 비해 모든 것이 좀 죽은 듯이 보였다. 거리에는 사람들이 많지 않았고 술 취한 사람도 없었으며 자동 피아노도 없었다. 그러나 항구의 사창가에서 나는 깊은 인간성과 위대함을 느꼈는데, 내 생각으로는, 사창가가 초라하고 또 그곳에서 모든 것이 충분히 단순하게 진행되기만 하면, 사람들은 모든 사창가에서 그런 느낌을 갖게 된다. 그때가 성신강림 대축일 다음 월요일이었다는 사실이 아마 이 장소들이 상대적으로 조용했던 이유를 설명해줄 수 있을 것이다. 작은 매춘부가 속해 있는 그 집에 사람이 별로 없는 것을 보고 나를 비롯하여 함께 갔던 사람들이 놀라자 "종교 축일이 사창가의 축일은 아니지요"라고 그 매춘부가 선언하듯 말했다. 여기저기 자리를 옮기고 이런저런 대화를 하면서 몇 잔 한 탓에, 그 다음날 아침 가슴도 식히고 머릿속에서 춤추는 생각도 정리할 겸, 바다 공기를 한 모금 들이마시고 싶은 욕구가 강하게 일었다. 그래서 나는 생트-아드레스를[25] 지나 절벽 쪽으로 산책을 나갔다. 50여 미터 솟은 절벽의 한 지점에서 작은 포구를 내려다보면서, 나는 마르세이유를 떠날 때와 마찬가지로 강렬하게 나 자신과 마주하게 되었다. 바다 한 가운데서 소리 나는 부표 하나가 파도에 따라 춤추듯 흔들리고 종 모양의 부표에서는 날카로운 소리가 들려왔다. 해안에서는, 곤충이 조심스레 길을 가듯, 우비를 입고 바스크식 베레모를 쓴 두 소년이 어머니로 보이는 상당한 연배의 부르주아 여자와 함께 바위에서 바위로 발을 옮기고 있었다. 이들 세 명은 피서차 온 것 같았고 나처럼 산책 중이었다. 아이 중 한 명은 광물학자의 망치를 들고 표본을 수집하기 위해 이따금 바위 표면을 얇게 벗겨냈다. 그 전날 돌아다녔던 분위기에 여전히 젖어 있어서 그런지, 종을 흔들어대는 그 외로운 부표가 우리와 이야기를 나누고, 우리가 볼 때 그렇게 겸손하고 부드럽고 "아주 잘 자란" 것처럼 보였던 그 작은 창녀인 것만 같았다.

  신음소리를 내며 구해달라고 부르는 듯한 이 비통한 종소리에도 불구하고--이 작은 창녀는 우리에게 자신이 14개월 전부터 사창가에 갇혀있다고 말했다--어떤 사람은 손에 망치를 들고 모래사장을 따라 걸으며 광물학 연구를 즐기는 것이 나에게는 파렴치한 것으로 보였다. 나는 어느 정도 그 사람에게 나 자신을 동일시했다. 이 작은 만 앞에 펼쳐져 있는 바다도 그렇지만 세계 한 가운데에는 혼자 미친 듯이 비명을 질러대면서 사람들이 그 목소리를 듣기를, 그리고 용기를 내어 그 목소리에 완전히 집중해주기만을 요구하는 그토록 시급한 무엇이 있는 데에도, 스스로 보잘것없다고 여기면서도 나 자신이--안락함과 같은 물질적 우연성을 무시하지 못하고--과학 작업에 매어있는 것이다. 시내로 돌아와서 시창가에 다시 돌아가 그 창녀와 잘 생각을 잠시 했다. 그런 보잘 것 없는 마음의 결과라고는 낭만적인 것과는 전혀 상관없는 보잘 것 없는 성병밖에 없다고 해도, 창녀와 자지 않은 것은 잘못한 것 같다.

내 삶의 사건들 중에서 '부상당한 사람'이라는 주제와 결부된 장의 뒤에서 두 번째 부분에 접근하면서, 원래 이야기하고자 했던 것에서 멀리 벗어나고 말았다. 글을 써나감에 따라 내가 세웠던 계획은 나에게서 멀어지고, 나 자신을 응시할수록 내가 바라보는 모든 것은 더욱 모호해지는 것 같다. 애초에 내가 구분된다고 생각했던 주제들이, 마치 그 분류가 추상적인 가이드라인이나 단순한 미학적 구성 방식에 불과했던 것처럼, 일관성 없고 자의적인 것으로 드러난다.

작은형과 관련된 '르아브르의 기억'에는 어쨌든 내가 처음으로 바다를 건너간 기억이 섞여 있다. 부활절 방학 기간이었다. 부모님과 함께 트루빌에[26] 갔었는데 (당시 우리 나이에서는 항상 그렇듯이) 우리는 신화처럼 여겨지는 허구의 도움을 받아 이 단순한 여행에 활기를 불어넣었다. 당시 우리는 둘 다 경마에 열중해서 종종 부모님 집에 있는 우리를 조마사 집에 하숙하는 경마 기수로 생각했다. 경마의 주요 인기 스타들의 기록을 꿰뚫고 있었기 때문에 우리는 어렵지 않게 이런저런 유명인사와 동일시할 수 있었다. 그래서 몇 년 동안, 형은 르네 소발 외의 다른 역은 하지 않았고, 나는 상당히 오랫동안 내

쉬 터너의 역을 했으며 후에는 조지 미첼이 되었다. 그 이름을 선택한 것은 내 이름과 유사하기 때문이었다. 그러나 문제의 이 여행에서 나는 단순히 프랑스 기수 파르프르망이었던 것 같다.[27] 경마 기수들의 이름에는 놀라운 명예가 결부되어 있었다. 이 이름에 동일시한 데에는 우리가 존경하는 인물들의 정신을 육화함으로써 우리 자신이 위대하고 강하다고 느끼는 것 이외의 다른 목표는 없었다. 어쨌든 교리문답의 성인들이라면 우리는 스스로 동일시할 수 있었을 터이니 말이다.[28]

부모님은 우리를 데리고 바퀴달린 배인 라 투크를 타고 트루빌을 출발하여 르아브르를 여행하고, 같은 교통수단을 이용하여 저녁 무렵에 돌아올 계획이었다. 그런데 안개가 갑자기 들이닥쳐 배가 뜨지 못하는 상황이 되었다. 우리는 르아브르에 머물 수밖에 없었고, 가방 하나 없이 아미로테 호텔을 피난처로 삼아 밤을 보내야 했다. 그 자체로 이미 매혹적이던 여행이 이 뜻밖의 일로 일종의 모험으로 변하자 형들과 나는 당연히 기뻐했다. 이와 같은 예기치 않은 사건이 갖고 있는 초라함을 우리보다는 더 잘 헤아리고 있던 부모님은 우리의 황홀감에 공감하지 않았다. 더군다나 비가 오기 시작했고 부모님은 우리를 어떻게 해야 할지 고를 시샂아났나. 우리 셋이 모이자 너무 소란스러웠고, 호텔 방에는 우리를 조용히 붙잡아둘 어떤 흥밋거리도 찾을 수 없었다. 작은형과 나는 다음과 같은 놀이를 했다. 두 명의 기수가 조마사와 조마사의 아내와 함께 다음날 있을 시합 때문에 이동하고 있다. 이 모든 것에는 간통사건이 곁들어 있었다. 파르프르망, 말하자면 내가 이 여행 덕분에 행운을 누리고 조마사 아내의 애인이 되는 것으로 합의되어 있었기 때문이다. 조마사 아내 역은 다름 아니라 우리 어머니가 맡았다.

  부모님은 외출복을 입은 상태로, 칫솔이나 빗, 하다못해 최소한의 세면도구 하나 없이 밤을 보내야 했기 때문에 상당히 침울한 표정으로 호텔 방 구석에 있었던 것 같다. 아버지는 언제나 쓰고 다니던 실크 모자를 갖고 있었음에 틀림없다(다음날 안개가 걷히고 우리가 돌아올 때 바다는 상당히 거칠었다. 아버지가 실크 모자를 눈까지 내려 쓴 채, 멀미 때문에 구석에 주저앉아 쓰러져 있던 모습을 나는 기억하고 있다). 호텔에 다른 방이 없었던지 방 하나에 우리 모두 들어가야 했다(그래서 간통을 상상해낸 것일까?). 부모님은 여전히 기분이 좋지 않았고 이런 상황 때문에 아이들의 흥분상태는 배가되었다. 우리는 한 자리에 앉아 있지 못하고 방을 뛰어다녔고, 무슨 수를 써서라도 밖에서 일어나는 일을 알고 싶어 했다. 어느 순간, 작은형이 거리를 내다보려고 창유리에 몸을 기댔는데, 창문이 요란한 소리를 내며 깨지면서 인도 위로 떨어졌다. 그때 비가 그쳤던지 인도에는 사람들이 매우 많았다. 창문 깨지는 소리가 나자 어머니가 서둘러 다가오긴 했지만, 비명소리를 들은 것 같아 창문 밖을 내다보지 못하고 오랫동안 망설였다. 행인이 유리조각에 부상당하지 않았을까 두려워서 치미 긴까로 부상당했는지 아닌지를 확인하지 못했던 것이다. 마침내 어머니는 몸을 기울여 부두의 인도를 흘끗 보고는 그곳에 피도 없고 군중이 전과 마찬가지로 계속 오간다는 사실을 알게 되었다. 어머니는 여전히 몸을 떨면서도 안심이 되어 방 가운데로 돌아갔다. 그제서야 우리는 혼이 났다. 게다가 그 사고 때문에 우리의 놀이는 짧게 끝났다. 어머니가 공포에 사로잡혀 있어서--그리고 그것 때문에 우리가 직면해야 했던 모든 벌의 가능성(우리를 체포하러 경찰관이나 호텔 주인이 오는 것)--우리는 겁을 먹었다. 이럭저럭 밤은 지나갔고 내가 조마사 아내와의 간통 이야기를 곱씹을 시간은 충분히 있었다. 그 다음날 배 위에서 나는 별로 힘들지 않은 반면, 또는 적어도 약간 창백해진 것을 제외하면 겉으로는 아무 징후도 드러내 보이지 않은 반면, 아버지는 멀미 때문에 자리에 주저앉아 있어서 나 자신이 매우 자랑스러웠다.

나는 민감한 사항, 모방할 수 없을 정도로 부드러운 창녀, 성 엘모의 불, 잔잔한 바다에서 신음하듯 울리던 종소리에 대해 말했다. 왜 이 미친 듯한 열정이 나에게서 점점 빠져나가는 것일까? 아미로테 호텔의 창문고리를 잡으며 겁을 내던 어머니처럼, 왜 나는 부두에서 그저 약간의 피를 보게 될 것이 두려워 창문 밖으로 잠시 시선조차 던지지 못하는 것일까?

눈물사국

여기에서 상세히 이야기할 마지막 에피소드의 주인공은 나 자신이다. 아직도 내 왼쪽 눈 돌출부위에는 '부상당한 사람'의 상처가 남아 있다. 어떤 날에는 (특히 날이 더울 때면) 그 상처가 더 붉고 더 눈에 띄어서 최근에 생긴 상처처럼 보인다. 그래서 사람들이 나에게 최근에 어떤 사고가 있었는지 때때로 물어보기도 한다.

12살 때 나는 신부님이 운영하던 학교의 통학생이었는데 그 학교에서 첫 번째 성체배령을 했었다. 사건은 휴식시간에 학교 운동장에서 일어났다. 전속력으로 달리다가--혼잡한 와중에 잡기 놀이나 다른 놀이를 하면서--반대 방향에서 달려오던 친구와 부딪혀 벽에 내동댕이쳐졌다. 얼마나 세게 부딪혔던지 눈썹 돌출부위의 뼈가 보일 정도로 찢어졌다. 나는 자갈 위에 무릎을 꿇고--아니면 손발을 땅에 짚은 자세로--머리를 숙인 채, 피를 철철 흘렸다. 의식을 잃은 것 같지만 이에 대해서는 아무 기억이 없다. 사람들이 내가 기절했었다고 확인해주기 전까지 나는 계속해서 의식을 온전히 간직하고 있다고 믿었다. 벽은 내 오른쪽에 있었고 머리는 왼쪽을 다쳤는데, 내가 도살당한 동물의 자세를 취하기 전에--나는 이 자세에서 이런 음울한 생각을 했던 것이다--나 자신을 축으로 삼아 한 바퀴 돌았다는 사실을 알지 못했다. 처음에는 친구와 이마를 부딪혀 얼굴이 찢어진 것만 같았다. 나중에 가서야 누군가가 나에게 벽의 돌출부분이나 벽에 박혀 있던 못에 부딪혀 찢어졌다고 이야기해 주었다. 피가 흐르는 것이 느껴졌다. 고통은 전혀 없었지만 매우 심하게 부딪힌 만큼 상처도 크고 얼굴이 흉하게 변했을 것 같았다. 머릿속에 떠오른 첫 번째 생각은 "어떻게 내기 사랑할 수 있을까?"라는 것이었다. 당시에 내가 어떤 특정 소녀를 사랑했다고 생각하지는 않는다. 그것은 단지 정열의 관점에서만 생각해보던 미래, 보기 흉할 것이 분명한 부상 때문에 돌이킬 수 없을 정도로 부서진 것처럼 보였던 미래와 관련된 것이었다.

나는 "어떻게 내가 사랑할 수 있을까?"라고 마음속으로 되뇌었다. 이 말이 가슴에서 머리까지 올라오며 나를 완전히 채웠다. 이렇게 표현함으로써 내가 비극이라는 고양된 차원에 놓였다는 것을 느끼지 못했다면 그 말의 충격으로 나는 아마 기절했을 것이다. 그 비극적인 차원이 내가 어떤 역할을 수행했다는 자부심과 그 역할을 정확하게 수행하는데 필요한 힘을 주었다. 내 노르폴크 바지에는[29] 얼룩이 졌다. 단추가 이중으로 달린 부드러운 플란넬로 된 긴 각반에도 피가 묻었는데, 그 각반--일이년 후 고등학교 친구들이 '할아버지 장화'라고 별명을 지었다--은 아주 오랫동안 내 겨울 옷차림의 필수 품목이었고, 그것 때문에 나는 아주 강한 모욕감을 느꼈다.

 사람들이 나를 일으켜서 주방으로 데려갔다. 가정부는 기절할 준비가 되어 있는 여자였는데, 이런! 하고 연이어 비명을 지르며 상처를 씻은 다음 약국으로 나를 데려갔다. 약사는 (긴 수염을 기르고 한쪽 다리는 버스 바퀴에 깔려서 완전히 마비된 사람이었다) 붕대를 감고, 강심제 대신 작은 잔으로 술을 한 잔 마시게 했다. 뜻밖의 횡재에 기쁘기도 하고 그것이 운명이 나에게 부과한 역할에서 비롯된 기본적인 요구 사항 중의 하나라고 확신했기 때문에, 나는 망설이지 않고 한 잔 더 달라고 했다. 그곳에서 사람들이 나를 집까지 데려다 주었다. 나는 불안에 휩싸인 어머니와 함께 의사에게 갔다. 의사는 금속 꺾쇠 세 개로 상처를 꿰매고는, 어머니에게 관자놀이까지 찢어졌더라면 (몇 밀리미터만 더 다쳤으면 그렇게 될 뻔 했다) 치명적이었을 거라며 별일 없이 끝난 것을 운 좋게 생각해야 한다고 말했다. 위험에 그토록 분명히 접촉했다는 생각에 나는 당연히 자부심으로 가득 찼다. 2주 후 의사가 칼날을 축으로 이용하여 상처의 봉합 부위 꺾쇠를 빼냈는데 아파서 눈물이 났지만 끔쩍않고 가만히 있었다. 참을성 있다고 의사가 어머니에게 칭찬을 해주었다. 내가 용기를 보여줄 수 있는 기회가 자주 있는 일이 아니어서 그 칭찬을 나는 아주 자랑스러워했다.

얼굴을 흉하게 만들지는 않았지만 눈에 아주 잘 띄는 흉터를 간직하게 된 사건은--내가 한 친구로부터 성행위가 정확하게 어떤 것인가를 알게 된 지 얼마 되지 않은 시점이었다--이렇게 전개되었다. 그 사건으로 나는 학교에서 상당 기간 유명세를 누렸고, 특히 죽음을 가까이에서 경험한 사람, 운좋게 치명적인 사고를 모면한 사람이라는 내밀한 즐거움을 즐겼다.

이야기할 사실들을 선택할 때 자의성이 엿보인다고, 내가 사건들을 소개하는 방식에 이의를 제기할 수 있다. 나는 비극적인 색채를 띠고 나타나는 모든 것들이 내게 행사하는 매혹에 대해, 즉 유디트에 관한 모든 것이 나를 부추기는 동시에 나를 억제시키듯이, 불안과 욕망이 뒤섞인 이중의 흐름에 대해 이미 말한 바 있고, 그것에 대해서는 다시 말하지 않을 것이다.

사실을 선택하는 데에 자의성이 끼어든다는 것을 받아들이다 해도, 이와 같은 편파적인 선택이 무엇을 드러내는지에 대해 나로서는 아는 바 없다. 정확히 말해, 잔인한 이야기들, 반장화를[30)]

신거나 우스꽝스러운 가면을 쓰고 무대 위에 올려진 인물들이 나에게 행사하는, 예외적일 정도로 혼란스러운 가치를 선호한다는 사실을 제외한다면 말이다.

 이럭저럭, 탐색에 탐색을 거듭하고, 신비에서 신비로 넘어가면서(우선 아이들은 어머니의 뱃속에서 만들어진다는 사실을 알게 되고, 이어 아버지는 자식들의 생계를 유지하는 것에 그 역할이 한정되던 보잘 것 없는 성 요셉이[31] 아니라 자녀들을 만들어내는데 직접적인 몫을 담당한다는 사실을 알게 되었으며, 마지막으로는 그 유명한 행위가--처음에는 말도 안되는 농담처럼 보였다--소변보는 기관의 결합이라는 것을 알게 되었다) 나는 조금씩 사랑에 대한 이론적인 지식을 얻게 되었다. 온갖 환영幻影들에 사로잡혔던 나로서는 이제 사랑에 대한 실천적인 지식을 얻는 힘든 일만 남았다.

루크레티아와 유디트

나는 상당히 위험한 것으로 알려진 산악지방을 도보로 여행하고 있다. 아주 오랫동안 걸어서 델포이에 도착한다(그곳을 실제로 방문한 적이 있다[1]). 폐허가 된 신전 뒤로 일련의 사막들이 끝없이 펼쳐져 있다. 각각의 사막 끝에 이르면 경계표석을 대신하여 산맥이 있다. 이 산맥 뒤로 또 사막이 있고 그 사막은 산맥으로 막혀 있으며, 그 산맥은 세 번째 사막을 감추고 있는 식으로 계속 이어진다. 진정한 사막, **자신 속의 사막**을[2] 이루는 것은 이렇게 막혀 있는 사막들 전체다. 그런데 뒤죽박죽으로 넘어져 있는 원주 기둥과 텅 빈 공간 사이에 건널 수 없을 정도로 깊은 협곡이 있다. 이 협곡의 암벽들은--너무 급경사여서 완전히 수직으로 보인다--끊임없이 서로 반대방향으로 왕복운동하기 때문에 살아있는 것처럼 보인다. 이 평평한 두 개의 돌절구가 단조롭고도 반복적으로 반대방향으로 움직이면서 심연의 공기가 짓눌러서 화산이 울리고 천둥치는 것 같은 불길한 소리가 들린다. 그러나 실제로 이 암벽들은 움직이지 않고, 심연에 불어 닥친 바람이 이 소리를 만들어내는 것 같다. 이 진실이 알려지자 조금 있다가 수염 기른 사람들이--아마 신전의 성직자들이--커다란 공 모양의 대리석 덩어리들을 심연으로 굴리 밀어뜨린다. 아래에 이르러 그 덩어리들은 커다란 소리를 내며 수많은 조각으로 깨진다.

(1928년의 꿈)

어렸을 때 제일 좋아했고 또 끊임없이 매혹되었던 아주 유명한 이야기들 중에 원탁의 기사 소설들이 있다. 그 소설은 처음에는 어른용 판본으로 읽지 못하고 청소년용으로 나온 작은 도판 책자로 읽었다. 부차적인 세부사항들은 전부 삭제되고 신화의 본질밖에 남지 않았기 때문에, 어쩌면 삭제되어서 더 충격적인, 극도로 응축된 판본이었다.

순수함, 민속예술, 유치하고 원시적이고 순진한 것을 나는 언제나 좋아했다. 엄격주의자들이 선이라고 부르는 상태에 놓이면 나는 악을 열망한다. 내 기분을 전환시키는 데에는 약간의 악이 필요하기 때문이다. 악이라고 불러야 할 상태에 놓이면, 대부분의 사람들이 선으로 지칭하는 것이 실제로는 젖을 빨아 갈증을 없앨 수 있는 어머니의 가슴인 것처럼, 나는 막연한 향수를 느낀다. 내 전 생애는 이런 흔들림으로 이루어져 있다. 평온하면 나는 권태로워 죽을 지경이어서 무엇이든 상관없이 혼란을 원하지만, 내 삶에 약간이라도 실제적인 혼란이 닥치면 나는 당황하고 망설이고 회피하며 대개의 경우 포기한다. 어쨌든 내가 망설임이나 후회없이 행동하는 것은 불가능하다. 내가 항복할 때에는 나 자신을 다시 회복하고자 하는 숨은 의도가 있으며, 내가 나만의 세계에 틀어박힐 때에는 포기하기를 열렬히 원하면서도 포기한 것을 후회하는 마음이 없지 않다. 어른이 되어 사람들이 저속하다고 아니 오 심추하다고 간주할 수치스러운 행동을 하면서도, 나는 이성적인 우정과 플라토닉한 사랑에 대한 욕망을 지속적으로 간직하고 있다. 젊었을 때 나는 마법사, 비할 데 없이 순결한 귀부인들, 그리고 기사들로 붐비는 신화적인 모험에 열광했지만 동시에 허리 아래에서는 사춘기의 혼란이 꿈틀대고 있었다.

  다른 것들보다 나에게 더 깊은 인상을 주었고, 내가 이 글들을 다시 옮겨 쓰고 있는 지금까지도[3] 수수께끼 같은 매력으로 나를 사로잡고 있는 이야기가 있다. 아더왕이 사라지는 이야기가 그것이다. 물에 던져진 아더왕의 칼이 세 번 솟구치고 바다에 사는 어떤 생명체의 손이 그 칼을 흔든 뒤에, 요정들이 죽어가는 아더왕을 배에 태워 섬으로 데려가기 때문에, 우리는 그가 진짜로 죽었는지 알 수 없다. 애인이었던 비비안에게 직접 마법을 가르쳤다가 그 마법에 당해 브로세리안드 숲에서 길을 잃고 벗어나지 못했던 멀린 에피소드도 나에게 깊은 인상을 남겼다.[4] 이 이야기를 곰곰이 검토해보면서, 여기에서 어느 정도 내 삶의 이미지를 발견할 수 있다는 생각이 자주 들었다. 비관주의로 꽉 차 있고, 대기현상처럼 번쩍이는 삶의 동력을 비관주의에서 발견할 수 있다고 믿으며, 그 절망에서 더 이상 빠져나올 수 없음을, 그리고 자기가 건 마법의 함정에 자신이 빠졌음을 알아채는 날까지--그러나 너무 늦었다--자신의 절망을 사랑했던 한 남자의 삶 말이다.

  내가 즐겨 상상하던 갑옷과 원뿔 모양의 여성 모자, 그리고 달빛 색깔의 흰 목들이 뒤죽박죽 서인 흐린스코부디 요정, 또는 내가 원하면서도 동시에 두려워하는 여자, 모든 즐거움을 줄 수 있고 또 모든 위험을 감추고 있는 매력적인 여성이라고 하는 개념이 생겨났다. 이 개념은 고급창녀 courtisane ('침대커튼 courtine'이라는 단어로 시작해서 미늘창槍 pertuisane으로 끝나는 이 단어는--내가 이런 종류의 말장난에 신탁의 가치를 부여하던 최근까지--내가 주장하는 바를 지지하는 흔들리지 않는 논거로 보였다[5]) 또는 나의 루크레티아와 나의 유디트가 상징적으로 녹아든 이 여성, 이집트의 여왕 클레오파트라에게서 찾아볼 수 있다.

클레오파트라라는 이름을 발음하면서 파스칼이 클레오파트라의 코에 대해 한 말을 나는 고려하지 않을 것이다. 나는 세계의 지도가 뚜렷하게 바뀌기 위해 그녀의 코가 더 길어야 했는지 짧아야 했는지조차 모르겠다. 나는 많은 것을 말하는 것 같으면서도 아무것도 설명하지 않는 이런 유형의 금언을 매우 싫어한다. 대단한 것은 아니지만 어쨌든 확실한 것은 '클레오파트라'라고 말할 때 나는 무엇보다 무화과 바구니에 숨어있는 뱀(대부분의 사람들처럼 나도 뱀을 무서워한다)과 그녀가 애인들을 먹어치우게 했던 사자들을 생각한다는 사실이다.

또한 '흰 대리석'이라는 단어--클레오파트라가 그 순수함을 나눠가졌다--도 생각하며[6] 알렉산드리아의 철학자들--누더기 옷을 입은 늙은 가난뱅이들--이 산책하던 주랑과 원주의 이미지도 떠올린다. 그 철학자들은 내 기억 속에서 내가 알고 있는 현대의 알렉산드리아와 충돌한다. 내가 그곳에 갔을 때의 한증막같은 열기(내 몸에서 나는 땀보다 더 심한 습기에 축축이 젖었던 내 옷을 생각하면 아직도 혐오스럽다). 항구 근처의 알록달록한 토착민들 거리. 우여곡절 끝에 그곳으로 흘러들기 전에는 건강한 농부였을 것이고 실제로 노르망디 출신일 게 분명한 두 여자가 경영하던 바 노르망을 항구에서 발견했을 때의 경이감. 먹을 것이라고는 버터비스킷 한 통과 백포도주 한 병을 들고 갑판 승객으로 그리스를 향해 S/S 부락 호에 올라탔을 때, 그 배에 진을 치고 있던 아랍인 가족들. 알렉산드리아의 기억에 카이로에 머물렀을 때의 다른 기억들이 섞인다. 부두에 쌓아놓은 엄청난 규모의 석탄 더미와 비슷했던 기자의 피라미드들. 회교사원의 내정內庭을 둘러싼 벽에 잘려 뚜렷하게 보이던 네모난 푸른 하늘. 주의하지 않으면 배탈이 나는 찬 음료를 파는 니켈로 된 초현대식 기계가 있는 노점들. 원주민 마을을 떠돌며, 타마린드 열매 시럽을 담은 그릇을 위로 높이 쳐들고 그 누구도 모방할 수 없을 정도로 고상하게 시럽을 멀리 떨어진 잔에 길게 따르던 희끗희끗한 턱수염에 터번을 쓰고 있던 몸이 야윈 상인. 네모난 무늬가 있는 바지를 입거나 저녁 파티 복장을 한 스코틀랜드 장교들 (버클이 달린 구두와 턱시도 차림에 킬트 무늬가 있는 스커트). 그을린 얼굴에 긴 실내복을 입고 헌 신을 끌고 다니는 사람. 빨간 터키모자를 쓰고 밝은 색 정장 차림에 무사태평으로 파리채를 들고 거드름을 피우며 걷거나 카페의 테라스에 자리 잡고 앉아 있는 부르주아. 꽃이 얼마나 많이 피었던지 태양이 비치면 붉은 색 먼지를 에시고 나아가는 느낌이 들던 제지라 섬의 타오르는 듯한 가로수길. 며칠동안 콧속을 불태우는 것 같던 뜨거운 모래 바람(이 순간, 어릴 때 계란 반숙을 넣어먹던 잔 같은 일상 도구를 틀로 이용하여, 젖은 모래를 촛불로 데워 만들려고 했던 토기가 생각난다. 거기에서는 탄 과자같은 모호한 냄새가 났다). 새장 같은 곳에 흑인 창녀들이 갇혀 있는 에즈베키아 거리--일층 바닥이 거리를 향해 높이 솟아 있고, 문에는 창살이 있는데 그 창살을 통해 검은 팔이 쑥 나와 당신을 붙잡는다. 깊게 파인 옷 위로 풍만한 가슴이 삐져나오고 격투사처럼 메달을 단 아랍 여가수들. 박물관에 전시되어 있거나 묘지 벽에서 볼 수 있는, 맹금류의 머리를 하고 날개를 넓게 펼친 피규어들. 로마 시대 석관 위의 그림들(아주 섬세하고, 순결하고, 곱게 화장한 여자들의 얼굴). 푸른색이나 죽음의 검은색 베일을 쓰고 더러운 맨발이거나 좀 더 부유하면 끔찍한 하이힐을 애교 넘치게 신은 이집트 여자들. 그 누구와도 성관계를 맺지 않았지만 가끔 방에서 옷을 벗고 누워 바닥의 돗자리에 만족하면서, 이 도시에서 내가 영위했던 믿을 수 없을 정도로 순결한 삶.

  남자들을 이용한 다음 맹수들에게 넘긴 혼란의 시기가 지나고(모든 것을 고려해보면, 이 세부 사항이 플루타르크나 다른 역사가의 저술에 있다고는 생각되지 않는다. 그러나 그것은 중요하지 않다. 본질적인 것은 권위적인 군주이자 문란한 품성을 지닌 여자라는 이중의 역할에 있기 때문이다), 식초에 진주를 녹여 마시고, 죽음 속에서도 헤어질 수 없는 자 클럽을 만들고, 자신의 고삐 풀린 상상력에서 솟아오르는 모든 환상을 만족시키며 마르쿠스 안토니우스와 함께 '모방할 수 없는 삶'을 누린 후에, 클레오파트라는 승리자 옥타비아누스를 유혹하지 못하자 자신이 처하게 될 노예상태보다는 죽음을 선택하고 뱀이 가슴을 물도록 했다.[7]

  이집트의 여왕 클레오파트라가 자살한 상황을 검토하면서, 한편으로는 탁월한 남성의 상징인 살해하는 뱀과 다른 한편으로 흔히 여성 생식기의 이미지이며 그 속에 뱀이 숨어 있던 무화과라는 두 요소를 접하고 충격을 받았다. 거기에서 우연의 일치 이외의 다른 것을 찾으려고 하진 않았지만, 나는 우연히 만난 이 상징들이 얼마나 정확하게 자살의 심오한 의미, 즉 자기 자신이자 타인, 남성이자 여성, 주체이자 대상, 살해당하는 것과 살해하는 것--자기 자신과 일치할 수 있는 유일한 가능성--에 일치하는지를 주목하지 않을 수 없었다. 내가 절대적 사랑을 생각한다면--이 결합은 두 존재(또는 한 존재와 세계)의 결합이 아니라 차라리 거대한 두 단어의 결합이다[8]--그것은 불을 훔친 죄로 벌을 받은 프로메테우스의 속죄와 유사한 속죄를 통해서만 얻어질 수 있을 것 같았다. 자기 자신을 극도로 사랑할 수 있는 권리를 얻기 위해 자신에게 부과한 징벌, 이것이 요컨대 자살의 의미로 보였다.

　이제 클레오파트라를 착란의 삶을 산 여자(애인들을 우롱하는 여자)이자 자살하는 인간으로 생각하면, 그녀가 메달의 앞뒷면이라 할 수 있는 나의 루크레티아와 나의 유디트라고 하는 영원한 여성의 두 양상을 요약하고 있음을 깨닫게 된다.

　크라나으의 그림 두 점을 보면서, 크라나흐가 두 여주인공, 순결한 루크레티아와 애국적인 창녀 유디트를 마음속으로 연결하여 커플로 형상화한 것은 유사한 연결고리들이 있기 때문에 그런 게 아닐까 하고 사람들은 저마다 질문해볼 수 있다. 또한 겉으로 보기에는 그녀들의 행위가 서로 달라 보여도 실제로는 동일한 행위이며, 이 둘에게 있어 그 행위는 무엇보다 에로틱한 행위의 더러움을 피로 씻는 행위라고 가정할 수 있다. 루크레티아는 강간당한 수치를 자살로 속죄하며(어쩌면 강간당하면서 쾌감을 느꼈을지도 모른다), 유디트는 매음을 하게 된 수치를 남자를 살해함으로써 속죄하는 것이다. 따라서 크라나흐가 그녀들을 똑같이 성적 욕망을 불러일으키는 나체로, 나체로 인한 도덕적 위계가 완진히 부재하는 가운데 혼동되는 모습으로, 특히 흥미로운 행위를 하려는 순간에 그녀들을 포착하여 그 둘을 하나의 쌍으로 그린 것은 단순한 변덕이 아니라 깊은 유사성에 근거했기 때문일 것이다.

먼저 루크레티아는 자신의 흰 가슴 한 가운데에, 놀라울 정도로 단단하고 동그란 두 젖가슴 사이에 (동일한 자리에서 투구의 목가리개나 갑옷을 장식한 보석만큼 젖꼭지는 딱딱한 것 같다) 단도의 뾰족한 칼끝을 대고 있는데, 그곳에는, 남자의 성기 끝에 가장 내밀한 증여물이 나타나듯이, 이미 피 몇 방울이 맺혀 있다. 그녀는 자신이 겪었던 강간의 효과를 동일한 행위로 없앨 준비를 하고 있다. 그 행위는 피 흘리는 죽음을 위해 육체라는 뜨거운 칼집에 최고도로 긴장된 무기, 즉 이미 벌어진 다리 사이의 구멍--조금 후에 헌주獻酒를 울컥울컥 토해낼 장밋빛의 부드러운 상처--에 강간하는 자의 냉혹한 성기를 강제로 집어넣는 것이다. 그것은 칼로 인해 생긴 상처--더 깊고 또 더 위험한, 그러나 어쩌면 더 도취적인--때문에 기절했거나 죽어가는 루크레티아의 깊은 곳에서 많은 양의 피가 솟구치는 것과 정확하게 똑같다.

다음으로, 유디트는 오른손으로 칼을 들고 있는 데, 그 칼은 벌거벗은 자신처럼 아무 장식이 없다. 칼끝은 그녀의 가느다란 발가락에서 아주 조금 떨어진 땅에 닿아 있다. 그녀가 아주 넓고 단단한 칼날로 막 베어낸 홀로페르네스의 머리는 여주인공의 왼손에 불길한 잔해처럼 매달려 있고 그녀의 손가락과 머리카락은 끔찍하게 결합해 있다. 유디트는 도형수의 쇠사슬만큼이나 무거운 목걸이를 하고 있어서 그녀의 관능적인 목을 둘러싸고 있는 차가움은 그녀의 발 가까이 있는 칼의 차가움을 환기시킨다. 유디트는 손에 쥐고 있는 털이 북슬북슬한 머리를 이미 더 이상 생각하지 않는 것처럼 평온하다. 그 머리는 홀로페르네스의 수문이 열리던 순간 아래쪽 입술들을 꽉 다물기만 해도 잘라낼 수 있었을,[9] 또는 완전히 착란에 빠진 식인귀처럼 그녀가 술 취한 (또는 토하는) 남자의 커다란 음경을 갑자기 깨물어 잘라낼 수 있었을 귀두龜頭처럼 보인다.

이렇게--허리에 완전히 투명한 베일만 두른 크라나흐의 두 그림에서보다 더 벌거벗은 상태로--고대의 위대한 두 나신裸身은 서로 마주 보고 서 있다. 그녀들은 선과 악에 필적할만한 천사로서, 자신을 더럽힌 피 때문에 모든 히잡음이 사라시는 살해의 자원에 놓인다. 그러나 우스꽝스럽게도 부부의 윤리(매우 잘 지적되어 있듯이, 그녀는 매우 순결하다! 순결함 때문에 타르퀴니우스가 유혹되었기 때문이다)에 헌신하고 봉사하는 창백하고 불행한 루크레티아는 거만한 유디트의 이미지 앞에서 퇴색된다. 유디트는 홀로페르네스의 천막(그곳으로 이 배신자는 보호를 요청하러 갔다)에서 나오는 모습으로 제시되었는데, 그녀의 뾰족한 손톱은 20세기의 유행에 따라 붉은색 매니큐어를 칠한 것처럼 살해로 물들었고, 그녀의 옷은 완전히 구겨지고 땀과 먼지로 뒤덮였으며, 급하게 옷을 입는 바람에--아무렇게나 되는대로--그녀의 살에는 여전히 배설물과 피가 묻어 더러운 것이 눈에 띤다. 머리 잘린 홀로페르네스처럼, 나는 나 자신이 이 우상의 발밑에 누워있다고 상상한다.

내 기억 속에 있는 상당수의 사건들은, 항해자들이 물건을 갖추러 찾아오는 선박잡화상인의 가게에 있는 잡다한 물건들(닻, 체인, 속옷, 크레용, 종이)처럼, 우스꽝스럽고 역겹게 여겨질 수 있다. 그러나 이 사건들에 거의 빠짐없이 부여된 '저속함'과 내가 그 사건들을 환기할 때 느끼는 극도의 두려움과 혐오감 때문에, 그 사건의 여주인공이 즉각적으로 공포심을 불러일으키지 않을 때조차 그 사건에 관여된 여자들은 결과적으로 유디트가 된다(그렇게 된 이유는 그녀들의 태도 때문이라기보다는 내가 그녀들에게 압도되었기 때문이다). 그리하여 대략적인 모습이긴 하지만 생생하게 살아 있는 유디트가 여러 명 내 앞에 출현한다.

학교에 함께 다녔던--가운데 가르마를 타고 검은색 머리핀을 꽂았으니, 튼튼해 보이는 외모에 시선은 개구쟁이지만 아주 얌전한 표정을 짓는--작은 소녀. 많은 아이들이 즐겨 그렇게 하듯이, 다른 손 손바닥으로 오랫동안 손목을 비비고는 비빈 살 냄새를 맡아보라며 나에게 말했다. "죽음 냄새가 나."

아주 (탈색된) 금발에 화장을 짙게 하고, 검은색과 흰색의 베일을 쓰고 실크 스타킹을 신었으며, 커다란 제비꽃을 들고 있던 과부. 어머니와 외출했을 때 전차에서 그 과부 앞에 앉게 되었는데, 밤에 혼자서 하는 축제 때 기억하기 위해 그녀의 피곤한 눈, 붉은 입, 다리를 쳐다보았다.

실제 인물이든 아니든 나로 하여금 침대에서 눈물 짓게 만들었던 인물들. 내 사랑에 적합한 여자를 결코 찾을 수 없으리라는 절망감과 고독감을 쓰라리게 곱씹으며, 눈물이 터져 나오고 딸꾹질이 날 때까지 이 신랄한 생각을 마치 즐기듯 북돋는다. 그러다가 파도처럼 밀려오는 애무 속에 빠져들 듯 나는 눈물 속에 빠져든다.

상당 기간 동안 내 우울한 희열의[10] 주된 소재 중의 하나였던 사라 베르나르트처럼,[11] 전혀 접근할 수 없는 여배우들.

레즈비언이고 목소리가 쉬어 있었기 때문에, 치통으로 신음하는 소리를 들었기 때문에, 15살 때 내가 사랑에 빠졌던 어떤 바의 여급. 그녀는 나를 속이고 돈을 우려먹은 별볼일없는 창녀로, 함께 자지도 않는데 순진하게 돈을 줬더니 그 돈을 갖고 도망쳐버렸다. 나는 그것 때문에 상상할 수 없을 만큼 모욕감을 느꼈다. 또 어느 날 그녀와 함께 있다가 아버지에게 들키고는 말할 수 없을 정도로 수치심을 느꼈다.

또 다른 어떤 바의 손님이었던 한 여자. 피가 날 정도로 내 입술을 깨물었고, 어느 날 술에 취해 유연성을 자랑하다가 내 얼굴을 정통으로 걸어찼다.

레이스 달린 슬립을 입고 검은색 비단 스타킹을 신은 여자. 숫총각 시절이던 어느 날, 난장판으로 밤을 보내고 그녀와 잠자리에 들었지만, 내가 적포도주를 웅덩이가 되도록 침대보에 토하는 바람에 그녀를 건드리지도 못했다.

아직 동정이었을 때, 사창가에서 만났던 여자. 젊진 않았지만 여전히 풋풋하고 아름다웠다. 나는 그녀와 함께 화려하게 장식된 방에 들어갔다. 그녀가 친절하게도 내 이마가 축축이 젖을 정도로 모성적으로 키스해줬지만, 너무 흥분되고 불안해서 손과 발이 잘린 듯 움직이지 않았고 결국 그녀를 소유할 수가 없었다.

푸르스름한 눈과 영국식 이름을 가졌고, 내가--사람들이 말하듯--사랑으로 사랑했던 여자 친구.[12] 우리가 처음으로 친밀하게 접촉했을 때 똑같은 일이 일어났다. 그만큼 나는 경험 없는 것이 들통날까 봐 미리부터 두려워하고 있었다. 후에 나는 그녀가 한 처녀와 함께 나를 속였다고--또는 속이고 싶어했다고--의심했고 일반적으로 동성애에 더 많은 호기심을 보인다고 의심했다. 그것은 내가 할 수 있는 것이 아무것도 없는 또 다른 사랑이기에 남자와 관련된 배반보다 더 나쁜 배반이었다.

미국식 바 지하실에서 어느 날 밤 나보다 나이 많은 동성애자 친구와 술을 마시다 만났던 창녀. 그녀는 아주 건강한, 갈색 피부를 가진 '아름다운 매춘부' 타입의 여자였다. 춤을 출 때 근육이 발달한 엉덩이를 움직여 그녀가 나를 흥분시켰다. 그러나 격렬한 싸움--왜 싸웠는지는 더 이상 기억나지 않는다--이 벌어졌고, 그녀는 자신을 할퀸 내 친구를 기둥서방 취급했다. 나는 그녀의 야수성 때문에 겁이 났다. 싸움이 끝난 후에 거의 인사불성으로 취해 토하며 힘들어하는 그 친구를 집까지 바래다주었다. 그리고 광란상태에 빠져 서로의 입을 더럽힌 후에 그와 함께 잠이 들었다.[13]

거만하고 차가운 미국여자. 그녀는 내가 앞의 친구와 함께 했던 술자리에서 자신이 살인을 저질렀다고 나에게 조용히 말했다. 시간이 지나고 돌이켜보니 그 고백을 믿기란 좀 어렵다.

온순한 소녀. 끝없이 지저분한 말을 하고 내밀한 속내이야기를 하며 교태를 부리더니 장딴지에 있는 푸르스름한 칼자국을 우리에게 보여주었다. 그녀와 '올라가지는' 않았지만, 신문 사회면에서 싸움 관련 기사나 여자 토막 살인사건 기사를 읽으면 그녀 생각이 매우 자주 난다.

앞에서 언급한 세 사건에서 나의 공모자였던 친구의 정부가 된 여자.[14] 그녀를 처음 보았을 때 나는 완전히 취해있었고, 저속한 한 카페의 덮개 있는 커다란 침대에서 루크레티아처럼 무척이나 부드럽고 순수한 아주 젊은 여자와 정사를 벌이려고 했다 술에 취해 성관계를 맺을 수 없지 나는 화가 나서 어리석게도 그녀를 깨물었다. 그때 그 커플(내 친구와 유디트의 날카로운 미소와 저항할 수 없는 눈빛을 가진 그의 여자 친구)은 커다란 소파에 앉아 내 수치를 즐기는 것 같았다. 그들 옆에 있던 다른 여자는 이 현장에 그들을 참여시키려고 했지만 성공하지 못하고 미친 듯이 웃어댔다. 이 모든 행위는 말없는 도전(신을 믿지 않는 자로서 그리고 절망에 빠진 자로서 말하면서, 내가 나 자신을 자랑스럽게 비도덕적인 토대 위에 위치시켰던 어떤 긴 대화 끝에, 고르곤의[15] 섬광과 같은 눈빛으로 이 아름다운 유디트가 자신도 모르는 사이에 나에게 제기했던 도전)을 받아들이기 위해서, 그리고 그와 같은 대화를 나눈 후에는 나에게는 문자 그대로 숨길 것이 아무것도 없다고 생각했기 때문이다.

나흘 동안 술에 취해 함께 있었던 여자. 그녀는 친절하긴 했지만 저속하고 예쁘지 않았다. 각선미는 상당히 좋았지만 (그녀는 우연히 만난 고객이 다리에 남겨놓은 멍 자국을 나에게 보여주었다) 엄청나게 가슴이 큰 상체에 비하면 다리는 너무 말라 있었다. 젖꼭지의 지름이 얼마나 큰지, 그녀는 장애를 가리듯이 두 손으로 젖꼭지를 가렸다. 젖꼭지가 포도주 자국, 데인 흔적, 으깨진 딸기 또는 면도칼로 젖꼭지를 잘라내면 남게 될 끔찍한 흉터와 비슷했던 것이다. 아주 외로웠고 우울했던 긴 시기를 보낸 후 그녀가 내 손이 닿는 곳에 있었기 때문에, 비록 내가 좋아하는 유형과는 정반대였지만 나는 그녀를 욕망했다. 그녀의 행동방식 때문에 어딜 가든 내가 절대적으로 수치심에 사로잡혔고, 하마터면 다수의 사람들로부터 얻어맞을 뻔했으며, 술을 마시게 하고 잠을 못자게 해서 그녀가 나를 죽이려는 것 같았기 때문에 나는 그녀에게 매료되었다. 이와 동시에 나는 내가 얼마나 저속한지 알게 되었다.

얼굴에서 아름다움을 잃고 늙어버린 지방의 보잘 것 없는 경박한 여자. 그렇지만 육체는 예민했고 피부는 섬세했으며 엉덩이와 가슴에서는 미묘한 향내가 났고, 반쯤은 사교계적인 세련된 표정을 짓고 고상하게 화장을 하고 매너는 상당히 '예의 발랐다'. 그러나 마약으로 피폐해져서, 잠을 자다가도 투덜대고 갑작스럽게 행동하고 악몽 때문에 깨기도 했다. 그렇게 토막잠을 자면서, 갑자기 완전히 무의식적인 상태에서 쉰 목소리로 외쳤다. "늙은 잡년아, 또 딴 놈이랑 그 짓을 하게 하려고 나를 계속 깨워대는 게 지겹지도 않아?"

적당한 때, 적당한 곳에서 언급하게 될 다른 여자들.

마지막으로 아무 행동도 하지 않은 여자들, 만났을 때 감히 말도 붙여보지 못했지만 메두사의 눈만으로도 내 목을 자르는 여자들.

왜냐하면 나에게 여자는 다소 차이는 있지만 항상 메두사이거나 메두사의 뗏목이기 때문이다. 이 표현으로 내가 의미하고자 한 것은, 만약 여자의 시선이 내 피를 얼리지 못하면, 그때에는 모든 것이 마치 사람들이 서로를 찢음으로써 그것을 보충하는 것처럼 전개되어야 한다는 것이다.[16]

나는 온순한 아이였고 또 그보다는 오히려 쾌활한 아이였던 것 같다. 그러나 그러한 기억은 내게 거의 하나도 남아 있지 않다. 어머니와 누나가 공이 피스으로 확인해주시 않았다면 나는 오늘날 그것을 믿지 못했을 것이다. 내가 알기로, 나는 아주 일찍부터 코미디에 대한 감각이 있었고, 더불어 눈물에 대한 감각도 있었다. 아주 어렸을 때에도, 언제 내가 진짜로 자연스러웠고, 언제 어떤 인물을 연기하고 있었는지를 말하기란 거의 불가능할 것 같다. 내가 연기를 했다면 그것은 사실상 위선적으로 계산된 목표 속에서 그렇게 한 것이 아니라 (왜냐하면 흔한 일이지만, 나 자신이 제일 먼저 속았으므로), 다른 사람들이나 내 눈에 나를 더 큰 존재로 보이도록 하려는 본능적인 욕구 때문에 그렇게 했다. 우리 가족은 일반적으로 감수성을 가족 구성원의 특별한 장점으로 간주했다. 사람들은 형들과 나에 대해 다소 '섬세한 본성'을 지닌 사람, '감수성이 강한 사람'이라고 생각했다. 그래서 나는 눈물 속에 빠져들거나 아니면 이러한 감수성을 분명히 드러낼 수 있는 술책에 열중하곤 했다. 한편으로는 누군가가 와서 나를 가만히 침대에 다시 올려놓도록 하기 위해서, 다른 한편으로는 꿈자리가 사납다는 것을 불평하기 위해 그런 술책(그런 일이 한두번 일어났다)을 사용해 일부러 침대 밑으로 떨어지기도 했다. 작은형이--실제로 음악에 재능이 있었다--바이올린으로 긴 소나타를 연주하거나, 가장 흔하게는, 고전 음악 한 소절을 연주하면, 나는 조숙한 음악광이라는 명성을 얻기 위해 그리고 눈물을 흘리는 데에서 긍정적인 관능성을 발견했기 때문에, 눈물이 나올 때까지 자기 암시를 하곤 했다. 전쟁 초에, 나와 함께 비아리츠에 피난 가 있던 누나는 어느 날 밤, 내가 베개에 얼굴을 파묻은 채 완전히 눈물에 젖어 있는 것을 발견했다. 내가 운 이유를 털어놓게 만드는 것은 누나에게는 전혀 어렵지 않았다. 겨우 열세 살밖에 안된 내가 서른 살도 넘은 여자를 사랑하고 있다는 것이다. 그러나 바로 그 경우에도 내 슬픔이 완전히 가장된 것은 아니었다고 확실히 말할 수 있다.

  일반적으로, 매번 적당히 눈물을 흘리고 나면, 평온함이 느껴지고 긴장이 이완되는 것이 느껴졌다. 그러면 마치 모든 것이 분명해지기라도 한 듯, (할 수 없이 과장된 표현을 사용하자면) **내 눈물이 나를 다시 태어나게 한 것처럼**, 나는 행복감 같은 것에 젖어 잠이 들곤 했다.

더 시간이 지나, 상대적으로 진실이었던 이 움직임에 문학이 개입하게 되었을 때, 여자에 대한 베를렌의 시구를 되새기곤 했다.

부드러우면서, 생각에 잠긴 갈색 머리의 여인이여, 절대 놀라지 않는 여인이여
그리고 때때로 아이처럼 당신의 이마에 입을 맞추는 여인이여!17)

또는 불가능한 사랑의 이미지인, 잃어버린 연인에 대한 에드가 포의 문장도 되새기곤 했다.

천사들이 레노어라고 불렀던 보기 드물고 빛나는 여인을 위해
영원히 여기 이름없이 있으라!18)

사춘기의 혼란이 극심한 시기에 매우 감동적이었던 소설 중에 솔라의 『나나』가 있다. 그 소설의 부패한 측면, 먼지가 잔뜩 낀 장식, 오래된 악취를 풍기는 규방, 화장용 비눗물 때문에 좋아한 것이 아니라, 개나 아기를 가지고 놀듯이 창녀가 자기 침대에서 데리고 장난치던, 중학교에서 도망쳐나온 어린 조르주 위공 에피소드 때문에 그 소

설을 좋아했다.[19]

14살 무렵, 시와 생각들을 젠체하며 적어놓던 붉은 색 단면의 회색 천 표지 공책에서 다음과 같은 글을 발견했는데, 그것은 지금 보면 아주 어리석고 보잘 것 없지만, 감히 스스로 고백하지 못하면서도 내가 유치하게 계속 욕망해오던 것과 여전히 일치한다.

오! 애인처럼 부드럽고 어머니처럼 다정하며, 내 고통과 즐거움을 함께 나누고, 내 가슴을 쥐어뜯는 쓰라린 번민을 없애주고, 맑은 눈동자로 바라봄으로써 또는 그토록 신선한 입으로 아주 오랫동안 키스해 줌으로써 내 무거운 이마에서 슬픈 권태를 사라지게 하는 사랑하는 여자와 살 수 있기를! 그래, 내가 마침내 이해되기를, 한 여자의 품안에서 울 수 있기를, 조롱받는 것을 두려워 않고 울 수 있기를, 위로받을 것을 확신하고 울 수 있기를!

내 나이 또래의 소년들이 모두 그렇듯이, 나는 이해받지 못한 자들 중에서도 가장 이해받지 못한 자라고 생각하고 있었다. 그런 여자들을 결코 발견할 수 없으리라는 사실을 알고 있었기 때문에, 내가 슬퍼 울게 될 지극히 숭고한 애인들을 꿈꾸거나, 접근할 수 없는 것에 대한 욕구를 잊고 그 품에 안겨 도피할 수 있을 모성적인 여성들, 특히 그 곁에서 자유롭게 울 수 있을 모성적인 여성들을 나는 꿈꾸었다.

그 이후 나는 울 수 있는 능력을 많이 잃어버렸다. 그것을 다소 불순했던 감상성에 너무 쉽게 빠져든 데 대한 징벌로 간주하고 싶을 때가 있다. 옛날처럼 울 수 있기를 자주 원하지만, 내게서 비명소리를 끌어낼 수 있는 것이라고는 육체의 고통밖에는 없다는 사실을 날이 갈수록 깨달으며 점점 더 혐오감을 느낀다.

그러므로 붙잡을 수 없거나 나를 마비시키고 두려움을 주기 때문에 나에게 매력적으로 보이는 여자들--유디트처럼--이 있다면, 위로하는 누이이며 그 앞에 있어도 갇혔다는 느낌이 들지 않는 유일한 여자들, 부드러운 루크레티아들도 있다. 유디트를 꿈꾸지만 루크레티아 밖에 얻지 못할 때 나 자신이 얼마나 약하게 느껴지는지 그것 때문에 나는 치명적인 모욕감을 느끼게 된다. 따라서 내가 비겁하게 회피했던 이 비극성에 다시 도달하기 위해서는 단 하나의 길밖에 없을 것이다. 그것은 루크레티아를 더 사랑하기 위해서 그녀를 심하게 괴롭히는 것이다. 그렇게 함으로써, 실질적으로, 나와 함께 살고 있는 여자가 나에게 성스러운 공포를 불러일으키지 않으면 ('성스러운'이라는 단어를 사용했는데, 왜냐하면 여기에는 신성함이라는 개념이 개입하기 때문이다), 나는 이 부재하는 공포를 연민으로 대체하는 경향이 있다. 그것은 결국, 더 정확히 말하면, 인위적인 수단을 동원하여, 다시 말해 반복되는 고통의 도움을 받아 일상생활을 몇 안되는 굶주린 사람들이 한탄하며 서로 잡아먹는 "메두사의 뗏목"으로 변화시키려고 시도함으로써, 일상생활에 일종의 정신적 고통을 도입하고, 그 도움을 받아 마음속으로 문제의 여자에 대한 연민을 불러일으키려는 은밀한 경향이 나에게 항상 내재되어 있다는 것이다.

이처럼 성적인 영역에서, 공포심 때문에 충격을 받아 고양되는 아주 특별한 방식을 어느 정도는 연민을 통해서도 다시 발견하게 되며 그 결과 (오직 흘린 피의 관점에서 바라본 유디트와 루크레티아처럼) 이 두 극점은 거의 동일하게 된다. 왜냐하면 연민의 본질을 정확히 검토해보면, 내가 연민에서 끌어내는 도취적 혼란은 특히 **후회**에서 나온다고 생각되기 때문이다. 연민이 생길 정도로 비겁하고 잔인하게 행동한 사람이 나라고 하는 사실에서 후회는 도취적 혼란과 연결된다. 감미로운 후회는 이 경우 우회적으로 징벌에 대한 미신적 두려움이라는 공포심으로 나를 이끌어가는 것이다. 그러나 내가 배반할 때, 고통스럽게 배반하도록 배분해둠으로써--다시 말해, 나 또한 희생자가 되는 차원으로--나는 타인에 대한 내 빚이 면제된 것으로 간주하며, 그리하여 약간 안도감을 느낀다. 이처럼 모든 것은 항상 반대되는 힘의 작용에 따라, 이중의 움직임으로 이루어지는 것이다.[20]

여기에서 내 생각을 분명히 밝히는 것은 불가능하다. 그것은 가장 수치스러운 것들 중의 하나를 드러내는 순간 느끼게 되는 단순한 소심함 때문이 아니라 결국 이 두 개념--공포와 연민--이 나에게는 모호하기 때문이다. 그것은 유년기의 어떤 추억들을 다시 떠올릴 때 느끼는 감정이 모호한 것--거의 동일한 규모로 애정과 불안이 섞여있다--과 마찬가지이다. 그 추억에는 누가 나에게 주었는지는 모르지만 우리에 있던 황금색 뿔을 가진 흰 양들(어쩌면 양들이 도륙될 것이라는 것을 이미 막연하나마 알고 있었기 때문에 그 양들을 사랑했는지도 모른다)과 푸른색과 흰색 격자무늬 앞치마를 입고 깨끗한 창문에 이마를 댄 채, "지겨워!"라며 투덜대던 나 자신이 있다.

현대 무의식의 탐구자들이 말하는 오이디푸스, 거세, 죄의식, 나르시시즘이 그 문제의 본질에 대해 많은 것을 알려줄 수 있을 것 같지는 않다(내 생각에, 그 문제는 죽음과 무無를 이해하는 문제와 유사하기 때문에 형이상학에 속한다). 그러나 내가 본능적으로 두려움과 아름다움의 관계에 심오한 중요성을 부여한다는 사실을 보여주는 에피소드를 하나 인용하고자 한다. 그 에피소드는 내가 그런 관계를 의식하지도 않았고 관심도 전혀 없었던 시기까지 거슬러 올라간다. 이 에피소드를 의미심장한 것으로 여길 사람도 있을 것이다.

1920년이나 1921년, 내가 현대시에 열광하기 시작했을 때, 아폴리네르의 시 한 편(『알코올』에 "1909"라는 제목이 붙어 있다)을 아버지에게 읽어드린 적이 있었다. 아버지는 아름다운 마지막 시구 두 개를 이해할 수 없고 불합리하다고 말했다. 나는 아버지에게 증오에 찬 분노(가장 증오에 찬 것 중의 하나)를 느꼈다.

이 여자는 너무나 아름다워
나를 두렵게 했다.

홀로페르네스의 사랑들

나는 손가락에 분을 묻혀 그것으로 내 삶을 덮어 감춘다. 별 것 아닌 사건들로 짜인 옷감을 마법과도 같은 내 관점을 이용하여 아름답게 물들인다. 손으로 눌러 죽이는 파리는 내 사디즘을 증명한다. 한 번에 비워버린 술잔은 나를 도스토예프스키의 위대한 주정뱅이 수준으로 격상시킨다. 술에 취하면 나는 나에 대해 전체적으로 모든 걸 다 고백하지만, 삶의 진부함을 잊기 위해 어떻게 삶을 오직 숭고함의 안경을 통해서만 응시하도록 스스로 강요했는지에 대해서는, 당연히, 아무 말도 하지 않는다. 나는 다른 사람보다 더 순수하지도 않고 덜 순수하지도 않지만, 나 자신이 내 눈에 순수하게 보이기를 원한다. 불순한 상태에서 어느 정도 강렬함에 도달하기 위해서는 너무 많은 힘을 소모해야 하기 때문에 나는 불순하게 보이는 것보다는 순수하게 보이는 것을 더 좋아한다. 그리고 나는 근본적으로 게으르다.

나는 사창가에 가면서 사르다나팔루스가[1] 된다는 환상을 품는 프티 부르주아와 모든 점에서 유사하다.

나는 처음에는 롤라의[2] 역을, 다음에는 햄릿의 역을 원했으며 이제는 제라르 드 네르발의 역을 원한다. 내일은 어떤 인물의 역할을 원할까?

나는 항상 내 더러운 프티 부르주아의 얼굴에 어울리지 않는 가면을 선택했고 내 영웅들에게서 모방하기 쉬운 것만 흉내냈다.

나는 결코 목을 매달지 않을 것이고 독을 마시지도 않을 것이며 결투 중에 살해당하지도 않을 것이다.

가면이나 형태를 왜곡시키는 안경을 쓰고 있지 않다면 어떻게 내가 감히 나 자신을 쳐다볼 수 있겠는가?

  내 삶은 진부하고, 진부하고, 진부하다. 내 눈만이 내 삶에서 커다란 재난을 본다. 사실 내가 진정으로 두려워하는 것은 죽음과 육체적인 고통, 두 가지밖에 없다. 치통 때문에 수면을 방해받지만, 정신적인 고통 때문에 잠을 자지 못한다고 말할 수는 없을 것이다.

  이런 것을 알고 난 후에는 자살해야겠지만 자살은 내가 할 마지막 행동이다.

(1924년, 내면 일기에서)

  여기에서 나는 특히 한 여자를 생각한다.[3] 그녀에 대해서는 뭐라고 정의내리지 않을 것이며, 그녀가 루크레티아이자 유디트였다는 사실을 제외하면 심지어 아무것도 말하지 않을 것이다. 어떤 면에서 보면 그녀가 내 악의의 희생자였다고 할 수 있기 때문에 그녀는 루크레티아이고, 그녀 마음 속의 순수함을 잃고 괴로움을 겪은 그 모든 것 때문에 그녀는 유디트다.[4] 내가 그녀에게 즉각적으로 라신적인 무엇을 부여했다는 사실, 루크레티아와 유디트보다는 그녀를 페드르로 묘사하고 싶다는 사실은 덧붙여두고자 한다.[5]

  우리 둘의 운명이 맺어진 것은 극히 짧은 순간에 불과했다. 그러나 우리의 관계가 아무리 제한된--게다가 윤곽도 거의 그려지지 않은--것이라 해도, 아주 최근에 이루어진 이 만남은 너무나 급작스럽게 나에게 나 자신을 드러내어, 이 글을 계속 쓰는 것도 정말 가까스로 할 수 있을 따름이다. 내가 그만큼 궁지에 몰려 있다는 것을, 또는--성실성을 아무리 열심히 열망해도--삶을 가능하도록 하는 유일한 것들이기에 항상 참조하게 되는 반쯤은 전설적인 이 중심들, 즉 신화를 만들 수 있는 가능성에서 완전히 배제된 채 헐벗음의 상태 속에 놓여 있음을 나는 이제 깨달았다.

  내가 여기에서 이 여자에게 말을 건네는 것은 단지 그녀가 부재하기 때문이다(부재하는 사람에게가 아니라면 누구에게 글을 쓸 수 있겠는가?). 멀리 있기 때문에 그녀는 내 추억과 섞이고, 나와 대부분의 내 생각들 사이에 끼어든다. 분명히 말해, 그녀가 **사랑했던 대상**이라는 사실이 문제가 아니고 단지 **멜랑콜리의 실체**, 나에게 결핍된 모든 것의 이미지--우연일지도 모르지만 적절한--라는 것이 문제다. 다시 말해, 그녀는 내가 욕망하는 모든 것의 이미지이며, 내 생각을 드러내고, 설득력이 있든 없든 내가 느끼는 항상 너무 부족한 것을 문장으로 표현해내어, 그것을 종이 위에 고정시키고자 하는 긴급한 욕구를 불러일으키는 모든 것의 이미지다. 시적 뮤즈는 죽은 자, 접근할 수 없는 자, 부재하는 자일 수밖에 없다는 것, 시적 건축물은--구리로 주위를 둘러싼 하나의 구멍에 불과한 대포와 유사해서--사람들이 갖고 있지 않은 것에만 근거할 수 있다는 것, 그리고 결국 이 부재를 채우기 위해서 또는 기껏해야 우리의 사상 냉석한 부분과 관련하여 이 거대한 심연이 입 벌리고 있는 곳을 설정하기 위해 글을 쓸 수 있을 뿐이라는 생각을 내가 아무리 잘 이해하고 있다고 할지라도 말이다.

  이 여자와 함께 했던 허울뿐인 연애가 나에게 가장 선명하게--그리고 가장 슬프게--밝혀준 것 중의 하나는 다음과 같다. 내 친구들은 모두 잘 알고 있지만, 나는 고백의 전문가, 광적으로 고백하는 사람이다. 그런데 내가--득히 여자와 함께 있을 때--속내이야기를 하게 되는 이유는 바로 소심함 때문이다. 나 혼자 어떤 사람과 같이 있는데, 그 사람이 여성이라는 사실만으로도 내가 평소의 나와 완전히 달라지기에 충분할 때, 내 고립감과 비참한 느낌은 어찌나 심해지는지, 상대방과 뭔가 대화의 토대가 될만한 것을 찾아내지 못해 절망하고, 또 그녀를 원하면서도 그녀를 구슬릴 방법이 없기 때문에, 나는 달리 말할 주제도 없고 해서 나 자신에 대해 말하기 시작한다. 내 말이 이어짐에 따라 긴장이 고조되고 내 파트너와 나 사이에 놀라운 드라마의 흐름이 만들어진다. 현재의 혼란 때문에 고통스러울수록, 나는 고독감과 외부 세계와의 분리감을 길게 강조하면서 나에 대해 더 고통스러운 방식으로 말하기 때문이다. 그리고는 결국 내가 묘사한 이 비극이 나의 현실에 변함없이 일치하는지 아니면 내가 한 존재와 접촉하여 어떤 식으로든 말하도록 강요받자마자 겪게 되는 일시적 고통의 비유적 표현에 불과한지를 모르게 된다. 이처럼 나는 여자 앞에서는 항상 열등한 상태에 놓인다. 그래서 우리 사이에 결정적인 어떤 일이 생기려면 여자가 나에게 손을 내밀어야 한다. 그 결과 남성의 정상적인 역할인 정복하는 역할은 결코 나에게 해당되지 않으며, 나는 두 힘의 씨 움에 있어 항상 지배당하는 요소를 표상하고 있다. 게다가 남이 시키는대로 하기도 하고 또 내 욕망과 일치하는지 여부는 따지지도 않고 어떤 일을 받아들이기 때문에, 나는 매번 나에게 주어지는 것에 만족했을 뿐 **선택**하지 않았다는 모욕적인 느낌을 받는다. 그래서 내가 사랑하고 사랑받을 때면 언제나 속임수의 느낌과 함께 무력감이 느껴지는 것이다.

내가 혐오감과 향수 사이에서 끊임없이 동요하고 있다는 메커니즘 또한 이 연애 사건을 계기로 분명히 인식할 수 있었다. 이 여자가 애처롭다기보다는 거드름을 피우고 있다는 사실을 마침내 알아차리고 그녀를 거의 증오하게 되었는데, 이 여자 때문에 빠져들었던 혼란 덕분에 그 메커니즘을 인식하게 된 것이다. 그 메커니즘은 다음과 같다. (외부 세계가 얼핏 드러내 보이는 최소한의 위협적인 행동 앞에서도 벌벌 떨면서) 거의 죽기를 원할 정도로 자신을 증오하기. (갖고 있는 것보다 더 나빠도) 갖고 있지 않은 것을 좋아하기. 항상 다른 곳에 있고 싶어 하기. 사물과 사람들에게 애착을 갖되 가장 특이하고 이상하고 당혹스러운 면에 애착 갖기. 그리고 한 번도 보지 못한 나라(그곳에서는 존재와 사물들이 더 부드러울 것이라고 상상한다)나 한 번도 생각해보지 않았던 관념들뿐 아니라 같이 자지 않은 여자들에 대해서도, 포도가 안익어서 너무 시다고 생각하건--경멸하는 듯 하지만 실제로는 원하면서--아니면 욕망의 대상으로 선택한 이유가 접근할 수 없다는 이유에서건(접근할 수 없는 대상에는 할 수 있는 것이 아무것도 없기 때문에, 모든 것은 중단되고 무기력은 용서받는다), 이 애착이 결국 그림처럼 아름다운 것에 대한 취향, 이국적인 것에 대해 호사가들이 느끼는 매력으로 축소되고 말기 때문에 이 애착으로부터 멀어지기. 이 모든 것은 삶을 두려워한다는 것을 감추기 위한 것인데, 유일하게 확인할 수 있는 이러한 사실은 노골적이고 또 별로 고상하지도 않아서 끝까지 밝히고 싶지 않았다.

몇 가지 이런 유형의 만남을 제외하면--그 수가 너무 적기 때문에 '수'라고 말하기도 어렵지만--사랑과 유사한 어떤 모호한 우정이나 가벼운 연애, 순전히 매음에 의한 육체관계를 제외하면, 내 연애 관계는 아주 빈약하다. 기껏해야 두 개가 눈에 띄는데, 하나는 내가 이미 말했던 영국 이름을 가진 여자와의 연애로 사 년 동안 지속되었고, 다른 하나는 내 결혼으로 시작된 지 10년이 채 안되었다.[6]

케이

케이(나는 그녀에게 이 이름을 부여할 것이다)를[7] 알게 되었을 때 그녀는 이혼 수속 중이었다. 나를 입문시킨 사람이 그녀였다.[8] 나의 입문은 춤을 열정적으로 좋아하고 영국에 심취하기 시작하던 시기, 밤에 미친 듯이 놀러다니던 시기와 맞물려 있었다. 다시 말하면, 전쟁이 끝난 직후, 생각건대, 그 시기를 경험한 사람들은 쉽사리 잊을 수 없는 기념할만한 **댄스파티**의 시기와 연결되어 있었다.

1918년 11월 11일 직후 몇 해 동안, 다양한 국적의 사람들이 뒤섞여있었고--적어도 풍요로운 부르주아 계층에서는--사회적 장벽이 상당히 약화되어, 젊은이들이 주최한 대부분의 '댄스파티'에는 가장 예의 바른 사람들과 댄스홀의 도둑떼라 할 수 있는 사람들이 이상할 정도로 가까이 어울리게 되었다. 우리는 술을 많이 마셨고, 열렬히, 심지어 그 이상으로 바람을 피웠으며, 생각지도 못한 자유의 감각을 즐겼다. 그 자유는 주인이 누구인지도 모르는 어떤 집에서 대개 익명의 상태로 다수의 사람들과 함께 있다는 사실에서 비롯되었다. 대부분의 사람들이 서로 알지 못했고 심지어 상당수는 아는 사람이 거의 한 명도 없었다.

이런 유형의 모임에서 피해를 보는 일이 빈번했고 심지어 노략질도 행해졌다. 엉뚱하게 보이기 위해서 또는 단순히 부주의해서 사람들이 꺼지지 않은 성냥이나 아직 불붙어 있는 담배꽁초를 던져 넣거나 샴페인을 쏟은 피아노여, 불행하도다. 유리제품들, 양탄자, 식기, 때로는 보석들이여, 불행하도다! 이스라엘 은행가 부인은 자기 개인 저택에서 딸들이 친구들과 함께 주최한 댄스파티에서 몽땅 털렸는데, 거의 침략자 같았던 이들이 떠난 후에, 이 정숙한 가정주부는 보석이 없어지고, 심지어 침대 시트가 의심의 여지없이 부부의 침대로 사용된 흔적을 발견했다.

소년소녀로 구성된 어떤 패거리는 도둑으로 널리 알려져 있었다. 그들은 '댄스파티'라는 파티는 전부 노리고 있다가 누군가를 통해 댄스파티가 개최되었다는 사실을 알게 되면 바로 그곳으로 몰려갔다. 그들은 다른 참석자들은 전혀 신경 쓰지 않고 자기들끼리만 춤을 췄고 먹을 것이나 마실 것을 선혀 또는 거의 가져오지 않으면서도-- 차려놓은 음식을 청소하듯 순식간에 비우고 모든 것을 다 없앤 다음 다른 곳으로 갔다. 그래서 그들이 포착되면 집주인의 친구들이 나서서 뷔페 주위에 일종의 의장병이나 순찰대 같은 것을 조직했다.

전쟁이 끝나기 약 일 년쯤 전에 재즈가 출현했는데, 그 이후 변한 재즈와는 아주 달랐다. 반주에 금관악기는 포함되지 않았고, 피아노와 북을 제외하면, 반조나 콘드라베이스 같이 리듬을 되풀이하는 현악기로만 구성되어 있었다. 그 외에도 연주할 때마다 거의 처음부터 끝까지 북이 압도적으로 지배했다. 집요하고 강박적이던 그 시대의 박자와 오늘날 듣게 되는 가장 날카롭다는 작품 사이에도 엄청난 차이가 있다. 질은 더 보잘 것 없었던 것 같고, 확실히 더 거칠었으며, 창의력은 훨씬 떨어졌다. 그러나 그 당시 재즈는 광란의 상태로 등장했다고 분명히 말할 수 있다. 내가 이렇게 판단하는 게 (다시 말하면, 요컨대, 그 이후 내가 15살 이상 더 먹었다는 사실에 비추어볼 때) 감각이 무뎌진 탓으로 돌릴 수는 없다. 바로크풍 음악이 가장 미친 듯이 자유롭게 흘러나오는 아주 드문 경우를 제외하면, 현재 듣는 대부분의 연주회는--연주가 아무리 완벽해도--너무 '예술적이고' 너무 부자연스러워서 유감이다.

　적대 행위에 뒤이어 찾아온 위대한 방종의 시기에 재즈는 당대의 색채를 지닌 집합신호였고 대향연의 깃발이었다. 재즈의 작용은 마법적이어서, 재즈가 영향을 끼치는 방식은 마귀들림에 비유할 수 있다.[9] 춤, 잠재적인 또는 드러난 에로티즘, 그리고 모든 유형의 모임에서 서로 분리된 개인간의 고랑을 메우는 가장 유효한 수단인 술과 결합히어, 재즈는 이 축제에 지정한 의미, 종교적 의미를 부여할 수 있는 최상의 요소였다. 재즈에는 종말을 맞은 무명의 악취와 기계에 맹목적으로 복종하는 인류의 악취가 적도 지방에서 불어오는 뜨겁고 격렬한 공기에 섞인 채 흐르고 있어서, 재즈는 적어도 우리 중 일부의 정신 상태를 가능한 한 가장 완벽하게 드러내고 있었다. 전쟁으로 인해 야기된 나소 의식적인 도덕적 퇴폐, 안락함과 진보의 마지막 비명 앞에서 순진하게 드러내는 경악, 비록 막연히 그 무용성을 예감하면서도 좋아하는 현대의 생활환경, 현대적 리듬의 영향을 받으면서 동물적인 즐거움에 몰두하기, 아직 완전히 형태를 갖춘 것은 아니지만 우리가 고통스럽게 욕망했던 야만적인 순진함에 더 많은 자리를 부여하게 될 새로운 삶에 대한 암묵적인 열망, 이런 것이 그 정신 상태였다. 재즈를 통해 흑인들이 처음으로 모습을 드러냈으며, 흑인의 에덴이라는 신화는 나를 아프리카로, 그리고 아프리카를 넘어 민속학으로까지 이끌었다.

    이와 같은 재즈의 열광적인 기호 아래--재즈의 경박함 속에 은밀한 향수가 숨겨져 있었다--내가 진짜로 경험했던 첫 번째 여자인 케이와의 결합이 이루어졌다.

    '댄스파티'나 불로뉴 숲의 산책길 그리고 온갖 유형의 사교 기회에 따라 나는 당시 상당히 많은 수의 젊은 여자들을 만났고(프랑스 여자, 영국 여자, 스칸디나비아 여자, 그리스 여자, 남미 여자) 결과적으로 연애할 기회가 상당히 많았다. 그러나 우선 소심함 때문에, 또 '푸른 꽃'[10] 유형이 마련한 낭만주의와 당시에는 그 깊은 뿌리를 짐작조차 하지 못했던 플라토닉한 열정 때문에 나는 그 기회를 거의 활용하지 못했다. 전쟁이 끝날 무렵 이럭저럭 바칼로레아를 통과했고, 소위 직업을 선택할 나이가 되었지만 나는 그 어느 것에도 끌리지 않았다. 이전에 아버지는 내가 공과대학생이 되었으면 하고 바란 적이 있었다. 바칼로레아를 통과한 직후에 곧 말하게 될 한 친구의 영향을 받아 화학 공부를 시작했지만, 정밀과학에 대해서 나는 엄청난 경멸을 표명하고 있었다. 게다가 그게 어떤 것이든, 학위를 준비할 생각은 조금도 하지 않았고 독서도 별로 하지 않았다. 사실상 하는 것은 아무것도 없었다. 단 하나의 직업, 또는 차라리 단 하나의 명칭만이 나에게 깊은 인상을 남겼는데 그것은 수출입이었다.[11] 큰돈을 벌기 위해서는 구리 덩어리나 목화 뭉치, 위스키 상자를 취급한다는 편지를 타자로 쳐서 세계 각지에 보내기만 하면 된다고 생각했고, 그 명칭이 지닌 앵글로색슨적인 특성 때문에 상당히 고상하게 보였던 것이다. 게다가 나에게는 그렇게 하는 친구가 한 명 있었는데, 나는 그 친구의 옷 입는 법, 큰 바에서 맺고 있는 사교관계에 감탄하고 있었다. 그는 미국의 재고품을 정리 판매해서 꽤나 이익을 얻고 있었다.[12] 결국 나는 내 장래를 위해 정해둔 것은 아무것도 없이, 내 삶을 변화시킬 어떤 연애 사건, 막연한 소명 의지로는 어쩌지 못하는 깊은 권태로부터 나를 끌어낼 수 있을 연애 사건을 단순히 기다리며 살고 있었다.

이 시기--겉보기에는 활동적이었지만 첫 번째 파도가 잠잠해지면 곧 솟아나기 마련인 권태를 이미 품고 있었다--가 끝날 무렵, 나는 무척이나 밤에 돌아다니기 시작했다. 헤어질 수 없을 정도로 함께 붙어다닌 친구 한 명은 고등학교 때 친구로 혈통의 반은 영국계였다. 뼈만 잉싱하게 남은 그 친구는 어릴 적에 폐결핵을 앓았는데, 저녁 파티에서 어느 날 우연히 다시 만났다. 다른 친구는 같은 상황에서 알게 된 여대생으로, 상당히 부유하지만 약간 불안정했고, 우리보다 몇 살 많다.[13] 우리 모임은 춤에 대한 사랑과 순수함에 대한 선호, 우리 눈에 저속하고 추잡한 것으로 보였던 성적인 것에 대한 경멸, 열정적인 동시에 절망적일 정도로 순결한 어떤 유형의 감정 관계가 아니면 그 어떤 것도 받아들일 수 없을 것 같던 삶에 대한 가차없는 판단에 근거해 있었다. 그리고 우리가 경험하고 있는 사랑에 찬 우정이라는 이 이상한 상태가 그런 관계의 모델이 될 수 있을 것 같았다. 우리는 사실상 거의 붙어 지냈다. 두 명이건 세 명이건, 아침에 만나서 대부분의 낮 시간을 파리에서 산책하거나 아이스크림을 먹거나 댄스홀에서 보냈다. 저녁이면 '댄스파티'나 내가 위에서 말한 바 있는 도둑 패거리가 모이는 댄스 클럽에 가곤했다. 그때는 통이 좁은 바지를 입고 미국인처럼 보이려고 끝이 뾰족한 구두를 신던 시기였다. 내 친구와 나는 유행을 따랐고, 우리의 관심사 중의 하나는 **심미춤을**[14] 제대로 추는데 필요한 정수 중의 정수라고 할 수 있는 어깨 떨기 안무를 따라 하는 것이었다.

 밤이면 우리는 불로뉴 숲의 산책로를 산책하고 벤치에 앉아 오랫동안 이야기를 나누었다. 여대생이 내 친구의 친척인 한 성숙한 남자를 사랑하여 결혼하고 싶다고 해서 우리 셋은 함께 계획을 짜곤 했니. 그녀는 매력이 없지 않았지만 가볍게 다리를 절었다. 그리고 한쪽 눈을 감거나 깜박이지 않고 다른 쪽 눈을 감을 수 있는 능력 때문에 야조夜鳥와 약간 비슷했다. 어쩌면 그것 때문에 우리는 그녀를 올빼미라고 부른 게 아닐까? 마찬가지로, 내 친구는 키가 늘씬하게 크고 어깨가 떡 벌어진 데에 비해 머리가 좁아서 **뾰족머리**라는 별명이 주어졌다.

올빼미는 약간 거짓말하는 성향이 있었다. 그래서 비밀집회나 복잡한 이야기, 신비, 특권적인 사람들만 드물게 영위할 수 있는 황당무계한 삶에 대한 환상을 불러일으키는 모든 것을 매우 좋아했다. 그녀는 어머니에 대해 불평하면서 우리에게 계모라고 소개했고, 심지어 배다른 여동생도 만들어냈다. 여동생이 그녀보다 예쁘긴 하지만 매일같이 그녀를 조롱하고 괴롭힌다는 것인데, 예를 들면 그녀가 목욕탕에서 아무것도 안입고 있을 때 문을 열고는, 그녀에게 "비너스, 사냥꾼 다이아나!"라며 여신들의 이름을 비꼬며 쏘아붙인다는 것이었다. 이것은 그녀가 발을 저는 것을 조롱하기 위해 이 고약한 여동생이 반어적으로 사용하는 욕설들이었다.

이 여자와 우리 두 남자는 서로 애무를 주고받긴 했지만 그건 거의 아무것도 아니었다. 우리는 이상적인 사랑, 절망, 순결에 대해 많은 이야기를 나누었다. 그러나 여대생은--단지 자신이 남자들에 대해 육체적인 끌림이 별로 없음을 강조하기 위해서 그랬는지도 모른다--자신이 레즈비언이라고 주장했다. 그녀는 "내가 보기에 여자의 예쁜 팔보다 더 아름다운 것은 없어"라고 자주 말했다.

우리는 레코드판을 들으며 하와이에서 유래된 듯한 멜랑콜리에 빠져들기도 했고, 죽음과 관련된 일종의 유머를 자주 꾸며냈다. 그 유머는 나와 내 친구의 고등학교 시절 경험에서 비롯된 것으로, 우리는 전쟁 중에 시민처럼 고상하게 옷을 입거나 제멋대로 군복을 입은 해골 그림으로 과제물과 공책을 꾸미곤 했었다. 우리는 드물고 이상한 것, 우리가 '엉뚱한 짓'이라고 불렀던 것을 숭배하고 있었던 것이다. 내 친구와 나는 축구공을 적의 참호에 차 넣음으로써 공격을 유발했던 스코틀랜드 장교의 무훈武勳에 대해 오랫동안 커다란 존경심을 표명하곤 했다. 휴전 전후에 방탕한 자들이 즐겨 만나던 장소 중의 하나였던 대로 근처의 작은 극장에서 휴전하던 날 저녁에 벌어졌던 다음과 같은 행위에 나 자신도 매혹되었는데, 그것이 나에게는 엉뚱한 짓의 극치로 여겨졌다. 전쟁 초에 한쪽 팔을 잃어버린 극도로 잘 차려입은 남자가 술에 취해 자신의 잘린 팔뼈로 된 막대기를 들고 입석에 서 있었다가 이따금 그것을 힘껏 던지면 관객들도 그와 똑같이 웃음을 터뜨리며 그것을 그에게 돌려주었다. '엉뚱한 짓'은 소수의 선택받은 자들이 자기들끼리 알아보는 기호인 것 같았다. 그것은 영웅적인 차원에서 뿐 아니라 일상적인 차원에서도 일어날 수 있었다(예를 들면, 가로등 불에 담뱃불 붙이기, 손잡이가 휜 지팡이로 밖에서 다리를 잡아당겨 남자용 화장실에서 한참 일보고 있는 사람을 넘어뜨리기, 아무리 나쁜 장난이어도 최대한 신랄하고 침착하게 그 장난에 몰두하기). 그것은 무엇보다도 동료의식의 표지 같은 것이었다.

수줍기도 아니었고 급우한 생각노 선여 없던 제 4의 인물이 농료로 끼어들어 영향을 끼치지 않았다면, 올빼미와 뾰족머리 그리고 나 사이에 있었던 이와 같은 내밀한 관계가 언제까지 계속되었을지 나로서는 알 수 없다. 그는 키도 크고 힘도 세며, 상당히 상스럽고 차라리 동물적이라고 할 수 있는 사람이었다. 전쟁이 끝나기 직전에 동원

되었으므로 그는 뾰족머리와 나에 비해 분명히 연장자의 위치를 차지하고 있었다. 우리 관계에서 논쟁은 전혀 없었지만, 그의 외모와 행동이 우리와 달라서 우리의 여자 친구는 그를 '목신牧神'으로, 나를 '님프'라고 불렀다. 이 사실은, 비록 그녀가 알아차리지는 못했지만, 그녀의 눈에 그가 갖고 있는 명예를 잘 보여주고 있었다. 고등학교에 가기 전, 내가 다녔던 작은 학교의 교실에서 이미 친구들이 나를 '집티스'라고 여성형으로 부른 적이 있었다. 그 별명은 내 생각으로는 우리 라틴어 번역 주제였던 포카이아의 건설과 관련된 이야기에서 중요한 역할을 담당했던 소녀의 이름을 딴 것이었다.[15]

내가 케이의 관계 때문에 우정의 계약이 배신당하고 모든 것이 완전히 파기되기 전에, 새로운 요소가 추가되었고 그것이 우리의 동맹을 위험에 빠뜨린 요소였다.

나는 그 새로운 인물에 대해 전혀 호감을 느끼지 못했다. 몸이 튼튼한 '여자 있는 남자' 스타일은 나에게 혐오감을 불러 일으켰다. 그리고 언젠가는 올빼미와 그 인물 사이에 우리 모임의 균형을 깨뜨릴 성적인 사건이 일어나지 않을까 생각해보곤 했다. 감정적인 차원에서 더 엄격하게 말하면, 올빼미와 이 두 남자들(게다가 이 둘은 우리 그룹 밖에서도 자기들끼리 친구였고, 내가 정확히 밝힐 수는 없었지만 어떤 가족 관계를 형성하고 있었다) 사이에 나하고 맺은 것보다 더 내밀한 관계가 있음을 느끼고 나는 질투하고 있었다. 사실 여대생이 원했던 결혼과 관련하여 그들 세 명 사이에는 내가 알지 못하는 비밀이 있었다. 그 일에 뾰족머리와 우리의 새로운 친구가 직접적으로 관여했던 것이다.

우리 관계에서 뭔가 변했다는 것을 감지하고 또 이 모든 것이 지속되지 않으리라는 사실을 막연히 예감하고, 나는 무척 불행한 느낌이 들었다. 그러나 당시에는 내가 불화의 실질적 원인이 되리라는 것은 생각조차 못한 일이었다.

한번은 정확한 이유없이, 단순히 순수성이라는 명목 아래, 나는 자살을 시도했다. 또는 차라리 자살을 원하는 척 했다. 우리 넷이 저녁 파티에서 나와 불로뉴 숲 산책로에 있을 때였다. 당시 화학 실험실에서 공부하던 뾰족머리가 청산가루 병을 가져왔는데, 내가 그것을 오른손으로 움켜쥐고 급하게 달려갔다. 당연히 그 병을 입에 가져가기도 전에 친구들이 나를 따라잡았다. 눈물을 흘리고 서로 감정을 토로하며 이 사건은 이럭저럭 끝났다. 그러나 분위기를 유지하는 데에는 그것으로 충분했다.

살 수 없다는 것 자체가 우리에게는 도덕관념을 판단하는 가장 큰 기준으로 보였기 때문에(아직도 나는 거의 그렇게 느낀다), 우리가 죽음의 편에 서는 것에 명예를 걸고 있었다는 사실은 부정할 수 없다. 뾰족머리가 폐병으로 죽을 것이라는 사실은 암묵적으로 동의된 사항이었고, 자네생도 누 번 자살을 시도한 적이 있었다. 적어도 그녀가 우리에게 말한 바에 따르면, 한 번은 자기 어머니의 집에서 열렸던 무도회 도중에 아편 용해액을 한 병 다 마셨는데 가슴이 심하게 아팠던 것을 제외하면 아무 일도 없었다. 또 한 번은 뾰족머리와 내가 그녀의 집에 갔는데 그녀가 센 강으로 간다며 뛰어갔다고 가정부가 우리에게 알려주었다. 그녀가 한 말을 아주 진지하게 생각한데다 비극적인 것에 굶주려 있어서 우리는 즉시 그녀를 찾아 나섰다. 그러나 그녀를 만나 그녀가 자신의 음울한 의도를 실행하지 못하도록 할 필요조차 없었다.

비록 대부분의 시간을 완전히 하찮은 일에 낭비했고, 댄스홀의 터줏대감이었으며, '문학적'이라는 형용사를 제외하면 그 어떤 형용사도 우리에게 다 붙일 수 있었지만, 우리는 어떤 시적인 정취에 감동받지 않을 수 없었다. 그 시정은 당연히 가장 감상적이고 가장 쉽고 가장 어리석은 것이었다. 이런 식으로, 우리는 중세 이름을 가진 대수롭지 않은 카바레에서 장사하는 보잘것없는 보헤미언들에게 매료되었다. 매일 저녁 우리는 그들의 노래를 들으며 기뻐했고, 미학가라는 이름을 붙일 수조차 없는 이 초라한 엉터리 배우들이 영위하는 듯 보이는 '진정한 삶'을 꿈꾸며 슬픔에 잠겨들었다. 확실히 말할 수는 없지만, 내가 거짓으로 시도했던 자살 시도가 우리 모임의 역사에서 이 단계로 거슬러 올라간다고 해도 나는 놀라지 않을 것이다.

거의 밤낮으로 외출하고 (특히 뾰족머리와 나는) 기꺼이 술을 마신데다가, 우리의 대화와 음모, 비밀, 그리고 우리 관계의 불안한 특성 때문에 매우 무기력해져서, 우리는 순식간에 극도로 피곤한 상태에 이르렀다. 그 피로는 우리의 감수성을 극도로 예민하게 할 뿐이었다.

여대생의 사촌 집에 춤추러 갔던 어느 날 저녁, 뾰족머리가 폭스트로트 아니면 탱고를 추던 중에 몸이 좋지 않아서 배웅을 해줘야 했다. 또 어떤 날에는, 밤새 쏘다니다가 걸어서 돌아오는데, 일종의 환영(내가 그 길에 이르렀을 때 갑자기 모퉁이를 돌아가는 가공의 그림자들, 큰 대문을 한 번에 뛰어 넘는 커다란 원숭이)이 나를 사로잡았다. 그 환영은 내가 선 채로 잠이 들었다는 것을 증명하고 있었다. 그렇지만 쇠약상태를 좋아했기 때문에 휴식을 취할 생각은 전혀 없었다. 그뿐 아니라 그런 사고가 나면 우리는 오히려 웃음이 나왔다. 뾰족머리가 기절한 데 대해 여대생과 내가 반쯤은 빈정거리며 서로 느낀 바를 나눈 기억이 나는데, 뾰족머리는 얼마나 쇠약해졌던지 우리는 그가 곧 죽을 거라고 말하곤 했다.

  남자들 중 누군가에게 정부가 생긴다면 (모든 권리를 다 갖고 있고, '목신'이기 때문에 완전히 다른 차원에 있는 목신을 제외하고) 그와는 더 이상 우정이 불가능하며 그것은 결국 절교와 마찬가지일 거라고 우리는 암묵적으로 동의하고 있었다. 거기에는 상투적인 것은 전혀 없었고, 시간이 지난 후에 내가 확인할 수 있었던 것을 우리가 미리 느끼고 있었을 뿐이다. 즉 사랑은 우정의 적이며, 지속될 수 있는 관계는 모두 관점의 전적인 변화를 내포하고 있다는 것, 간단히 말해, 남녀 커플이 아직 형성되지 않은 청소년기에만 우정은 실제로 완벽할 수 있다는 것이다. 우정의 관계가 완전히 깊어지면 비밀 결사의 정신이 그 관계들 지배하기 마련인데, 커플은 그 정신을 토대 자체에서부터 공격하기 때문이다.

  그러므로 나의 모든 감정 활동은 이 결사체에 온 정성을 기울이고 있었다. 나는 어떤 특정한 사랑도 기대한 바 없었고 내가 몰두하고 있는 이 우정의 공모관계보다 인간적으로 더 가치 있는 것은 아무 것도 생각할 수 없었다(자칫하면 우리는 스스로 깡패 그룹과 동일시할 정도였다). 그러나 나를 확고하게 남자로 만들어주고 내 과거의 실패를 복수해 줄 혜성같은 존재를 은밀히 열망하면서도, 말로는 모든 사랑을 거부하고 사랑이 불가능하다고 규정하고 있었기 때문에, 나는 고백할 수 없는 무력감을 느끼고 있었다.

내가 겪었던 실패를 모두 나열하자면 한이 없을 것이다. 여자 아이들에게 막연히 첫사랑을 느꼈지만, 그 소녀들이 호감을 보여도 할 말이 전혀 없어서 나는 일찌감치 포기하고 말았다. 소녀들이 아직 충분히 성장하지 않았다는 생각에 그것을 창피하게 여겼고, 또 결혼 적령기의 처녀들에게 말 걸기를 더 좋아했지만 그녀들은 나를 아이 취급했던 것이다. 더 분명한 시도로, 창녀와 함께 있을 때 아버지와 우연히 마주쳤던 일도 여러 번 있었고, 사창가에서 목적을 달성하지 못한 채 친구들에게 돌아가서는 속으로 "창피하군"하고 중얼거렸던 실패한 통과의식도 있다. 우스꽝스럽긴 하지만 눈물 흘리는 내 감상주의 양식糧食이 되었던 사건들로는, 예를 들면 어느 날 나에게 10프랑을 빌려줘서 내가 기둥서방이 되었다는 생각에 그녀의 술 취한 입에 키스를 했던 한 여자 친구--바의 창녀--에 관한 일화도 있고, 또 담배가 떨어졌을 때 카바레 타바랭 근처에서--어느 날 저녁, 다른 친구들과 함께 돌아다니고 있었다--만났던 한 여자가 우리에게 담배를 줘서 내가 눈물이 날 정도로 감동했던 일화도 있다. (나에게서 좀 더 분명한 행동을 기대했지만) 내가 말로만 꼬드겼던 영악한 여자들도 있고, 또 내가 키스만 했던 여자들(특히 한 여자는 나를 무척 사랑했지

만--나는 그 사실을 나중에 그녀가 폐결핵으로 죽은 후에 알았다--
그녀의 방탕한 생활 때문에 배신당하고 망신당할 것이 두려워 나는
한 번도 그녀의 애인이 된 적이 없었다)도 있다. 창녀들한테서 겨우
애무나 조금 얻어내고 칵테일만 잔뜩 사줬던 일, 호텔방에 여럿이 투
숙하고는 항상 총각인 채로 나왔던 문란한 술자리들, 아이처럼 간청
한 다음 항상 교묘하게 피했던 육체관계, 실패한 연애들도 있다.

어쨌든 (무너지듯 안길 수 있는 품이 없어서 침대에서 눈물 짓던
그 시기처럼) 내가 커다란 공허감에 고통받은 것은 사실이며, 그 공
허감이 너무 커서 채워질 수 있으리라고는 생각조차 하지 못했다. 그
런데 적어도 첫 며칠 동안 케이가 나에게 가져다 준 것은 그런 충족
감이었다. 짧은 시간이나마, 이 공허감이 채워지는 느낌이 든다면 삶
은 어쨌든 살만한 가치가 있을 것이다. 내가 케이와 결합하기 위해
서는 여러 상황이 필요했으며, 내 의지가 개입하지 않았기 때문에 그
상황들은 전적으로 경이롭게 여겨졌다.

어느 날 밤, 예외적으로 일찍감치 잠자리에 들었다가, 첫 번째 바
칼로레아 시험을 칠 때 공부하던 역사책에서 본 외제니 황후의[16] 초
상화와 비슷해 보이는 갈색 머리 여자와 아주 감미롭게 결합하는 꿈
을 꾸었다. 당시 내게 지배있던 상태에서, 그 꿈은 앞으로 있을 긍정
적인 출현, 나를 구하러 올 천사의 출현을 기대하게 했다. 그래서 그
다음날, 여러 달 전에 잠시 사귀었던 한 여자로부터 편지를 받고도
나는 놀라지 않았다. 그것은 당시 통용되던 대로 세 통을 똑같이 옮
겨 쓴 다음 각기 다른 세 명에게 보내라는 '행운의 편지'에 불과했다.

편지 첫머리에는, 이 '행운의 편지'가 원래 전쟁에서 살아 돌아온 어느 미군 장교에게서 유래했으며 관례를 따르는 사람에게는 9일 후에 '커다란 행운'이 올 것이라고 쓰여 있었다.

나는 행운의 편지를 주의해서 옮겨 쓴 후 세 사람에게 부쳤다. 이 관례의 효과에 대해 많은 것을 기대했기 때문이 아니라, 내 의기소침한 상태를 알아채고 나를 돕기라도 하려는 것처럼 만난 지 오래된 여자 친구가, 특히 이와 같은 시기에, 나에게 편지를 보낼 생각을 했다는 것에 기분이 좋았기 때문이다.

그 세 명이 누구였는지는 더 이상 생각나지 않는다. 다만 그 여자들 중에 나에게 행운의 편지를 보낸 여자와 같은 시기, 같은 장소에서 알았던 한 처녀가 있다는 것만 알고 있다. 그녀는 자신이 머물고 있던 해수욕장에서, 신비로운 척 장난을 치려고 이름을 거꾸로 쓴 우편엽서를 나에게 보내왔다. 물론 수수께끼는 쉽게 풀어냈지만 내가 혼자 있어도 사람들이 나를 잊지 않은 것 같아서 또 기분이 좋았다.

편지 세 통을 부친 지(하루하루 세어서) 9일 후에, 올빼미가 뾰족머리와 나를 데리고, 이혼 소송 중이어서 아담한 아파트를 혼자 사용하는 한 여자 친구 집으로 갔다. 케이는 갈색 머리가 아니라 오히려 금발에 가까웠고 겉모습은 연약해보였다. 얼굴에는 활기차고 열정적인 동시에 약간 거만한 무엇이 있었다. 시간이 지난 후에 나는 그녀가 수녀들이 운영하는 기숙사에서 자랐고, 교육받을 나이가 되었을 무렵에는 신비주의 성향도 조금 보였음을 알게 되었다. 그러나 약간 조심스럽고 품위있는 태도를 제외하면 자유분방해 보일 뿐 그런 것은 조금도 드러나지 않았다.

당시 나는 극도로 피곤한 상태였다. 케이를 처음 보았을 때 케이가 나에게 어떤 인상을 주었는지는 기억나지 않지만 첫 순간부터 우리 사이에는 일종의 공모관계가 있었던 것 같다. 심지어 나는 이렇게 혼잣말을 했던 것 같다. "바로 이 여자를 통해 나는 구원받을 거야!"

우리는 술을 조금 마시고 이야기했다. 밤이 별로 깊지 않았는데도--흥분 때문일까, 피로해서 녹초가 된 것일까?--나는 이빨을 부딪칠 정도로 갑자기 열이 올랐다. 현재로서는 이 열이 실제로 있었는지--내 육체 상태 때문에 생겨났는지--아니면 내가 케이 앞에 있을 때 느낀 감정 때문인지 확실치가 않다. 가장 그럴듯한 생각으로는, 내가 사랑 앞에 있게 되자마자 결코 떠나지 않고 나를 항상 짓누르는 이 딱딱하게 굳어 사지가 깨지는 듯한 느낌, 성스러운 공포에 사로잡혔다는 것이다.

몸이 얼마나 좋지 않았던지 사람들이 나를 긴 의자에 눕혔다. 케이를 포함해서 모든 사람들이 내 주위로 몰려들었고, 케이가 나를 아주 정성스럽게 보살펴주었다. 회복되자마자, 나는 이 우스꽝스러운 사건에 대해 사과하고 모임을 다른 날로 잡고 헤어졌다. 내 친구들이 나를 데시고 마데니수였다. 케이가 나중에 말해준 바에 따르면, 여대생은 나에 대해 칵테일을 엄청 마시는 사람으로 묘사하고 내가 몸이 불편해 쓰러진 것은 나이에 비해 일찍 시작한 습관성 과음 때문이라고 설명했다.

케이의 집에 다시 갔을 때(케이는 우리 집에서 그리 멀지 않은 곳에서 살고 있었다) 나는 얼마나 피곤했던지--또는 피곤하다고 생각하고 있었다--보란 듯이 지팡이를 짚고 갔다. 그만큼 걷기가 힘들었다. 그녀의 집으로 올라가기 전에 잠시 작은 카페에 들러 기운을 차릴 요량으로 블랙커피를 한 잔 마셨다. 올라가자 기분이 좋아졌고, 케이는 내가 기운을 차린 것을 보고 만족한 듯했다. 모임은 아주 즐거웠다. 우리가 좋아하는 음반이 있었고, 우리가 어딜 가든 올빼미는 우리를 '자신의 댄서'라고 소개했기 때문에 춤추는 것 외에 다른 것은 생각할 수 없었다. 어느 순간, 케이와 함께 포도주를 찾으러 지하실로 내려갔다. 그녀가 계단을 앞장서서 내려가는 동안, 그녀의 목덜미에 키스를 하고 싶었지만 감히 하지 못했다. 그리고 밤늦은 시간에 변장 놀이를 했다. 케이는 내 양복 상의를 입고 지팡이를 짚고 모자를 썼으며, 나에게 그녀의 드레스와 여러 가지 장신구를 빌려주고 화장하는 것을 도와주었다. 여대생과 내 친구도 마찬가지로 옷을 바꿔 입었다. 이렇게 만들어진 두 커플은 뮤직홀 스타일의 흥행물들을 연기하고 희롱하는 척 했다. 나로서는 여자로 있는 것이 우스꽝스럽기는커녕 편안하고 자랑스러웠다. 변장한 덕분에 되는대로 가만히 있기만 하면 되었기 때문에 나에게서 모든 어려움이 사라졌다. 이 뚜렷한 성의 변화에서 나는 긍정적인 즐거움을 발견했다. 그것으로 성적인 관계가 놀이로 변하고 일종의 가벼움이 부여되었던 것이다. 나를 유혹하는 척 하면시, 게이는 나를 여성화된 이름--미슐뤼--으로 불렀다. 그 이름은 나를 임신했을 때, 어머니가 딸을 낳으면 주려고 생각했던 이름이었다.[17] 히죽거리며 끊임없이 몸을 뒤척이는--자는지

안자는지--올빼미 옆의 긴 의자에 누워 우리는 어느새 연극적인 키스에서 진짜 키스로 넘어갔다. 기절한 후부터 몸을 사리던 뾰족머리는 이미 떠난 지 오래였다.

아침이 되어 올빼미와 나는 작별인사를 했다. 나는 그녀를 집까지 바래다주었다. 우리는 마치 아무 일도 없었던 것처럼 헤어졌다.

바로 그 주에 비슷한 파티가 또 열렸는데 이번에는 변장하지 않고 춤을 추었다. 내 생각이 맞으면 우리는 댄스 클럽에서 다시 모였던 것 같다. 그날 저녁에 케이는 우리가 처음 사귈 때 자주 썼던 모자를 쓴 게 분명하고, 그 모자 때문에 백조 같은 느낌이 들었다. 우리의 세 번째 동료도 자리에 있었는데, 변장했던 밤 이후 나에게 운명 지워졌다고 느껴지는 여자에게 그의 호색가 같은 면모가 강한 인상을 주지 않을까 걱정하면서 나는 그를 질투하고 있었다. 다행히 조금도 그렇지 않았다! 우리가 헤어질 때 케이는 문을 열어놓을 테니 돌아와서 문을 밀기만 하면 될 거라고 낮은 소리로 말했다. 친구들과 함께 내려가서 몇 걸음 걷다가 (그들을 조금도 속일 수 없었을) 어떤 핑계를 대고 그들을 떠나 케이에게 돌아갔다. 그녀는 가벼운 실내복 차림으로 반쯤 열린 문 뒤에서 나를 기다리고 있었다. 벌써 밤을 위해 준비를 마친 상태였다. 우리는 거의 즉시 긴 의자에서 서로를 껴안고 열정적인 말과 애무를 나누었다. 그러나 꿈꾸던 순간이 오자 끔찍할 정도로 불안해져서 나는 성적인 능력을 조금도 보여줄 수 없었다.

그 일은 1919년 8월 7일에 일어났고 나는 18살이었다.[18] 내가 실제로 동정을 잃은 것은 하루 이틀이 지나고, 내가 익숙해진 다음이었다. 케이는 약간 놀랐지만 이런 무기력증을 소심함 탓으로 돌리지 않고 피로와 과도한 음주 탓으로 돌렸다.

일주일 동안 나는 승리를 거두었다. 세상은 더 이상 제 자리에 있지 않는 것 같았다. 나는 요정을 발견했고 그 요정이 모든 것을 변모시켰다. 나는 상상을 초월하는 정신적 도취감을 느꼈다. 육체적인 관점에서, 그와 같은 황홀감을 경험한 적이 없었다. 내 활력은 끝이 없는 것 같았고 나는 쉬지 않고 쾌락을 주기 위해 태어난 것 같았다. 나에게는 그 어떤 것도 이 행복만큼 매력적이지 않았다. 그러나 나 자신의 쾌락은 별로 신경을 쓰지 않았기 때문에 내 쾌락이 거의 없어져 버렸다. 때로는 심지어 쾌락을 가장해야 했다. 실제로 나를 제일 도취시켰던 것은 나 자신은 조금도 속지 않고 명석하게 연기하고 있는 이 코미디에서 생겨난 책략의 냄새였다. 육체관계를 맺으면서 금욕하기, 육체를 소유하면서 무관심하기, 쾌락에 들어있는 희생적인 요소, 이런 생각들이 그 이율배반적인 면모로 나를 고양시켰던 것이다. 내가 더 이상 가장하지 않고 쾌락에 몰두하고 빠져들기 위해서는 시간이 필요했다. 조금씩 나는 육체적으로나 감정적으로 연결되었다. 우리는 모든 유형의 규방 신화를 만들어냈다.[19] 우리의 사랑이 가루가 되어 완전히 사라지기까지, 이러한 상태는 사 년 동안 지속되었다. 첫날부터 나는 자동적으로 뾰족머리와 여대생으로부터 멀어졌다.

이 관계가 산산조각 나는 데에는 여러 요소가 개입했다. 헤어진 이유 중에서 적어도 몇 가지는 드러내 밝히는 게 고통스럽지만, 그렇다고 침묵을 지킬 수는 없을 것이다.

우선, **권태**, 전적인 포만감, 변화의 욕구. 사랑--주체와 대상이 일치할 수 있는 유일한 가능성이며, 욕망의 대상이 우리에게 낯선 외부 세계임을 고려하면 욕망의 대상이 상징하는 성스러움에 접근할 수 있는 유일한 방식--은 사랑에 대한 부정을 내포하고 있다. 성스러움을 소유한다는 것은 낯설음이라는 특성을 조금씩 성스러움에서 제거함으로써, 성스러움을 더럽히고 결국 파괴하는 것이기 때문이다. 지속적인 사랑은 고갈되는 데 시간이 오래 걸리는 성스러움이다. 순수한 에로티즘에서는 모든 것이 좀 더 직접적이고 분명하다. 욕망이 깨어 있기 위해서는 대상을 바꾸기만 하면 된다. 인간이 더 이상 대상을 바꾸기를 원치 않고 성스러움을 영원히 자기 집에, 손닿는 곳에 두고자 하는 순간부터 불행은 시작된다. 또 성스러움을 경배하는 것으로 만족하지 않고 이번에는 자기 자신이 타인에게 성스러움이 되어 타인이 영원히 경배하기를--자신이 신 그 자체가 되어--원하는 순간부터 불행은 시작된다. 서로에게 성스럽고 서로를 경배하는 이 두 존재 사이에는, 성스러움은 더럽히고 바닥내려는 방향 외에는 움직임의 가능성은 전혀 없기 때문이다. 구원받을 수 있는 유일한 기회는, 실질적으로, 끊임없이 접근해도 그 인물에 대한 인식의 한계까지는 결코 도달할 수 없는 아주 독특한 여자, 또는 본능적으로 애교가 넘쳐서 당신을 깊이 사랑하면서도 매순간 도망쳐버릴 것 같은 그런

여자에게 사랑을 바치는 것이다.[20]

두 번째로, 나보다 몇 살 위인 이 여자가 필연적으로 겪게 될 쇠락을 생각하면서 내가 점차 빠져든 죽음에 대한 생각. 동정을 잃기 전까지 내가 그 정도까지 노화에 대해 걱정한 적은 결코 없었다. 이 강박관념은 에로틱한 행위와 관련하여 생긴 것으로, 지금까지 혐오감 없이 바라볼 수 있었던 우리 육체가 필연적으로 추해질 수밖에 없다는 사실을 고려해보니, 시간이 좀 지나자 에로틱한 행위는 나에게 조롱 같아 보였다. 나는 일종의 신비주의적인 상태에 이르러, 내가 싫증난 것이 특정한 사랑이라고 감히 분명히 인정하지 못하고 육체 행위 전반을 죽음의 이름으로 비난했다. 이 시기부터 시를 향한 나의 첫 열망이 생겨났는데, 솔직히 말해 시는 하나의 도피처, 노화에서 벗어나 영원에 도달하는 방식, 동시에 내 파트너는 끼어들 수 없을 나만의 닫힌 영역을 발견하는 방식으로 보였다.

죽음도 애인도 나를 찾으러 올 수 없을 신성불가침의 은신처를 만들어냄으로써, 현실 밖으로 도피하고자 하는 열망이 얼마나 깊었던지, 나는 그 열망이 심지어 일상생활과 관련된 계획에서도 이루어지도록 했다. 예를 들어, 나는 케이에게 많은 요소들이 단지 눈속임으로만 존재할 어떤 집에서 그녀와 함께 살고 싶다고 말하곤 했다. 속임수로 된 벽난로에 속임수로 된 장작이 타고 있고 의자와 긴의자도 벽에 그려져 있어서 사람들은 바닥에 앉고 누우며, 가짜 하인들이 있을 것이다. 말하지 않은 단 하나의 사실이 있다면 (게다가 내 욕망은 아주 모호할 뿐이었다), 그것은 이 집에 나와 함께 살 여자도 눈속임에 불과하리라는 사실이었다.

케이는 내가 그런 말을 한 진짜 이유, 즉 내가 그녀에게서 멀어지고 싶어한다는 것을 느끼고 짜증을 냈다. 또 문학에 막연한 의지를 품고 내가 새로 맺게 된 우정을 질투하며 내가 너무 지적이라고 비난했다. 그녀에게서 멀어질수록 당연히 나는 그녀에게 더욱 연결되었다. 실제로는, 내가 더 이상 그녀를 사랑하지 않는다는 사실을 나 자신에게 감추기 위한 것이었던 만큼 나는 더욱 꾸준하고 신중하게 전력을 기울여 사랑을 흉내냈던 것이다.

그녀와 연애하던 초기부터--심지어 이제 겨우 10여년 전, 이 생각이 케이의 이미지로 구체화되기 전에--나는 훨씬 감미로운 형태이긴 하지만 죽음의 강박관념을 느끼고 있었다. 케이의 침대에서 함께 지내던 초기의 어느 날 아침 나는 케이에게 "우리가 함께 묻히면 좋겠어"라고 말했다. 이 문장은 내가 이때까지 다른 사람에게 했던 말 중에서 실제로 가장 애정어린 말임에 틀림없다.

거의 종교적이라고 할 수 있는 (예를 들면 성당의 벽은 잠시히고 있는 신의 이미지가 생명을 빌어 눈을 깜박이거나 그 자체로 기적이 될 어떤 신호를 나에게 보여주기를 헛되이 기다리며 그 이미지를 오랫동안 응시하곤 했던 유년기의 신앙심에서 드러난 어쩌면 거의 마지막 흔적) 이런 엄격함에 다른 두 가지 요소, 두려움과 **소심함**이 덧붙여지는데, 그것들은 내 사랑의 인위적이고 과대평가된 점을 드러냄으로써 우리가 헤어지는데 조금씩 기여했다.

우리 관계의 초기에, 여느 때처럼, 자기 부모님의 집에서 식사를 마친 케이를 마중 나갔던 어느 날 저녁, 술 취한 노동자가 우리를 따라오며 이러쿵저러쿵 말을 했다. 그 말이 케이와 케이의 애인인 나에게 모욕적으로 여겨졌다. 나는 뒤돌아서서, 일용 노동자의 거친 태도에 모욕받았다고 여기는 젊은 부르주아가 보이는 우스꽝스러운 태도로 그를 불렀다. 그 사람은 화가 잔뜩 나서 커다란 주먹을 흔들며 내게로 걸어왔다. 나는 본능적으로 뒷걸음질쳤다. 나에게 해코지를 할 거라고 생각하고, 케이가 끼어들어 우산으로 그 사람을 위협했다. 일은 그 정도로 마무리되었지만 나는 끔찍할 정도로 모욕감을 느꼈다.

또 한 번은 케이와 헤어져 새벽 두 시경 걸어서 집으로 돌아오는 길에 습격을 받았다. 나는 왼쪽 인도로 가고 있어서 오른쪽 인도에서 나를 지나쳐 간 두 명에게 별다른 주의를 기울이지 않았다. 왼쪽 인도에서 내 쪽으로 오던 다른 두 명이 갑자기 내 앞에서 멈추어 섰다. 처음 두 명이 길을 건너와서 내 도주로를 막고 팔을 하나씩 붙드는 동안, 새로 온 두 명 중 한 명이 가슴에 권총을 들이댔고 다른 사람은 몸을 뒤졌다. "끽소리도 하지 마! 가만히 있으면 별 일 없을 거야." 따를 수밖에 없었다. 여름이라 조끼를 안입고 있어서 내 살에 닿은 총의 차가움이 분명히 느껴졌다. 아주 정확하게, 그들 네 명은 내가 갖고 있던 돈과 은지갑을 털어갔지만 신분증명서는 가져가지 않았다. "자, 이제 꺼져!" 실제로 전속력으로 도망친 사람은 그들이었다. 일이 얼마나 빠르게 진행되었던지 그들이 도망친 다음에야 비로소 두려움이 느껴졌다. 계속 걸어가다가 집에서 그다지 멀지 않은 곳에서 알고 지내던 젊은이들을 몇 명 만나 있었던 일을 이야기했다. 그때에는 그 사건에 대해 어떤 조치를 취할 생각은 전혀 없었다. 그들은 경찰에 신고해야 한다고 나를 설득했다. 그래서 그 다음날 동네의 경찰서에 갔다. 면도를 한 얼굴에 두꺼운 시곗줄을 단 경찰이 빈정대며 자신이 수사하겠다고 말했다. "별 볼일 없는 불량배들이야... 권총 때문에 겁이 났다고? 권총은 장전되지도 않은 거야!" 나는 다시 모욕감을 느꼈다.

매일같이 저녁나절을 케이의 집에서 보내고 밤늦게 돌아오면서도 그때까지 밤에 해를 입을 수 있다는 생각을 해본 적이 없었다. 게다가 나는 오히려 항상 야행성이었다. 그런데 그 순간부터 귀가에 대한 두려움 때문에 케이 곁에서 얻던 즐거움이 부분적으로 엉망이 되고 말았다. 그것으로 우리 관계가 변하지는 않았지만 나는 택시를 타고 돌아오는 습관을 들였다. 매번, 걸어서 돌아오지 못하는 것과 케이에 대한 사랑으로 모든 두려움(이 경우 상당히 터무니없는)을 이겨내지 못하는 것을 자책했다. 부모님이 안계시는 틈을 타서 그녀가 우리 집에 왔던 어느 날, 그녀를 배웅하면 돈이 없어서 돌아올 때 걸어와야 한다는 것을 알고 있었기 때문에 그녀가 빨리 떠나기를 원할 정도였다. 바로 그날 저녁, 집에 돌아와 목욕탕에 들어가서 가위를 집어 들고 나를 벌하기 위해 내 몸을 그어댔다.

더군다나 나는 소심함 때문에 매우 고통 받고 있었다. 내 가족 중

여럿이 (또는 가족의 친구들이) 내가 케이와 함께 있는 것을 보고 입방아를 찍어댔다. 그것 때문에 아는 사람을 만날 수 있는 어떤 장소에 그녀와 함께 가는 것이 달갑지 않았다. 게다가 이혼 소송이 그녀의 잘못으로 판결이 나서(특히 나와의 관계 때문에 그녀의 평판이 안 좋아져서), 그녀의 소득이 줄어들었다. 그녀는 아파트에서 떠나야 했고 우리는 호텔에서 만날 수밖에 없었다. 한나절을 함께 보내기 위해 방을 빌려야 한다는 단순한 사실이 나에게는 엄청난 두려움을 불러일으켰다. 우리의 만남은 그것 때문에 즐겁지가 않았다. 그리고 내 사랑이 그런 사소한 것도 가볍게 무시하지 못하는 것으로 미루어 볼 때, 나는 사랑할 수 없으며, 너무 비겁해서 사랑받을 자격조차 없다는 생각이 점점 자리 잡기 시작했다.

군복무를 하면서[21]--완벽하게 복종하고, 단지 주어진 자유의 최대치만 누리며 또 자기 뜻을 관철하는 사람이라기보다는 바보로 통하면서--나는 케이와 결혼을 약속했다. 가족 중 그 누구도 그 결혼에 반대하지 않았을 것이다. 그러나 이 결심을 하자 심연에 빠진 듯한 느낌이 들었다. 직업을 선택하고, 영원히 나와 연결될, 나보다 나이 많은 이 여자를 위해 일을 해야만 할 것이다. 감정적으로 더 이상 자유롭지 않을 것이고 힘들고 보잘 것 없는 삶을 영위할 수밖에 없을 테고, 그러자면--그 활동이 내가 케이의 영향력에서 벗어날 수 있는 영역이라는 바로 그 이유 때문에--내가 그토록 격렬하게 전념하고 싶었던 시적 활동을 포기해야만 할 것이다. 요약하면, 단지 훨씬 더 무거운 굴레에 얽매이기 위해 군복무에서 벗어나는 것에 불과했다.

예술에 대한 나의 완전히 새로운 호기심, 나에게는 예술을 가장 '현대적'으로 표현한 것으로 여겨졌던 것에 대한 호기심 때문에, 러시아 발레를 보러갔고, 『페트루슈카』를[22] 보았다. 나는 별이 그려진 감옥에 갇혀 두 주먹으로 감옥을 두드리던 꼭두각시와 나 자신을 비교해 보았다. 그 꼭두각시는 형이상학적 벽에 부딪혀 패하고 쓰러졌다.

케이의 이혼에 나쁜 역할을 한 것에 대해, 나는 그것과는 아무 상관없다고, 결국 그녀가 나를 유혹한 거라고 혼잣말 하면서 나는 내 양심의 가책을 비열하게 억눌렀다. 그러나 이런 생각 때문에 나는 수치심을 느꼈다. 이 사랑에 집착하기도 했고, 또 내가 진짜로 사랑했다면 이런 생각이 들었다고 해서 물러서지는 않았을 것이라고 생각했기 때문이다.

일 년이 더 지난 일이긴 하지만,[23] 아버지가 외과 수술의 후유증으로 눈 오는 날 돌아가셨다.[24] 아버지는 여전히 음악에 매료되어 있어서, 임종이 다가왔다는 것을 알고는 당시이 좋아하던 곡조를 형이 비이올린으로 연주해주기를 원했다. 그리고 하루 이틀 뒤에, 눈이 많이 보인다면서, "눈이 무더기로 쌓이면 좋겠다"라고 말하고는, 어머니와 눈을 맞추며 돌아가셨다. 아버지와 어머니가 마지막 순간까지 보여준, 시간에 구애받지 않는 이 깊은 사랑 때문에 내 비열한 행동이 더욱 의식되었다. 내가 실제 욕망과는 반대로, 결혼하기로 결심한 것은 이런 원인이 있었다.

내가 새로 사귄 친구 몇 명과 휴가를 보내려고 했던 것 때문에 케이와 헤어지게 되었다. 당연한 일이지만 케이는 그 친구들을 질투하고 있었다. 불로뉴 숲에서 산책하던 중에 완전히 낭패감에 사로잡혀, 그녀를 더 이상 사랑하지 않는다고 말하고 결별을 선언한 사람은 바로 나였다.

홀로페르네스의 향연

몇 달 후 나는 기쁜 마음만큼 슬픈 마음으로 제대했다. 이제 성년에 도달했으며 일하지 않아도 별 탈 없던 시기는 지나갔다는 것을 느꼈던 것이다. 나는 내 소명을 따르기로 하고, 나를 받아들여주었던 교수님께 작별인사도 하지 않은 채--그때까지 막연히 계속하던 과학 공부를 포기하고--병역을 마친 화학 실험실을 떠나 내 모든 활동을 문학에 헌신하리라 결심했다.

케이와 헤어진 후에 이른바 신비주의에 하마터면 거의 빠져들 뻔했는데 그 자리를 시가 차지했다. 나는 아무것도--어쨌든 신도, 또 다른 삶도--믿지 않았다. 그러나 기꺼이 절대와 영원에 대해 말했으며, 인간은 단어를 서정적으로 사용함으로써 모든 것을 변모시키는 힘을 갖게 된다고 생각했다. 나는 상상적인 것, 즉 현실의 대체물이며 우리가 마음내로 창조할 수 있는 세계에 지배적인 중요성을 부여했다. 시인은 나에게 운명을 타고난 자, 세계의 정신적 변모라고 하는 거대한 임무를 떠맡은 일종의 조물주로 보였으며, 이 세계가 진실된 것은 단지 사람들이 거기에 진실을 부과하기를 원하기 때문이라고 여겼다. 나는 단어를 이용해서 사상을 발견할 수 있으리라고 믿었고, 말들을 연이어 예기치 않게 충돌시킴으로써 조금씩 절대에 가까이 다가가고, 그러다보면 결국 모든 방향에서 새로운 생각을 작동시키게 되고 절대를 포착할 수 있으리라고 믿었다. 이처럼 시인은 나에게--필연적으로--저주받은 자로서, 영원히 불행한 고독에 처해지고, 완벽하고 치유할 수 없는 불만족에서 생겨난 자신의 지속적인 허기를 정신의 유일한 동력으로 삼는 사람처럼 보였다.

나는 동정이었다. 왜냐하면 진정한 사랑이 이루어질 수는 없을 거라고 생각했기 때문이다.[25] 이와 같은 태도에서 나는, 무엇보다도, 내 강박관념을 없앨 수 있는 손쉬운 방법을 찾아낸 것이 아닐까? 내가 나 자신을 좀 더 잘 검토하게 되었고, 내 가장된 모습을 벗어 던지려고 노력했으며, 모든 것을 가장 적합한 규모로 환원시키려고 노력한 지금, 나에게 든 생각은 바로 그것이다.

나는 일종의 금욕주의를 지향하면서, 시적인 열정을 무엇보다 우선시하고 술에 대해서만 약간 관대한 생각을 갖고 있었다. 나는 신탁이라도 구하듯 술을 들고 질문해보기도 했고, 술을 착란의 도구이자, 환상저으로 우리에게 일종의 영웅성 힘과 반신半神이 된 듯한 신성불가침성을 부여함으로써 우리를 현실에서 떼어놓는 남성의 독약으로 높이 평가했다.

나는 나 자신이 절망적으로 여겨졌다. 나를 태어나게 한 데 대해 몹시 화가 났고 물질세계의 법칙에 반항했으며, 중력에, 물질의 저항에, 계절의 변화에 저주를 퍼부었다. 아주 오랜 시간이 지난 후에야 비로소, 지적으로 그리고 상당한 우회로를 거쳐, 나는 이 본질적인 반항--또는 차라리 거부--에서 정치적 혁명이라는 생각으로 나아갈 수 있었다.[26] 삶에 대한 분노를 끌어낸 것이 자연법칙이나 사회법칙에 따른 조건이 아니라 죽음이었다는 사실을 당시에는 완전히 인정하지 못하고 있었다. 나는, 막연히, 시적 기적이 개입하여 모든 것을 변화시키리라 기대했고, 말의 도움을 받아 인간의 운명을 극복하고 산 채로 영원에 들어갈 것이라고 기대했다. 나에게는 또한--모순적이지만--행복에 대한 막연한 이미지, 그리고 아주 어렸을 때 영원히 지속되는 상호적 사랑으로 문을 열어젖힐 수 있을 것처럼 보였던 완전히 인간적인 천국에 대한 막연한 이미지가 남아 있었다. 나는 에피날에서 간행된 이미지 같은 평온하고 부드러운 유토피아를 내 마음 속 가장 깊은 곳에 간직하고 있었다. 내가 나를 저주받은 자로 여긴 것은, 실제로는 그와 같은 행복을 근본적으로 경멸하기 때문이 아니라 이 에덴이 나에게는 주어지지 않을 것임을 확신하고 있었기 때문이다.

이미 오래 전부터 나는 내 옷차림에 신경을 쓰고 옷을 잘 맞춰 입는 데에 광적일 정도로 중요성을 부여하고 있었다. 나는 내 기질에 썩 잘 어울리는 것으로 생각되는 간결하고 단정한--게다가 약간 부자연스럽고 심지어는 침울한--영국식 스타일을 매우 좋아해서 가능한 한 영국식으로 입기를 원했다.

면도기에서 나오는 열 때문에 피부가 쉽게 염증을 일으켜서 (이미

열다섯 살부터) 나는 얼굴에 분칠을 하는 습관이 있었다. 그것은 일종의 가면 아래 얼굴을 감추고 석고상에 필적할만한 무표정한 모습을 내 개성에 새기려는 것과 같았다. 이것은 상징적인 광물질화의 시도에 해당하는 것으로, 나의 내적 연약함과 내가 위협받고 있다고 느끼던 마모에 대한 방어 작용이었다. 내가 시적으로 추구하던 것과 동일한 이상적인 **딱딱함**을 내 외부에 만들어놓음으로써 일종의 갑옷을 만들고자 했던 것이다.

다른 세부적인 장신구들이 내게서 한 번도 사라진 적 없는 '엉뚱한 짓'에 대한 취향을 만족시켜 주었고, 동시에 얼음같은 차가움의 경향, 적어도 어떤 측면에서 내 문학적 에세이를 항상 특징짓는 딱딱함의 경향을 표현하도록 해주었다. 그래서 얼마 동안 손목에 팔찌 대신 가는 줄을 아주 세게 묶고 다녔고 내 양복의 깃은 장식 리본을 달듯이 철사줄로 장식되어 있었다. 동시에 내 한계를 깨뜨림으로써 또는 다른 사람들과 합체함으로써 나를 다른 사람들과 섞어놓기를 열렬히 원해서, 나는 내 전신을 별자리로 문신하기를 꿈꿨다. 별자리 문신은, 그것이 내 피부에 있다는 사실로 인해, 소우주와 대우주를 일치시키고자 하는 시도를 보여주게 될 것이다. 좀 더 시간이 흐른 뒤에는, 머리를 밀고 하가 친구에게 면도길로 목밀미에서 시삭해서 이마 한가운데로 이어지는 가르마를 그려달라고 부탁했다. 그것은 신성을 지닌 아담이나[27] 성좌의 이미지로, 내가 되고자 했던 기하학적 형상이다.

당시 시에 부여하고 있던 명백히 사변적인 역할에도 불구하고, 나는 언어를 다루면서--단어의 무게를 재고 맛을 보며, 마치 과일처럼 내 입에서 단어들을 녹임으로써--관능적인 쾌락을 발견했다. 내 관심사에서 이 쾌락은 순수하게 에로틱한 즐거움보다 우선했다. 애정의 관점에서 볼 때 나에게는 우정으로 충분했다. 이상적인 비밀 집단 속에서 몇몇 사람들과 내밀한 동맹관계를 맺고, 우리는 관점과 삶과 노동을 완벽하게 공유했다. 우리가 모임을 가졌던 아틀리에의 벽에는 곰팡이가 슬어있고 빈대가 붙어 있었는데, 그 빈대들 때문에 잠을 잘 수 없어서, 적어도, 대화가 영원히 지속되는 데에는 도움이 되었다. 이 친구들 중 한 명은 어느 정도 내 멘토였고[28] 내 정신의 형성에 결정적인 영향을 끼쳤다. 이 친구들 곁에서 나는 뾰족머리, 여대생과 함께 이미 경험한 바 있던 정신 공동체의 특별한 분위기를--게다가 훌륭하게 토대를 갖춘 더 강렬한 형태로--되찾았다. 그것은 또한, 나에게는 완전히 새로운 사실, 즉 빈곤과 처음으로 접촉한 체험이었다.

  케이와의 관계가 내 첫 번째 우정어린 모임을 끝장냈던 것처럼, 비록 새로운 환경 밖으로 나를 끌어내지는 못했지만, 내 결혼은 그 자체로 이 분위기에 상당히 심각한 변화를 초래했다. 지금까지도 나는 그것 때문에 고통스러워하며 우울할 때에는 마치 잃어버린 낙원처럼 그것을 생각한다.

  문학계에 데뷔한 것과 동시에 시작되는 이 시기에 대해서는, 내가 아직 지나치게 깊이 관여하고 있어서 분별력있고 냉정하게 다룰 수 없는 관계로 개요만 간단히 제시하고자 한다.

글쓰기가 쉬웠던 적은 한 번도 없었다. 그래서 오랫동안, 내가 언젠가는 작가로 불릴 수 있으리라는 생각을 해본 적이 없었다. 내가 처음으로 알게 된 현대 시인은 (내가 적어도 아폴리네르만큼 존경하는 사람인데) 평범하게 계속 하기를 권하면서, '신사'가 되거나 기껏해야 '탁월한 애호가'가 되는 것 외의 다른 것은 기대하지 말라고 하여 무수히 나를 낙담시켰다.[29] 이 판단이 나에게는 결정적으로 보여서 나는 슬픔에 잠겼다. 나는 정신적인 충고를 기다린 것이 아니라 그가 나에게 비결과 핵심을 건네주기를 기대하고 있었다. 자칫 하면, 그의 천재성을 얻어내기 위해 그의 악까지도 나누어 가지려고 했을 것이다.[30] 게다가 위대한 예술가는 필연적으로 궁핍한 생활에 놓이기 마련이라고 확신하고 나는 나의 안락함을 부끄러워하고 그것에 모든 책임을 뒤집어 씌웠으며, 모든 것을 집어던질 열정이 없는데 대해 자책했다.

뭔가 읽을 만한 것을 만들어내기 위해서는 화가 A. M.을[31] 만나고, 그와 그의 아틀리에에 모이는 소수의 내밀한 친구들이 나를 믿어주는 것이 필요했다. 그렇지만 나는 불규칙적으로, 단속적으로, 한 걸음 내딛을 때마다 최악의 어려움들과 싸워가며 작업할 수밖에 없었다.

시적 영감이 나에게는 매우 드문 기회, 하늘이 내려주는 일시적 선물로 여겨져서, 시인이라면 응당, 절대적 순수함이라는 대가를 치름으로써 그리고 이 뜻밖의 행운으로부터 예기치 않은 혜택을 끌어낼 수 있도록 자신의 불행을 대가로 지불함으로써, 그 선물을 받아들

성년 211

일 수 있는 상태에 있어야 했다. 나는 서정적 상태를 일종의 신들린 상태로 간주했다. 그래서 내 속에서 전개되는 괴팍하고 귀에 거슬리고 삐걱거리는 것에만 주의를 기울이는 것처럼, 내가 낙담한 채, 말없이, 질문에만 겨우 대답하는 일이 일어나곤 했다. 시는 이물질처럼 내 마음 속 깊은 곳을 괴롭히거나, 어렸을 때 내가 존재한다고 믿었던 견고한 영혼처럼 내 머리 속 외진 구석에 웅크리고 있었던 것이다. 아주 사소한 것도 감수성을 영원히 죽일 수 있기 때문에 감수성을 간직하기 위해서는 모든 것에 세밀하게 주의를 기울여야 했다. 약간의 타협, 초연한 태도의 결핍, 죄악에 굴복하듯이 무력하게 행복에 굴복하는 것도 감수성을 죽이는 데 충분했다. 시를 쓰는 데에는 엄청난 양의 자유와 용기가 요구되며, 무엇보다도 세속적인 관계에 대한 전적인 무관심이 요구된다고 확신하고, 나는 고비노의 우화(『아시아 단편소설』에 실려 있다[32])에 대해 깊이 생각했다. 그 우화는 마법을 배우려는 어떤 초보자와 관계되는 우화로, 어느 유명한 마법사가 그에게 마법 최후의 비밀을 알려주려고 하는데 그 초보자의 아내가 (버림받았다고 여기고) 그를 따라와 불렀고, 뒤돌아보는 바람에 그는 비밀의 문턱에서 모든 것을 잃고 말았다.

그 결과, 내가 사랑을 생각하게 되었을 때 그것은 유혹이라는 형태로 나타났기 때문에, 나는 사랑을 일종의 실추 이외의 다른 형태로는 생각할 수 없었다. 내가 결혼한 것은 마치 반쯤은 배반하는 것처럼 또는 포기의 시작인 것 같은 그런 상황에 놓여 있을 때였다.

내 삶에 부여했던 새로운 방향 덕택에 나도 이제 그 일원이 된 이

집단에 속하는 한 처녀--아주 엄격하게 키워진--가 갑자기 내가 마음으로 은밀히 키우고 있던 에피날 인물의 현현 또는 반영처럼 보였다. 그 인물은 유년기의 밑바닥, 민요의 밑바닥까지 내려가야 찾을 수 있는 이미지로서, 그러한 사실이 그녀에게 부여하는 아득히 먼 전설적인 특성 때문에 그녀는 놀라운 매력을 지니고 있었다.

그녀에게서 느껴지는 부르주아 교육 때문에 거북해졌고, 갑자기 되살아난 모든 병적인 공포심 때문에 주눅이 든 데다, 내가 결혼한다면 그 결혼은 우정에 따른 것일 거라고 확신하고, 나는 그녀에게 믿을 수 없을 만큼 관례적으로 처신했다. 우선 그녀에게 공식적으로 청혼하고, 꽃다발과 시를 전하는 것 외의 다른 방식으로는 감히 연애할 수 없었다. 그러나 그녀 앞에 서면 바로 냉정해지고 말도 할 수 없었다. 상황이 이러니 그녀는 내 청혼을 거절했다.

나는 이 불운한 연애사건에 더 이상 관심을 기울이지 않았다. 결혼은 시인이라는 내 상태에 어울리지 않는다고 판단하고, 나는 내 실패를 자축하며 거의 자랑스럽게 생각했다. 그래서 글쓰기에만 신경 썼고 곧 현대 문학 운동에 완전히 헌신했다.[33)]

그때는 대부분의 밤을 몽마르트르에서 보내던 시기로, 나는 젤리스의 밑은 댄스홀을 선호했고, 다른 무엇보다 흑인들의 장소를 좋아했다. 나에게 새 친구들이 생겼고 그들과 함께 술을 마시고 철학을 논했다. 술, 담배, 음악과 대중은 영감을 불러일으키는데 가장 적절한 정신적 자극제를 이루고 있었다. 술에 취하는 일이 상당히 자주 있었고, 그 어느 때보다 술의 마법적 가치를 확신했으며, 더군다나

칵테일의 부드러운 쓴 맛, 샴페인의 눈과 같은 맛, 위스키의 날카로운 풍취를 항상 높이 평가했다. 여자들에 대해서 나는 순결했거나 거의 순결한 편이었다. 뾰족머리와 여대생과 어울려 파티에서 파티로 돌아다니던 시절처럼 나는 공허감 때문에 심한 고통을 받았지만, 상당히 멜랑콜릭한 재즈의 선율을 듣거나 새가 부리로 목을 쪼아댄 것 같은 흑인 여자의 노래를 듣자마자 이 권태는 말할 수 없는 감동의 근원이 되곤 했다.

오후는 대부분 극장에서 보냈다. 우리는 손쉬운 감성을 보여주는 미국 코미디나 폭력물을 특히 즐겼다. 그 영화들에서는 아주 착한 사람이 타락하기도 하고 실패한 사람이 가장 비참한 삶을 살다가 복권되고 이상적인 여자의 품에 안기기도 했다. 모험적인 사람들에게는 실추와 구원이 자기 밖으로 나가도록 자극하는 기본적인 도약이기 때문에, 그것들은 같은 것이었다.

내 순결한 삶이 의지의 결과라기보다는 치유할 수 없는 결함의 결과이며, 어쩌면 사랑할 수 있는 능력이 없다는 단순한 사실의 논리적 귀결점이라는 사실을 나는 잘 알고 있었다. 그래서 때로는 소심해서 실패했던 연애 생각에, 때로는 내가 부르주아식으로 연애하려고 했던 부르주아 처녀와 부르주아식으로 결혼할 것을 꿈꿨다는 생각에 나는 수치심에 짓눌렸다. 내 모든 약점에도 불구하고 내가 시인처럼 밤에 쏘다니고 꿈꾸고 자주 망상에 빠지는 삶을 살고 있으며, 세계와 시인 사이에는 공통분모가 있을 수 없기 때문에 나로서는 실패할 수밖에 없다는 확신 속에서만 나는 약간이나마 자부심을 회복할 수 있었다.

훨씬 구체적인 또 다른 이유가 이 무력감의 토대를 이루고 있었고 나로 하여금 여자들과의 모든 성관계를 거의 불가능하게 만들었다. 가벼운 장애--현재까지 아무리 각별히 신경을 써도 완전히 없애지 못했다--인데 고환 하나가 약간 불편했다. 그 불편함은 내가 유디트를 구현하는 다양한 인물들에 대해 말하면서 언급했던 동성애자 친구와 모호한 차원--열정과 신비주의와 서정성 사이의--에 걸쳐 예언적인 이야기를 나누며 며칠 동안 밤을 새우고 극도로 피곤함을 느낀 후에 생겼다.

만약 고전적인 신화의 여러 주제가--내가 그것들을 알게 되자마자--내 상상 속에서, 내가 나중에 오페라에서 끌어내고 오늘날 영화가 나에게 제공해주는 자양분에 비교할 수 있는 자양분이 되었다고 말한다면, 그 주제들이 유년기에 나에게 불러 일으켰던 느낌을 내가 과장하는 것이 될 것이다. 그렇지만 나에게 충격을 주었고 나중에 다시 다루게 된 주제가 두 개 있다. 이카로스의 추락과 태양의 마차를 몰면서 아버지의 조언을 무시하고 땅에 너무 가까이 갔기 때문에 주피터가 번개를 쳐 떨어뜨렸던 파에톤이 그것이다. 파에톤에 관한 이야기를 처음 읽었던 그림책에서, 포에부스는 루이 14세의 복장으로 나타났고, 내 기억이 맞다면 '태양왕'이라고 불렸다. 베르사이유 궁전을 환기시키고 파에톤과 그의 아버지를 프랑스 역사의 틀 안에 위치시키는 이 부차적인 사항 덕분에, 나로서는 이미 동조해야 할 매우 심각한 이유를 갖고 있었던 이 이야기가 내 기억에 각인되었다. 사실, 나는 이 신화를 여러 번 생각했고, 그것을 내 몽상의 질료로 자주 이용했다.

존재에 루시퍼적인[34] 변형을 겪도록 하는데 있어 확실히 나보다 훨씬 적합한 인물이자 동반자였던 그 친구를 알게 되던 시점에, 나는 내가 소명 이상의 것, 운명을 소유하고 있다고 상상했다.[35] 내가 처해있던 고양된 상태는 내 삶에 신화적인 무엇이 있다는 부인할 수 없는 증거로 보였다. 문학적인 재능이 보잘 것 없다는 사실을 잘 알고 있으면서도 나는 나를 일종의 예언자로 간주했고 시인의 운명에는 빠짐없이 내재되어 있는 것처럼 보이는 메시아니즘에서 커다란 자부심을 끌어냈다. 그 자부심은 약간은 이카로스의 날개 또는 파에톤의 말과 같은 것이었다.

우리가 공간 밖에 있고 모든 물질적 관계에서 해방되었다고 믿고 싶어서 (마치 우리가 절대 속에 있는 것처럼, 서로를 비춰보고 중요한 말들을 서로에게만 건네면서) 내 친구와 나는 가끔 완벽한 어둠에 잠겨 이야기를 나누었다. 우리의 대화는 아주 멀리까지 나아갔고 금기의 위반이나 신성모독으로 여겨질 수 있는 지점까지 고양되었다. 그래서 나는 징벌을 받는 것이 당연하다고 여겼다. 문제되고 있는 육체적 고통이 나타나자마자, 나는 그에게 "나는 내 육체에까지 벌을 받았다"라고 편지를 썼다

신화적 가치 때문에 그리고 시인이 저주받은 자(이카로스, 프로메테우스, 파에톤) 이외의 다른 존재가 된다는 것은 불가능하게 보였기 때문에, 간이 파먹힌 도둑이 된다는[36] 믿음은 확실히 여행의 열정과

더불어--왜냐하면 나는 언젠가는 '떠날' 것임을 확신하고 있었기 때문이다--내가 살아가는데 도움이 되었다. 그러나 머리를 다쳐서 얼굴이 변형되었다고 믿고 "어떻게 사랑할 수 있을까?"라고 생각했던 시절처럼, 성기의 결함 때문에 나는 굴욕감을 느꼈다. 그 굴욕감에서 지속적으로 불편한 감정이 생겨나 나를 무력감과 비겁함의 느낌 속으로 밀어 넣었다.

어느 날--1925년 7월 초 무렵--나는 주변 사람들이 일반적으로 용감한 행위로 간주하는 행동을 하기에 이르렀다. 문학 연회가 난장판으로 끝난 후에, 선동적인 말을 외치고 경찰과 대중에게 도전했다고 경찰들이 나를 거칠게 다루었고 심지어 린치를 당할 뻔 했다.[37] 사실을 말하면, 나는 미리 술을 두세 잔 마셔두었다. 그만큼 용기있는 자로 보이지 못할 것이 두려웠던 것이다. 구타당한 곳의 통증이 심해서 거의 일주일 동안 방을 지킬 수밖에 없었다. 우리 집단에서 나는 얼마동안 작은 영웅으로 통했다. 그리하여 속죄의 욕구도 만족되었고, 존경받는다는 느낌이 들면서 나 자신에 대해 안심하고자 하는 필요성도 채워졌다.

그럼에도 불구하고 내 침체 상태는 악화되고 있었다. 나는 어휘집의 단어들을 헤세아려 그것들을 시적인 말장난으로 재구성했다. 시적인 말장난은 단어의 가장 깊은 의미를 드러내는 것처럼 보였다.[38] 매일 밤 꿈을 꾸고 그 꿈을 기록했으며, 어떤 꿈은 형이상학적인 중요성을 감추고 있는 계시로 여겨져서 그 의미를 더 잘 해독하기 위해 꿈들을 서로 연결시켜 일종의 작은 소설을 끌어냈다.[39] 그러면서 나는 거의 매일 밤 비명을 지르며 깨어났다. 말과 호흡이 분리될 수 없을 정도로 연결되어 있는 터라 언어에 대한 내 탐색 때문에 말할 수 없는 상태가 되는 꿈을 꿨으며, 질식하지 않도록--말하자면 나를 치유하려고--사람들이 나에게 강력한 독약을 먹여서 내가 끔찍한 고통을 겪으며 죽게 되는 꿈을 꾸기도 했다. 때로는 지구가 우주에 따로 떨어져 있다고 상상했는데, 지구는 공 모양의 죽은 모습이 아니라 우둘투둘한 외면을 감지할 수 있을 정도로 생생하게 살아있었다. 때로는 메달에 그려진 얼굴 윤곽(수염을 제외하면 진짜로 홀로페르네스의 머리같은)처럼, 투구를 쓴 로마인의 옆모습이 꿈에 나타나기도 했는데, 그것은 내 잠의 이미지 자체인 동시에 머리 잘린 모습 때문에 죽음의 상징으로 보이기도 했다.

우리 그룹에 새로 나타난 이상한 사람--모험가이면서 공상에 사로잡힌 환속한 신학생[40]--과 사귀면서 내 균형이 깨지고 말았다. 일종의 의지적 광기에 녹아들기를 오랫동안 원했지만 (제라르 드 네르발의 광기가 그런 것처럼[41]) 나는 갑자기 진짜로 미칠까봐 심각한 두려움에 사로잡혔다. 광기는 착란이라고 하는 비인간적인 소원에 대한 징벌이자 강제로 신비를 파고들려는 시도--이시스의 베일을 벗김으로써[42]--에 대한 징벌이었다.

전직前職 신학생이었던 그 사람과 산책하던 대로에서, 어느 날, 우리 뒤를 따라 오던 어떤 사람을 가리키더니 그는 내게 이 행인이 손가락으로 자신을 가리키며 '마법사' 취급을 했다고 말했다. 그날 밤 나는 갑작스러운 불안에 휩싸였다. 그 불안이 얼마나 심했던지 나는 어머니에게 옆에서 자게 해 달라고 부탁해야 했다. 그만큼 나는 혼란에 빠져 있었다.

바로 그 다음날, 일 년 반 전에 내가 그토록 어리석게 치근거렸던 처녀와 남부지방으로 여행을 가야 했다. 그녀의 가족과 좋은 친분 관계를 유지하고 있어서 그 가족의 차로 함께 내려가자는 초대를 받았던 것이다. 이 자동차 여행은 감미로운 기분전환이 되었다. 나는 긴장이 풀렸고, 그녀와 많은 이야기를 나누었다. 지중해 해안에 도착하자마자 우리는 약혼했다.

일이 얼마나 단순하게 진행되었던지 또 다시 나는 획득했다는 느낌보다는 오히려 사건의 장난감이 된 듯한 느낌을 받았다. 눈 주위에는 여전히 얻어맞은 흔적이 남아 있었다. 그 흔적은 겁쟁이가 구원을 받았다는 표시이고 겁쟁이에게 사랑받을 권리를 부여했지만, 그것은 또한--너무나 산문적으로--얌전해지고 있는 '못된 소년'의 마지막 흔적이었다. 해변에서나 돌아오는 길에 우리가 매우 자유분방하게 지냈음에도 불구하고, 나는 어리석게도 그 자유를 이용하려고 시도조차 하지 않았고, 법적으로 결혼하기 전까지 내 약혼녀와 성행위를 하지 않았다. 그 사실 때문에 나는 극도로 바보가 된 듯한 느낌이 들었다

이 모든 일이 진행되는 동안 고독에 대한 나의 갑작스러운 공포가 어떤 역할을 했는지를 잘 알기 때문에, 나는 은밀히, 암암리에 격렬하게, 프로메테우스의 받침대를 포기하고 가장 부르주아적인 결혼을 통해 규범 속으로 들어간다고 스스로 자책했다. 또 앞서 말한 육

체적 제약 때문에 성적 능력이 보잘것없지 않을까 걱정하고 있었다. 24살밖에 안되었는데 나는 이미 노쇠의 전조를 보이는 것 같았다. 성관계를 맺을 때마다 충분히 잘 하지 못하리라는 생각에 사로잡히게 된 것이다. 결과적으로 내 모든 행동은 나와 여생을 함께 할 여자에 대한 비열한 속임수에 불과한 것처럼 보였다. 그래서 후회는 늘어만 갔고, 당연히 그렇듯이, 그 후회는 완전히 적대감으로 변하기 직전이었다.

1926년 2월 2일 우리는 아무도 초대하지 않고 시청에서 결혼했다. 그 결혼으로 몇몇 가족과의 관계가 틀어졌지만 그것으로 내가 영향 받은 것은 별로 없다. 그러나 내 생각에, 결혼에 내재되어 있는 실추의 개념은 지속적으로 나를 사로잡고 있어서, 지금까지도, 욕망했던 것의 초상이자 함께 살고 있는 여자가--그녀가 아무리 사랑 받을만한 가치가 있다고 하더라도--목표를 너무 높게 잡지 않고 만족한 것에 대한 일상적인 비난이 아닐까 하고 스스로 물어볼 때가 있다.

따라서 이 사건 이후, 나 자신이 옴팔레의[43] 물레 옆에 있는 헤라클레스, 달리라에 의해 머리카락이 잘린 삼손처럼 느껴진다. 말하자면 나는 낭만적인 유디트의 더럽혀진 옷 옆에서, 피와 시큼해진 술 속에 수치스럽게 잠겨있는 홀로페르네스의 머리조차 되지 못한 존재로 느껴지는 것이다.

메두사 호의 뗏목

메두사 호의 뗏목,[1] 제리코의 걸작 (1819년 살롱), 루브르 박물관 소장.--
화가는 해방 직전의 순간을 선택했다. 파도에 흔들리는 뗏목에 임시 돛대가 어설프게 연결되어 있고 그 아래에 마지막 생존자들이 빽빽이 모여 있다. 난파 경위를 출판하게 될 코레아르가 팔을 뻗어, 돛대에 등을 대고 서있는 외과의사 사비니와 선원들에게 수평선에 나타난 작은 범선을 가리킨다. 흑인 한 명이 술통 위에 서서 천조각을 흔든다. 한 노인은 무릎 위에 죽은 아들을 안고 있다.

이 작품은 탁월한 구성과 사실주의적인 표현양식, 그림의 크기, 화려한 색채가 남다르지만 처음 나왔을 때 이해받지 못했다. 화가는 그림을 팔지 못했고 영국으로 가져가려고 결심 했다.

이 재난은 Ch. 데누와이에와 덴리에게 영감을 주어 5막 6장의 극으로 완성되었고(1839년, 앙비귀-코믹 극장), 필라스트르와 캉봉의 무대장치와 풍부한 연출로 대성공을 거두었다.

(『도판 누보 라루스 사전』)

여름 이전으로 거슬러 올라가는 미상한 일들(안설같이 실패한 사랑의 시도들, 추문이 될 정도의 주정, 전에 좋아했었던 한 여자에게 내 손을 깨물게 해서 거의 피가 났던 일, 밤새도록 술을 마신 후에 미국 출신의 작은 흑인 무희와 내가 원하던 바를 이루지 못하자 새벽 5시에 한 친구 집에 가서, 게다가 그럴 의도도 별로 없으면서, 면도칼을 달라고 하기--그 친구는 전기면도기밖에 없다고 대답하고 그 요구에서 빠져나갔다) 때문에 좌절감을 겪고 나서, 나는 이 모든 것에 부분적으로 병적인 섯이 있음을 깨닫고 1929년 11월, 정신분석치료를 받기로 결심했다.

나는 나 자신이 성적으로 변태라고 생각하지 않는다. 그러나 아무 것도 할 수 없는 상태에 이르렀고, 무엇보다 기고하던 잡지에 마감시간까지 글을 보낼 수 없어서 많은 불안감에 시달렸다. 또 더 중요한 영역에서 내가 비극배우가 아니라 광대로 맴돌고 있음을 알게 되었다. 나는 무엇보다도 끔찍한 무력감--지적으로 또 성적으로--에서 벗어나고 싶었는데, 아직도 여전히 그 무력감 때문에 고통받고 있다.

이 이야기의 일부를 이루는 바람피운 이야기도 비록 그것들이 가장 보잘것없어도, 솔직히 말해서, 나에게는 **비열한** 무엇으로 여겨지지 않는다. 그것들은 단지 실패, 다시 말해 결국은 우스꽝스럽고 서투른 해방의 시도인 것이다. 그 시도에서 내가 기대하던 극도의 쾌락, 시인의 뇌리를 통해 드러나는 분수와도 같은, 또는 투우사가 적을 쓰러뜨리는 천둥치는 듯한 칼질처럼 순수하고 일직선적인 쾌락은커녕, 나는 아무 즐거움도 끌어내지 못하거나 아주 제한된 즐거움만 끌어냈다.

일반적으로 사디즘과 마조히즘 등은 나에게는 '악행'이 아니라 단지 더 강한 현실에 이르기 위한 수단일 뿐이다. 사랑에서는 언제나 모든 것이 너무 쓸데없고, 너무 진부하고, 너무 중요성이 결여되어 있어서, 사랑이라는 놀이가 진짜로 해볼만한 가치가 있으려면 사회적인 불명예, 피 또는 죽음의 징벌이 필요할 것이다. 이처럼 사랑의 실천에는 육체적인 고통이 작동하고 또 그 고통이 사랑에 어느 정도 중요성을 부여하지만, 그 실천이 여전히 인위적이라는 것, 실천한다고 해도 나로서는 루크레티아처럼 자살까지 밀고 나가지 못하고 또 유디트처럼 목을 잘라 죽이지도 못하리라는 것을 알게 되는 순간, 그런 실천은 나에게 혐오감만 줄 뿐이다.

정신분석을 통해서 나는 징벌이라고 하는 비현실적인 두려움에서 해방되고자 했다. 어리석게도 기독교 도덕에 지배되고--그 지배에서 완전히 벗어났다고 자신할 수 있는 사람은 없다--죄인들을 만들어내고는 죽이고, 과잉생산이나 실업 같은 문제들은 파괴나 전쟁으로 해결하려고 하는 문명 특유의 비논리적이고 비인간적인 인습에 얽매여 있는 까닭에, 비현실적인 두려움이 강화되었던 것이다.

정신분석치료를 처음에는 일년간 받았는데 이에 대해서는 다양한 평가를 할 수 있다. 적어도 치료 초기에는 상처를 칼로 후비는 것 같았다. 술에 취한 상태에서 어느 날 저녁, 알코올중독으로 반쯤은 미쳤고 나이도 상당히 많은 영국 여자와 동침했다. 그녀와 성관계를 맺으면서 나는 그녀의 진주 목걸이를 훔치거나 깨뜨리고 싶은 미친 듯한 욕구에 사로잡혔는데, 그것은 난시 거진 기둥서방 노릇을 하고 싶었기 때문이다. 두 번의 성관계 사이에, 우리는 각자 이빨 빠진 잔에 위스키를 가득 따라 마셨다. 그녀를 사랑하지 않는 것은 분명하지만 나는 오랜 시간이 흐른 뒤에도 여전히 그녀에게 최면에 걸린 듯 매혹되어 있었다. 또 한 번은 창녀촌에서, 내가 창녀에게서 기대할 수 있는 단 하나의 진정한 반응은 그녀가 갖고 있을 수밖에 없는 나에 대한 증오를 표현하는 것이라고 생각하고 창녀와 여자 포주에게 눈에 멍이 들도록 세게 따귀를 때려달라고 했다. 두 여자는 장난으로 생각했다가 내가 이죽거리는 것을 보고, "아직도 더 필요해, 미친놈아?"라고 말하며 진짜로 나를 때렸다.

내가 존경하던 어떤 부부(아내는 놀라울 정도로 상냥한 태도 때문에, 남편은 여행자의 완성된 유형처럼 보였기 때문에)의[2] 집에서 어느 날 얼마 전에 아이를 잃고 상을 치르고 있는 지방 출신의 자그마한 금발 여자를 만났다. 나는 즉시 그녀를 데리고 나가겠다고 결심했다. 사실 그럴 욕망은 조금도 없었다. 그녀에게 매료되었던 이유는 단지 그녀가 상중이었고 그녀가 나에게 지방의 권태에 대해, 개처럼 울부짖어서 브르타뉴 지방에서는 '짖는 개들'이라고 불리는 미친 여자들에 대해, '공공의 질서'를 어지럽히기 때문에 해서는 안될 간통에 대해, 적도 지방의 매력에--자신은 그에 대해 매력을 느끼지만 거미가 두려워 참고 있다고 했다--대해, 자신이 살고 있는 항구에서 선주들이 '불쌍한 선원들'에게 심하게 구는 것에 대해 말했기 때문이다. 그녀와 함께 보낸 시간은 몇 시간밖에 안되었고, 택시에서 그녀 입술에 키스하고는 그녀가 가기로 되어 있던 옷감 가게 앞에, 얼빠진 듯한 그녀를 내버려두고 와버렸다. 그후로 다시는 그녀를 보지 못했다. 편지를 써서 그녀에게 만날 것을 제안했지만 답이 없었다. 며칠 후, 술에 취해 길을 돌아다니면서 여러 집에 들어가, 심지어는 5층까지 올라가 사창가의 주인들에게 지금은 이름도 기억나지 않는 그 여자가 이곳에 살고 있지 않느냐고 물어보았다.

　이 연옥에서 빠져나올 즈음, 의사의 조언도 있었고 나 또한 험한 체험이 좀 부족하다는 생각이 들어서, 긴 여행을 떠날 기회가 주어지자 민속 탐험단의 일원으로 거의 이 년 동안 아프리카로 떠났다.[3] 나는 여러 달 동안 성관계를 맺지 않고 감정적인 이유기를 거친 후에 공다르에 머물면서 이디오피아 여자를 사랑하게 되었다.[4] 그녀는 육체적으로나 정신적으로 루크레티아와 유디트라고 하는 내 이중의 이상에 일치하는 여자였다. 얼굴은 매우 아름다웠지만 가슴은 거의 없다시피 하고, 아주 더러운 흰색 토가를 어색하게 입고, 쉰 우유 냄새를 풍겼으며 젊은 흑인 여자 노예를 한 명 소유하고 있었다. 그녀는 밀랍 인형 같았고 푸르스름한 문신이 목을 둘러싸고 있어서 머리가 높아 보였다. 보이지 않는 칼라를 한 것 같기도 하고 아주 오래된 고문용 쇠사슬이 피부에 자수와 같은 흔적을 남긴 것 같기도 했다. 그녀는 내가 어렸을 때 한 번도 보지 못한 오페라의 유령, 목 잘린 마르그리트의--살아있는--새로운 이미지가 아니었을까? 매독을 앓고 있어서 그녀는 여러 번 유산을 했다. 그녀의 첫 번째 남편은 미쳤고, 가장 최근의 남편은 두 번에 걸쳐 그녀를 죽이려고 했다. 자기 종족의 여자들이 예이없이 디 그렇듯이 글리토리스를 절제해서, 적어도 유럽인들의 관점에서 보면, 그녀는 불감증이었다. 여러 신들이 깃들어 있는 일종의 마녀의 딸로, 그녀가 이 신들을 물려받을 것이라는 것은 익히 알려진 사실이었고 몇몇 신들은 벌써 그녀를 병들게 해서 그 신들이 필연적으로 살게 될 먹잇감으로 그녀를 찍어둔 상태였다.

그녀가 신들 중 하나를 위해 흰 염소를 죽이고, 환각 상태에서--완전히 신이 깃든 상태에서--신음소리를 내며, 잘린 목에서 흘러나오는 희생물의 뜨거운 피를 작은 도자기 잔에 받아 마시는 것을 본 적이 있었다. 그녀와 잠자리를 함께 하진 않았지만, 이 희생제의가 일어났을 때 그 어떤 육체관계보다 더 내밀한 관계가 그녀와 나 사이에 맺어진 것 같았다. 공다르를 떠나, 지부티의 사창가에서 소말리아 여자들과 우연히 관계를 맺었다. 그러나 우스꽝스럽거나 불행한 이 사랑에서 나는 천국의 느낌을 간직하고 있다.

1933년, 나는 적어도 하나의 신화, 도피 수단으로서의 여행이라는 신화를 죽이고 돌아왔다. 이후 정신분석치료는 두 번밖에 받지 않았고 그 중 한 번은 기간이 아주 짧았다. 이 치료를 통해 특히 잘 알게 된 사실은, 얼핏 보면 가장 잡다한 것들 속에서도 사람들은 항상 자기 자신과 동일한 상태로 남아 있으며, 삶에는 통일성이 있고, 무엇을 하든 모든 것은 사물들의 작은 성좌에 이르게 되고, 사람들은 그것을 다양한 형태로 무한 반복하여 다시 만들어내는 경향이 있다는 것이다. 나는 낫고 있는 것 같았다. 더 이상 '비극적인 것' 그리고 아무 것도 할 수 없다는 생각에 그처럼 지속적으로 사로잡히지 않았고, 그것을 부끄러워하지도 않았다. 나는 내 행위와 취향을 그 가치 그대로 정확히 판단하게 되었고 갑작스럽고 이상한 짓은 더 이상 거의 하지 않았다. 그러나 모든 것은 정확하게, 내가 살던 거짓된 건축물은 토대부터 무너졌지만 그것을 대체할 수 있는 그 어떤 것도 나에게 주어지지 않은 것처럼 전개되었다. 그 결과 내가 한층 더 명석하게 행동하는 것은 분명하지만, 나를 둘러싼 공허함은 더욱 강화되었다. 전에는 짐작조차 못했던 슬픔을 맛보며, 나를 구하기 위해서는 단지 어떤 열정만 있으면 되지만 이 세계에는 확실히 **내가 그것을 위해 생명을 바칠 수 있는 그 무엇**이 결핍되어 있다는 것을 깨달았다.[5]

나는 항상 구체적인 사건들에 미치지 못하거나 그것들을 넘어서 있다. 그래서 나는 고통과 두려움으로 나를 지배하고 삼키는 실제 대상으로서의 세상(유디트처럼)과 내 손바닥 사이에서 녹아버리고 결코 소유하지 못하고 파괴하는 순수 환상으로서의 세상(단도에 찔린 루크레티아처럼) 사이에서 선택해야 하는 죄수와도 같다. 나에게 있어 문제는 무엇보다, 황소 앞에 투우사가 서 있듯이, 세계와 내가--대상과 주체가--서로 마주보며 대등하게 서 있을 수 있는 어떤 방법을 발견함으로써, 이 딜레마에서 벗어나는 것이 아닐까?

정신분석으로 배운 사실들을 적용해보고, 아폴리네르의 시구 때문에 아버지와 다퉜던 일화를 몇 년 후에 꿨던 어떤 꿈, (꿈에서) 나와 모호한 관계로 연결되어 있던 이상적인 아버지가 내가 해방에 상응하는 어떤 행위--말하자면 오이디푸스가 이오카스테와 결혼하기 전에 라이오스를 죽인 것처럼, 아버지를 대신하고 성숙함을 얻기 위해 상징적으로 아버지를 살해하는 행위--를 했다고 나를 죽이는 꿈과 비교해보면서, 나는 두려운 동시에 욕망을 불러일으키는 징벌의 이미지인 유디트라는 인물이 나에게 의미하는 것, 즉 거세가 무엇인지를 좀 더 이해하게 되었다.

인성이 형성되던 시기에 가톨릭 교육에서 받았던 것--기본적으로

금단의 열매라는 개념과 더 나아가 **원죄**의 개념(지적으로는 이런 유형의 편견과는 관계를 다 끊었다고 아무리 확신하고 있어도, 그런 원죄의 개념에 여전히 사로잡혀 있음을 나는 매우 잘 알고 있다)--이 나에게 끼쳤던 우울한 영향에 대해 생각해보면서, '고백'이 내 정신에 거역할 수 없는 매혹--고백이 담고 있는 스캔들적이고 노출증적인 것과 더불어 모욕적인 측면에서--을 행사하고 있음을 이해하는 동시에, 내가 영원히 징벌에 쫓기는 일종의 '저주받은 자'처럼 행동하는 게 어떤 죄책감(자위를 하고 근친상간의 욕망을 품으면 어떤 결과가 올지 생각하는 유아적 표상에 근거한 **감춰진** 죄책감이 아니라 일종의 실제적인 죄책감) 때문인지를 아주 분명히 이해할 수 있었다. 그 징벌 때문에 고통을 받으면서도, 이 저주를 극한까지 밀고 나가는 것 외에는 아무것도 욕망하지 않는 저주받은 자의 태도에서 나는 오랫동안 준엄하지만 날카로운 즐거움을 끌어냈다. 그 이유는 에로티즘이 나에게는 고통과 치욕, 더 나아가서는 공포의 기호 아래 놓여 있기 때문이다. 고통과 치욕, 공포, 이것들이 아마 나를 흥분시키는 가장 격렬한 요소들인데, 왜냐하면 그것들이 갖고 있는 고통스러운 그 무엇만이 나로 하여금 내가 십일조를 낸 것으로 여기도록 해주며, 내 빚을 청산함으로써 원죄라고 하는 어리석은 강박관념을 없애주고 나에게 자유롭게 즐길 수 있는 권리를 부여하기 때문이다.

점전히, 서의 단조로운 평온함이 이 아천후를 대신했다. 그러나 몇 달전부터 나는 전처럼 불타오르는 것은 아니지만 더 비루하고 마찬가지로 견딜 수 없을 것 같은 새로운 지옥에 들어서고 있음을 확인하고 있다. 어쨌든 이 '해방'의 꿈의 내용은 다음과 같다.

1925년 5월 8일.-- 나는 친구인 화가 A. M.(현실에서는 어느 정도 내 정신적 스승이었다)과 아프리카의 프랑스 죄수 부대에 함께 있다.[6] 나보다 더 오래 근무를 해서, A. M.은 나에 대한 모든 권리가 있다. 나는 모든 가치와 도덕을 부정하는 니힐리스트적인 이데올로기--내 친구들의 이데올로기보다 더 부정적인 이데올로기--를 채택함으로써 스스로 법의 보호를 박탈당한 사람이 되었기 때문에 그 어떤 배려도 요구할 권리가 없고 단지 친구들을 위한 **쾌락의 대상**(실제로는 '고통을 겪는 자')일 뿐이다. 자갈을 깨는 사역을 하고 있을 때 A. M.이 장난삼아 나에게 돌을 던지더니 갈수록 더 큰 돌을 던졌다. 나는 돌들을 피하려고 애쓰다가 반격을 했고 다비드와 골리앗의 싸움이 시작되었다. 그러나 다비드보다 운이 없어서 나는 머리에 큰 돌을 맞아 부상을 당하고 쓰러져 죽고 말았다. 내 정신적 스승인 A. M.이 나를 암살한 것이다.

이날 밤 나는 비명을 지르며 깨어났다. 오늘까지도 궁금한 사실이지만, 이 비명이 최악의 불안을 표현한 것일까 아니면 섬광 같은 쾌락을 표현한 것일까?

*

일 년 반쯤 전에, 외국 출신의 한 여자[7]--나중에 알고 보니 그녀는 나를 우롱하고 있었다--와 사랑과 우정이 섞인 관계에 빠지면서 일련의 꿈들을 꿨는데, 이 꿈들이 내 강박관념을 상당수 집약적으로 담고 있는 것 같다. 처음에는 그 여자를 애교있고 예의 바른 소녀로 생각하고 있었는데, 어느 날 갑자기 아이가 한 명 있다는 것을 알게 되었다. 그 사실로 나는 깜짝 놀랐고, 그녀의 연약한 신체 구조로 보아 그것은 끔찍한 짓 같이 여겨졌다. 여기에서 밝힐 필요가 없는 이유들 때문에 내 아내는 당시 몸이 아파 침대를 지키고 있어야 했는데, 아내가 불쌍하게 여겨지기는커녕 더욱더 나를 억압할 뿐이었다. 적어도 간접적으로나마 이 사건들이 변형되어 나타난 여러 꿈들 중에서 루크레티아와 유디트가 마지막으로 나온 아래의 꿈 두 개를 따로 떼어놓고자 한다.

여자 - 터번

식민지처럼 보이는 한 국가에서 나는 어떤 음모에 가담하여 한 친구와 함께 밀수를 한다(그 친구는 현실에서는 내가 속했었던 한 정치 서클 모임에서 만났던 남자다[8]). 두 가지 길이 있다. 하나는 두 단계로 되어 있는데 오래 걸리고 다른 하나는 한 단계로 되어 있는데 짧지만 더 피곤하다. 우리는 아주 험준하고 좁고 먼지가 많이 나는 움푹 파인 길을 걷고 있다. 지나가면서 보니 길 위 여기저기에, 가면, 원시 조각품, 다른 진기한 물건들이 떨어져 있는데 그것들을 주우려고 하지는 않는다. 우리는 더러운 식민지 도시에 도착한다. 후덥지근하고 습기 찬 열대지방이고 태양이 붉게 빛나고 안개가 끼어있다. 국방색 옷을 입은 사람들이 수염도 깎지 않고 더러운 차림으로 돌아다닌

다. 아내와 아이들과 함께 산책하는 뚱뚱한 남자가 특히 혐오스럽다. 음모가들과 밀수꾼들이 만나는 어떤 카페 장면이 지난 후에, 나는 내 미국식 책상 앞에 앉아 있다(내가 실제로 소유하고 있고 지금 이 순간 글을 쓰고 있는 가구다). 나는 커다란 종이에 쉼표 같기도 하고 아랍 문자 같기도 한 무엇을 끈기있게 그렸다. 그것은 몇 달 또는 몇 년이 걸린 섬세한 작업이다. 이 종이가 일종의 천이고 그 위쪽에 그려져 있는(아마도 우연히 기호들을 모으다보니) 입이 사실은 여자 얼굴이라는 것을 알게 된다. 그때 나는 그 천을 이마에 터번처럼 두르고 상체를 드러낸 채, 내 책상 앞에 황홀경에 사로잡혀 굳은 듯 앉아 있다. 일종의 고행자 같다(또는 지금 생각해보면 자기 아내들을 살해하고 칼로 자살했던 영주와 유사하다). 아주 길고 흰 나이트가운을 입은 아내가 유령처럼 내 옆에 서 있다. 내가 터번을 쓰는 것을 보고 그녀는 말로 표현할 수 없는 슬픈 목소리로 (마치 내가 오래 전부터 하던 행위의 의미를, 내가 하나씩 모으던 기호들의 결과를 마침내 알아낸 것처럼) "아! 그러니까 그게 그거였군요..."라고 중얼거린다. 여전히 황홀경에 사로잡혀, 이제 남은 것은 죽는 일밖에 없다고 나는 생각한다. 항상 권총을 넣어두었던--꿈에서도 그렇고 당시 현실에서도 그랬다--책상 오른쪽 서랍 쪽으로 손을 뻗는다. 그러나 권총을 잡으려는 행동 때문에 곧 황홀경이 끝나고 깨어난다.

   터번을 쓴 여자가 그 전날 내가 실제로 터번 감는 것을 도와주었던 내 여자 친구라는 것을 이튿날 깨달았다. 기호로 채워져 있고 입이 그려져서 생명이 불어넣어진 천조각의 이미지가 어디에서 비롯되었느지는 조금 더 시간이 지난 후에 알게 되었다. 그것은 (아내와 내가 어머니와 함께 살던 아파트에 있는) 내 침실의 블라인드에서 나온 이미지였는데, 블라인드의 많은 살들 중 위쪽에 있는 하나가 틈이 벌어져 아침마다 반쯤 열려 있고 가끔 키스하는 입과 비슷해 보였던 것이다.

피 흘리는 배꼽

결혼식이나 공식 의례 같은 것이 진행된 공공장소에서 오른팔로 동일한 여자 친구의 어깨를 두르고 나온다. 큰형(내가 좋아하지 않는)이 우리 옆에서 걸으며 나로서는 조금도 흥미가 없는 것들에 대해 말하고 있다. 그는 내 여자 친구가 그곳에 없는 것처럼-의도적이든 아니든-나에게만 말을 건넨다. 나는 그녀의 존재만을 느낀다. 우리 둘은 다른 사람들과 떨어져 있다. 우리에게는 마치 외부가 존재하지 않는 것 같고 외부 사람들에게는 우리가 존재하지 않는 것 같다. 아마 이런 이유 때문에 큰형이 그녀를 보지 못한 것 같다. 내 여자 친구는 우리가 떨어져 있다는 것과 다른 커플에 비해 특이하다고 말한다.

그녀와 나는 이제 지하철 역 입구, 둥글게 잘라낸 주철로 된 난간 옆에서 서로 마주본 채 싸우고 있다. 싸운 것 때문에 괴로워서 우리는 화해를 하지만 이 고통을 없애기에는 말로는 충분치 않다. 그래서 치음으로 우리는 아주 부드럽게 키스를 한다. 우리 중 한명이 또는 둘 다 마치 예언하듯이 말한다. "언젠가 서로 싸우고 화해할 것이다..." 키스는 아주 감미롭다.

배경이 바뀐다. 침실에는 그녀와 나 둘만 있는데, 그 침실은 어떤 작은 아파트에 딸린 것 같다. 이 방의 장식은 쓸쓸하다. 벽지는 낡고 평범하다. 엄격하고 가난한 학자의 작업실 같다. 내 여자 친구는 비 오는 날 신는 장화만 신은 채, 긴 의자에 나체로 누워있다. 나는 그녀의 가슴을 애무한다. 그녀의 배를 보니 긴장되고 부풀어오른 것 같다. 그녀의 배꼽에서 작은 피 자국을 발견한다. 마치 그녀의 비밀, 그녀의 감춰진 상처가 나에게 드러난 것 같아 나는 가슴을 찢는 듯한 연민과 커다란 동정심을 느낀다. 탈지면으로 아주 부드럽게 피를 닦아낸다. 그리고—사실인 것처럼--머리를 그녀의 넓적다리 사이에 파묻는다.

꿈은 일상적이고 평범한 분위기에서 계속된다. 마지막은 사회주의자 기업가가 회사 노동자들에게 나눠준 일종의 뻬라의 이미지이다. 종이 아래에는 단추달린 장화 한 켤레가 그려져 있는데, 옛날 구두 수선공의 간판에서 볼 수 있는 스타일을 환기시킨다.

같은 날 밤, 이 꿈에 뒤이은 꿈에서 나는 여자 친구를 그녀의 집으로 배웅하고 있었다. 우리는 그녀의 언니--약간 뚱뚱하고 저속한 처녀로 전에 내가 유혹했었던 것 같다--와 아마도 내 친구 한 명이 같이 있다. 우리는 둘씩 쌍을 지어, 제법 떨어져서 걷는다. 우리가 도착하기 얼마 전에 (새 길, 집들은 사치스럽고, 거리는 전기불로 밝혀져 있다), 내 여자 친구가 나에게 대충 다음과 같이 말한다. "나는 당신을 상당히 사랑해요(그녀는 충만한 의미에서 나를 사랑하지만, 약간만 사랑한다는 것을 의미하면서). 하지만 솔직히 말해, 당신이 옷 입는 방식은 좋아하지 않아요." 나는 깜짝 놀란다. 나는 내가 쓰고 있는 모자(많은 남자들이 모자를 쓰지 않는다)와 내가 전에 썼던 중산모자, 몸에 꼭 맞는 외투, 내 장갑, 나의 부자연스런 면모, 그것이 표상하는 모든 것, 나의 거북스러운 모습 등등을 생각한다. 나는 내가 변할 수 없다는 것과 내가 변하고자 한다면 그것은 비난받을 만한 일이라는 것을 알고 있다.

나는 여자 친구에게 옷으로 내 주위에 벽을 만드는 것이 얼마나 필요한 일인지를 설명한다.

....

1930년 12월 - 1935년 11월

지은이 주석
옮긴이 주석
미셸 레리스 연보

지은이 주석

27쪽 : 서른네 살, 이제 막 인생의 ... 지났다.

이 페이지가 다시 출판될 때 나는 45살이 될 것이다. 시간이 지난 것을 감안하면 당연히 새로운 책을 써야하지만, 급한 대로 꼭 필요한 것에 한정하여 이 주석들을 제시하고자 한다.

56쪽 : ... 고문을 견뎌낼 수 있을지 ...

육체적인 고통에 저항하는 문제-여전히 나를 사로잡고 있지만 단지 이론에 불과했던 문제-는 독일의 점령에 따른 경찰 정치 기간 동안 막중한 현실감을 얻게 되었다. 고문받는 상황에 처해져서 고문관들의 수중에 놓이면 나는 말하지 않고는 결코 버티지 못할 것이라는 확신을 양심에 드리운 그림자처럼 갖고 있다.

57쪽 : ... 3막에 이르면 ...

사실은 3막이 아니라 4막이다. 3막은 군인들이 돌아오는 막인데, 다음과 같은 유명한 노래가 있다.

우리 조국의 영원한 영광이여
우리 모두 충실하게, 그들처럼 죽자...

파우스트가 마르그리트의 오빠와 결투할 때 메피스토펠레스가 (운동신경이 별로 발달하지 못한) 파우스트를 도와 은밀하게 일격을 가함으로써 마르그리트의 오빠가 죽임을 당하는 것이 이 장이다.

76쪽 : ... 몰리에르는 ... 그의 모든 작품을 싫어하지만...
1941년 1월(독일 점령기 내내 그랬듯이, 사실 사람들이 기꺼이 프랑스 고전에 관심을 보이던 시기), 『수전노』 공연을 보고 나는 아주 커다란 즐거움을 느껴서, 이미 『타르튀프』를 보았을 때 제법 흔들렸던, 몰리에르에 대한 내 판단을 수정하기에 이르렀다. 몰리에르의 작품을 관람할 때 충격적이었던 것은-연극에서 아주 드문 것인데-'들리는 언어'라는 사실이었다. 언어가 살아있고 구체적이어서, 단어 하나하나가 각광을 넘어오고 행위는 회초리로 때리는 것처럼 무대 위에서 폭발한다.

81쪽 : ... 이 순간 관중의 태도가 ... 종교적인 태도라는 ...
'현명한 원숭이'라고 불리는 투우장의 하인들이 다루는 채찍 소리에 자극된 노새나 말이 죽은 황소를 끌고 퇴장하는 장면은 오늘날 나에게는 종교적이라기보다는 사육제적인 면모로 보인다. 패러디의 의미를 다소 간직하고 있는 사육제는 그 기원상 진정 종교적인 축제이다.

83쪽 : ... 보기 좋게 데스카벨로 ...
당시 나는 데스카벨로가 최후의 일격에 불과하다는 것을 모르고 있었다. 오늘날 나는 '보기 좋게'라고는 더 이상 말하지 않을 것이다. 몇 줄 아래에서 문제되고 있는 세비야의 젊은이에 대해서, 만약 내가 그를 다시 볼 수 있다면, 그가 웬만하게 죽었다라고 쓴 것에 대해 후회할 것 같다.

117쪽 : ... 핏빛이 된 손목 ...
이 상처로 내가 형상화했던 것은 막 벌어진 무화과와 비슷한 어떤 것이다. 또는 막 벌어진 무화과를 볼 때 지금 내가 생각하는 것이 이 상처다.

193쪽 : ... 그녀의 방탕한 생활 때문에 배신당하고 망신당할 것이 두려워 ...
그리고 또한--여기에 훨씬 중요한 또 다른 고백을 덧붙여야 한다- -사회적인 관점에서 나는 그녀에 대해 어떤 경멸감을 갖고 있었던 것이다. 나는 그녀를 '부랑아'라고 생각해서 (실제로도 그랬다) 내가 드나들던 그 어떤 곳에도 그녀와 함께라면 감히 모습을 드러내지 못했을 것이다. 그런 이유 때문에 나는 비겁하게도 그녀보다 더 방탕하지만 더 화려한, 나를 조금도 주목하지 않는 창녀들을 사귀는 것을 더 좋아했던 것이다.

227쪽 : ... 나는 ... 좀 더 이해하게 되었다...
지금이라면 나는 그것을 표현하기 위해 더 이상 정신분석적인, 거세라는 용어를 사용하지는 않을 것이다. 더운 동시에 욕망을 불러일으키는 징벌 대신, 나는 나를 참여시키고 책임지는 것에 대한 두려움-거기에서, 반대되는 욕구로 균형 잡힌, 남성적으로 의연한 태도를 보이는 것을 두려워하며 피하는 나의 성향이 생겨났다-을 환기할 것이다. 그것이 내가 삶(죽기를 받아들인다는 조건에서만 삶을 경험할 수 있다)에 대해 취하는 전반적인 태도이며, 육체적 사랑에 대해 내가 느끼는 것은 그 태도의 특별한 경우에 불과하다.

228쪽 : ... 치욕, 더 나아가서는 공포의 ...
'치욕'과 '공포' 대신 '수치심'과 '불안'이라는 용어를 썼으면 더 좋았을 것이다. 왜냐하면 그것들은 항상 나에게서 비롯되고 내가 연출하는 코미디에 속하기 때문이다. 반면 솔직히 말해 치욕스럽거나 공포스러운 것들은 나를 흥분시키기는커녕, 나를 움츠러들게 했다.

231쪽 : ...아주 길고 흰 나이트가운을 입은...
이 꿈에서 아주 길고 흰 나이트가운을 입은 여자는 마치 내 증인, 다시 말하면, 내 삶이 전개되는 것을 보고있는 시선처럼 보인다. 그 시선 앞에서 내 삶은 의미 있어야 하고, 그 시선에 따라 내가 가치 있는지 또는 죄인인지를 평가받게 될 것이다. 그러나 나를 그 여자에게 연결 시키는 것에는 이 정신적인 유형의 관계보다 더 부드럽고 더 양가적인 무엇이 있다.

유년기를 특징짓는 날짜로, 사람들은 자신이 소중하다고 생각한 음식을 처음 맛본 순간을 잊지 못한다. 나로서는 사람들이 나에게 소브레를 주었던 음울한 날을 잊을 수 없다.[역주--편도선 수술을 했던 "잘린 목" 에피소드를 의미한다.] 그녀는 소녀 때, 이를 뽑으러 고향에서 가장 가까운 도시로 누가 그녀를 데려갔던 날, 바나나를 발견한 것을 잊지 못했다. 그녀를 데리고 갔던 사람이 아픈 것을 달래주려고, 오늘날에는 흔하지만 몇 년 전만 해도 파리나 규모가 있는 몇몇 도시를 제외하면 여전히 귀했던 이 멋진 과일을 그녀에게 사주었던 것이다. 나중에 내 반려자가 된 아이에게 보상으로 주어진 이 선물을 생각하면 내 가슴은 무너져 내린다. 이 세상에 태어나면서 그들이 어떤 함정에 빠졌는지를 잊게 하려고 젊은이들에게 주어진 이 단 것은 공포스러울 정도로 폐부를 찌른다.

같은 감정의 목록이지만 약간 부정적인 쪽으로 일탈한 것이 있다. 사드의 쥐스틴은 아직 어렸을 때, 최근에 돌아가신 아버지의 죽음이 너무 고통스럽게 느껴지면 수도원에서 나온 언니의 조언에 따라 저녁에 침대에 누워 자신을 애무했다. 소작인인 어느 남편(〈살아 돌아온 남자〉와 추락과 구원을 다룬 다른 모험물에 나왔던 배우 조지 오브라이언)은 마을 축제 때 젊은 아내(내 생각에는 〈선라이즈〉라는 제목이 붙은 무르나우의 영화에서 자넷 게이너가 이 역할을 했다)에게 과자를 많이 주었다. 왜냐하면 아내와 함께 배를 타고 있었는데, 매춘부와 자유롭게 계속 정을 통하기 위해 아내를 배 밖으로 던져버리고 싶은 유혹을 느꼈기 때문이다.

*

1964년, 약 20년 정도 된 이 주석에 상당히 많은 다른 주석이 덧붙여져야 할 것이다. 나로서는 적어도 아래에 주석을 주목하고자 한다.

109쪽 : ... 푸치니의 또 다른 쓰레기 같은 작품 ...
1951년 3월 19일, 나폴리의 산 카를로 극장에서 웨스턴풍 뮤지컬 『서부의 아가씨 La Fanciulla del West』을 보고, 나는 푸치니의 음악에 대해 진정한 열정을 느꼈다. 대중화된 것은 분명하지만 저속하지 않고, 급변하는 드라마에 지속적으로 적절하게 적응하며, 열정적이고 가볍고, 경이로운 흐름이 결코 중단되지 않으면서도 때로는 극도로 격렬한 푸치니의 음악은 몬테베르디로부터 비롯된 음악의 연장선상에 있다. 그는 타소의 친구로, 초창기 오페라의 방향을 리얼리즘 쪽으로 잡았을 뿐 아니라, 궁정인들을 넘어 더 많은 일반 대중에게 오페라의 문호를 개방했고, 문자적 의미에서 '표현주의적' 욕구, 즉 대사와 내사의 정서적 몫을 드러내기에 적합한 음악을 창조하려는 욕구를 따라 나아갔던 것이다.

목의 암이 악화됨에 따라 푸치니는 화려한 중국풍 오페라 『투란도트』를 완성할 수 없었다. 카를로 고치에서 출발하여 진실주의vérisme에서 벗어나면서, 푸치니는 이 작품에서 자신이 낸 수수께끼를 풀지 못한 청혼자들의 목을 자르게 한 공주의 이야기를 다루고 있다. 스핑크스와 유디트와 유사한 이 인물에, 작곡가의 바람에 따라 각본가들이 상상해낸 매력적인 루크레티아인 젊은 여자 노예 류가 대립된다. 류는, 청혼자의 이름을 밝히면 청혼자가 죽기 때문에 이름을 밝히지 않기 위해 칼로 찔러 자살하는 인물이다. 할복자살한 나비부인에서 이미 영감을 받은 바 있지만, 작가는 자살한 류보다 얼마 더 살지 못했다. 류의 죽음 장면은 그가 쓴 마지막 장면이었던 것이다. 오페라는 미완성으로 상연되고 누군가가 무대 위로 걸어가 말할 것이다. "이 순간 마에스트로는 돌아가셨다." 작곡하면서 가장 아름다운 사랑의 듀오로 작품을 끝맺고자 했으며 이 작품에 유언과도 같은 중요성과 의미를 부여하고자 했던 푸치니가 했을 말이 바로 이 말이었을 것이다. 이미 병 때문에 괴로워하면서도, 이 성공한 작곡가는 아직 거의 모든 사람들이 배척하지만 몇몇 사람들은 위대한 개혁가라고 말하는 한 음악가, 아놀드 쇤베르크의 음악을 듣고 싶은 절박한 호기심을 만족시키기 위해 차를 타고 100킬로미터 이상을 주저하지 않고 달려갔다. 콘서트에서 나오면서 푸치니는 그 음악가와 가장 우호적인 대화를 나누었다.

 박물관으로 바뀐 푸치니의 빌라, 토레 델 라고를 1958년에 방문했을 때, 푸치니가 작곡하던 수형 피아노를 볼 수 있었다. 그의 무덤이 있는 개인 소성당으로 안내받기 전에, 피아노가 기대어 있는 벽 바로 뒤쪽에 그의 무덤이 위치해 있다는 사실을 알게 되었다. 나는 예술가가 검은 나무로 된 작은 가구인 피아노를 관棺으로 선택했다고 생각하지 않을 수 없었다. 전에는 자신의 음악으로 활기를 불어넣었고, 현 시점에서는 그가 간직하게 될 것이 형성되었던 모태를 상징하는 피아노에 자신의 유해를 맡김으로써, 죽은 자가 예술의 망토 아래에 제 2의 존재를 숨기고 영위할 수 있다는 사실을 그가 눈부시게 말해주고 있는 것 같았다. 그 행운은, 『투란도트』에서, 세례 요한이나 홀로페르네스처럼 피 흘리는 운명을 기다릴 수밖에 없을 것 같던 미지의 왕자가 냉혹한 공주를 사랑스러운 애인으로 변모시키는데 성공함으로써 누릴 수 있었던 행운에 비교할 수 있다.

옮긴이 주석

1) 이 헌성 문구는 1946년의 재판에 등장한다. 여기에서 "기원에 있는"이라는 표현은 문자 그대로의 의미로 받아들여져 하는데 1967년 라디오 인터뷰에서 레리스는 바타이유가 1929년 또는 1930년에 《에로티즘 연감 Almanach érotique》에 글을 청탁하여 "루크레티아, 유디트와 홀로페르누스 Lucrèce, Judith et Holopherne"를 썼고 그것이 『성년』의 토대가 되었다고 밝힌 바 있다.

투우를 통해 고찰한 문학론

1) 일차세계대전을 '4년간의 긴 방학'이라고 칭한 사람은 레이몽 라디게(1903-1923)다. 이 용어는 그의 소설 『육체의 악마』의 첫 문장에 나온다. 그런데 이 소설이 나온 해는 1922년이 아니라 1923년이다.

2) 고백문학을 통해 과거를 청산함으로써 카타르시스를 얻고자 하는 레리스의 의도가 일관되게 유지되는 것은 아니다. 이후에 쓴 일기에서 레리스는 오직 '시'만이 그에게 카타르시스를 준다고 기술한다.

3) '야릇한 전쟁'은 2차 세계대전을 일컫는다. "투우를 통해 고찰한 문학론"은 1945년에서 1946년에 걸쳐 재판을 찍을 때 쓰였지만, 서두에 해당하는 "서평의뢰용 작가의 말"은 1939년 6월 책이 출판될 때 장 폴랑의 요청에 따라 레리스가 쓴 것이다.

4) 여기에서도 레리스의 실수가 발견된다. 크노는 르아브르 태생이 맞지만 랭부르와 살라크루는 다른 도시에서 태어나 유년기만 르아브르에서 보냈다. 레리스가 사르트르를 알게 된 해는 1941년이 아니라 1942년이다.

5) 데카르트의 방법론적 회의는 형이상학을 확고한 토대 위에 정립하기

위해 불확실한 모든 것을 의심하는 것으로부터 출발한다. 레리스가 이차대전 당시 폭격으로 황폐화된 르아브르를 바라보며 데카르트의 이름을 인용한 것은, 백지상태의 허허벌판이 이전에 받아들였던 그릇된 의견을 정신에서 뿌리째 뽑아 버리고자 시도했던 데카르트의 방법론적 회의와 유사하다고 생각했기 때문이다.

6) 그 타인 중에는 아내인 제트도 포함되어 있다. 『성년』을 아내에게 주면서 그는 증정사에 "우리 사이의 모든 거짓을 없애는 것이 이 책을 쓴 목적 중의 하나"라고 밝혔다.

7) 에드가 포는 독서 감상, 작품 분석, 철학과 모럴, 언어문제, 창작의 어려움 등을 책의 여백에 썼고 그것을 1844-1849년에 걸쳐 여러 잡지에 발표했는데 이것을 모은 것이 『마지날리아 Marginalia』이다. 이 책은 포 작품의 감춰진 측면을 보여주는 것으로 알려져 있다.

8) 레리스가 초현실주의와 공식적으로 결별한 시점은 1929년 2월 19일로 알려져 있다. 브르통이 정치적으로 전투적인 태도로 선회하던 이 시기에 초현실주의자들 사이에 첫 번째 분열이 일어났다.

9) '우연한 만남'은 '객관적 우연'을 의미한다. 브르통은 객관적 우연이라는 개념으로, 여러 사건이 우연히 발생하는 것처럼 보이지만 실은 필연성이 드러난 것이라고 주장한다. 이 개념으로 브르통은 엥겔스의 정치철학과 정신분석의 무의식 이론을 결합할 수 있으리라고 생각했다.

10) 마오로 시도는 "갈라티아 신자들에게 보낸 서간"에서 육체와 성령의 관계를 대립적으로 설정한다. 레리스가 언급하고 있는 '육체의 일'은 다음과 같이 기술되어 있다. "육의 행실은 자명합니다. 그것은 곧 불륜, 더러움,

방탕, 우상 숭배, 마술, 적개심, 분쟁, 시기, 격분, 이기심, 분열, 분파, 질투, 만취, 흥청대는 습관, 그밖에 이와 비슷한 것들입니다." (5:19-22)

11) 프랑스어로 'cape'를 카포테로 옮겼는데, 투우사가 들고 흔드는 붉은 천은 두 종류가 있다. 황소의 목에 창을 박기 전에 마타도르라고 불리는 투우사가 천을 흔들며 황소를 유혹하는데, 그 천이 카포테이며 자홍색과 노란색으로 되어 있다. 마지막 장면에서 투우사가 칼을 들고 나와 붉은 천을 흔들며 황소를 유혹하고 죽이는데, 그 천을 물레타라고 한다.

12) 포토-몽타주 기법은 동일화면에 두개 이상의 영상을 합성하여 이질적인 이미지의 충돌을 기대하는 기법이다. 레리스는 이 기법을 글쓰기에 적용하기 위해 자신의 삶을 하나의 이야기로 재구성하지 않고 파편화된 에피소드 형식으로 나열한다.

13) 'LA LUNE The Moon'이라고 프랑스어와 영어가 동시에 적혀있다.

서른네 살, 이제 막 인생의 반이 지났다

1) "슬픔에 잠기다"라고 번역한 'broyer du noir'라는 표현을 단어 그대로 옮기면 '검은 것을 빻다'라는 의미이다. 레리스는 검은 것에서 '커피'를 연상하여, 커피를 볶는 이미지를 떠올린다.

2) 이 에피소드에는 두 가지 의미가 숨어서 있다. 레리스는 네덜란드 여자의 초상화를 통해 레리스가 자화상의 근원적인 특성, 즉 포착 불가능성과 무한 반복성이라는 특징을 서술하고 있으며, 또한 카카오 상자를 통해 얻게 된 무한이라는 개념을 규방에서 벌어지는 에로틱한 놀이와 연결시킨다. 레리스의 부모님은 아이들이 자는 것을 보려고 방문을 열어두었는데

오히려 레리스가 부모님의 성관계 장면을 응시하고 있음을 암시하는 이 문장을 통해 레리스는 자서전의 글쓰기가 어떻게 대상을 주체로 변화시키는가를 보여주고 있다.

3) 크레이프는 밀가루와 우유, 달걀을 반죽해서 넓적하게 부친 전 같은 것으로 이 장면은 크레이프를 뒤집기 위해 탄력을 주어 프라이팬을 위로 올렸을 때 크레이프가 공중에 떠있는 모습을 박쥐의 날갯짓을 하는 모습으로 비유한 것이다.

4) 실제로는 너덧살 때였으며, 레리스는 그의 세 번째 자서전 『Fourbis』에서 같은 장소와 관련된 에피소드를 다루면서 시기를 수정하고 있다. 레리스는 오류가 있어도 텍스트가 출판될 당시 상태를 그대로 간직한다. 오류 자체도 글쓰기의 순간의 진실을 드러낼 수 있기 때문이다.

5) 1929년 11월에 레리스는 초현실주의와 결별한 후 혼란을 경험하고 조르주 바타이유의 조언에 따라 정신분석치료를 받았다.

6) 『성년』은 1930년에 바타이유의 부탁으로 썼던 "루크레티아, 유디트, 홀로페르네스"에 근거하고 있다. 초고에는 "에로틱한 고백"이라는 제목이 붙어 있다.

7) 레리스는 여기에서 말장난을 하고 있다. 프랑스어에서 '이럭저럭'은 'tant bien que mal'인데 그것을 문자 그대로 옮기면 '좋은 것만큼 나쁘게'라는 뜻이다. 레리스는 이 표현의 순서를 바꾸어서 'plutôt mal que bien', 즉 '좋다기보다는 차라리 더 나쁘게'라는 의미를 괄호 안에 제시하고 있다. 레리스는 자신의 삶을 '좋기도 하고 나쁘기도 했다'라고 제시하지 않고 비관적인 관점에서 삶이 더 나쁜 방향으로 나아가고 있다는 사실을 암시한다.

비극적인 것들

1) 셰익스피어의 『로미오와 줄리엣』을 가리킨다.

2) 바그너의 『발푸르기스의 밤』에서 '발푸스기스'은 프랑스어로는 '발퓌르지'로 발음된다. 여기에서 '무녀들의 가무'로 번역한 '가무'가 프랑스어는 'orgie'라고 쓰고 '오르지'라고 발음되기 때문에 레리스는 '발퓌르지'에서 '오르지'를 연상한 것이다.

3) 베르디의 오페라 『리골레토』의 등장인물. 자신이 모시는 공작이 사랑하는 딸을 유혹한 후 배신하자 공작을 죽이기 위해 살인을 청부하지만 공작을 사랑하는 딸이 공작을 대신하여 죽임을 당한다.

4) 베르디의 오페라 『아이다』의 등장인물들. 이집트의 장군인 라다메스는 이디오피아의 공주지만 이집트에 노예로 사로잡혀 있는 아이다와 서로 사랑한다. 이집트와 이디오피아가 다시 전쟁을 하고 라다메스가 대승을 거두지만 아이다의 아버지가 포로로 잡혀와 탈출을 시도하면서 라다메스가 반역죄를 선고받고 지하 감옥에 갇히게 되자 아이다가 미리 감옥에 들어와 둘은 그곳에서 죽는다.

5) 황새의 기사라 불리는 로엔그린은 바그너의 『로엔그린』의 주인공이다. 죄를 뒤집어 쓴 엘자가 신의 결투를 요구하자 로엔그린이 그녀의 무죄를 밝히기 위해 성배가 있는 몽살바트 성을 떠난다. 결투에서 승리하고 엘자와 결혼하지만 엘자가 이름을 물어보지 말라는 금기를 어기는 바람에 사라지고 마는 비극적인 인물이다.

6) 바그너의 오페라. 뉘른베르크의 부호인 포그너가 마이스터징어 노래 대회 우승자에게 전 재산과 딸 에바를 주겠다고 선언하자 에바를 사랑하던

발터가 자신의 꿈을 소재로 작곡된 노래를 불러 에바와 결혼하게 된다.

7) '명가수'로 번역한 'Les Maîtres chanteurs'는 프랑스어에서 '명가수'라는 뜻 외에도 '공갈범'이라는 뜻이 있다. 레리스는 그 오페라를 공갈범들이 살육을 저지르는 드라마로 이해하고 있었다.

8) 『파르시팔』은 바그너의 마지막 오페라다. 성배를 지키는 암포르타스 왕이 쿤드리의 유혹에 빠져 순결의 맹세를 지키지 못해, 예수를 찔렀던 성스러운 창을 잃고 그 창에 찔려 병든다. 그 병은 순수한 마음을 가진 순결한 자에 의해 치유될 수 있는데 그가 바로 파르시팔이다.

9) 루제로 레온카발로Ruggero Leoncavallo의 비극으로 그의 유일한 성공작이다. 유랑극단의 단장 카니오의 아내 네다는 극단의 배우 실비오와 도망칠 약속을 한다. 이 사실을 알게 된 남편이 아내를 추궁하다가 극이 시작되면서 연극 무대에 오르는데, 여기에서 극중극 형태가 이어지면서, 남편이 극과 현실을 구분하지 못하고 아내와 연적을 죽인다.

10) 프랑스 파리 9구에 있는 박물관으로 유명인사의 밀랍인형을 전시한다.

11) 프랑스 파리를 흐르는 센 강의 유람선.

12) '정부'라는 프랑스어 'maîtresse'가 '초등학교 여선생님'을 의미하는 'maîtresse d'école'과 동음이의어라는 사실에서 연상된 감정이다.

13) '방황하는 네덜란드인'은 바그너의 오페라 『Der Fliegende Holländer』의 등장인물로서 진실한 사랑을 받을 때까지 영원히 죽지 않고 바다를 떠돌도록 저주받은 인물이다. 젠타가 그를 위해 죽음을 선택함으로써 그는 저주에서 풀려난다. 이 작품에는 바그너의 주제들, 방황, 미지의 인

물, 희생, 사랑에 의한 구원의 주제가 그대로 드러난다. 프랑스어로는 "유령선"으로 번역된다.

14) '앙비귀Ambigu'는 극장 이름으로 프랑스어로는 "모호한"이라는 뜻이다. 레리스는 모호한 감정을 느꼈던 사건들을 자세히 서술하면서 언어적 모호함 또한 주의깊게 관찰하고 있다.

15) 『호프만 이야기』은 쥘 바르비에의 5막극에 오펜바흐가 음악을 쓴 것으로 세 명의 여자로부터 실연당한 이야기를 통해 예술의 승리를 노래하는 오페라다.

16) 스텔라를 가리킨다. 스텔라는 호프만이 술에 취한 것을 보고 비웃으며 다른 남자와 술집에서 나간다.

17) 레리스는 이 장면이 3막이라고 기술하고 주석에서는 4막이라고 수정하고 있지만 실제로는 5막이다. 기억의 오류에 또 다른 오류가 덧붙여지고 있다. 플레이아드판 각주에 따르면 이 장면은 발퓌르기스의 밤의 마지막 장면이다.

18) 앤 볼린Anne Boleyn. 영국의 종교개혁의 발단이 된, 영국 헨리 8세의 두 번째 왕비다. 헨리 8세와 비밀결혼을 했지만 왕자를 낳지 못하자 간통했다는 오명을 쓰고 처형되었다.

19) 성녀 주느비에브(113 512)는 451년 훈족이 파리를 포위했을 때 파리를 지켰다. 파리의 수호 성녀다.

고대들

1) 젤리스는 브르통 집에서 열린 초현실주의자 회합이 끝나면 레리스가 자크 바롱, 아라공과 어울려 자주 가던 댄스홀이다. 이 댄스홀은 "홀로페르

네스의 사랑들"에서 당시의 분위기를 설명할 때 다시 언급된다.

2) 오직 진실만을 말하기를 요구하는 자서전에서 작가는 거짓과 진실에 대해 자신의 견해를 제시할 것을 요구받는다. 레리스는 알레고리의 차원에서 그 문제에 접근한다. 알레고리는 매혹적인 여성들의 모습으로 드러남으로써 그가 세상을 바라보는 방식이 성적인 차원인 동시에 아름다움이라고 하는 '미학적' 차원임을 알려준다. '진실'은 거울의 이미지와 더불어 나르시소스적인 이미지로 제시되는 반면, 레리스는 '거짓'에 매혹되었다는 점이 흥미롭다.

3) 루카스 크라나흐는 독일 궁정 화가로서 제후들, 종교지도자들의 초상화와 함께 종교적 주제를 다룬 그림을 남겼다. 아버지와 아들 모두 화가였으며 이름이 같기 때문에 출생연대와 함께 아버지/아들이나 대/소와 같은 명칭을 붙여 구별한다.

4) 이 잡지는 조르주 앙리 리비에르가 바타이유 등과 함께 창간한 《도퀴망Documents》이다. 레리스가 『성년』을 쓰게 된 기원과 관련되는 이 문장은 그의 '잘린 목' 환상을 설명하고 있다. "비극적인 것들"에서 마르그리트의 붉은 리본으로 암시되었고, "고대들" 서두에 제시된 꿈에서 거세 공포로 드러난 이 환상은 목이 잘리지 않으면, 죽음을 경험하지 못하면 '영웅'이 될 수 없다는 강박관념을 드러낸다. 그러나 "비극적인 것들" 마지막에서 마르그리트의 유령을 연극에서 보지 못했다고 서술하는데, 이는 '죽음'을 경험하고자 하는 그의 소원이 실현되지 않고 욕망의 차원에 머물고 있음을 알려준다.

5) 메살리나는 로마 황제 클라디우스의 아내로서 로마 사회가 타락했음

을 보여주는 상징적인 인물이다. 그녀는 16살에 50세의 황제와 결혼했고 정적을 숙청하여 로마를 공포로 다스렸다. 낮에는 황후였지만 밤이면 로마의 사창가에서 쾌락을 찾았다. 동침을 거부하는 남자를 죽이는 잔인한 면모와 끊임없이 쾌락을 추구하는 면모 때문에 팜므 파탈의 원형이 되었다.

6) 앞 문단에서 그의 성적인 기호가 차가움에 대한 선호와 관련 있다는 것을 밝혔다면, 이 수수께끼 같은 문장을 통해 레리스는 그의 상상력이 언어의 상상력에서 비롯된 것임을 분명히 보여주고 있다. 겉으로 드러난 이야기로는 이 문장은 "고대의 여성들"이라는 제목에 걸맞게 그의 머릿속에 떠오르는 고대의 귀부인의 모습을 서술하는 것처럼 보이지만, 속 이야기는 '고급 창녀courtisane'라는 단어를 '궁정의 신하courtisan'의 여성형이라고 생각하여, 창녀와 궁정의 귀부인을 연결시켜 상상했다는 데에 있다. 유사한 단어에서 시작하여, 유년기에 그림책에서 보았던 그리스 귀부인의 옷차림으로 그 인상이 확장되어 상상체계를 만들었다는 것이다. 황후이자 창녀였던 메살리나에 대한 상상에서 알 수 있듯이, 레리스는 성적인 상상을 통해 고귀한 것과 비천한 것의 차이를 없앤다. 이러한 특징은 성적 정체성의 문제뿐 아니라 미학적인 차원, 즉 성스러움과 일상성의 관계, 행위와 글쓰기의 관계까지 폭넓게 적용되고 있다.

7) 레리스는 지위 강함을 서술하면서 자신을 여성화된 존재로 상상한다. 흥미롭게도 레리스는 자신을 욕망하는 주체가 아니라 "상상되고 욕망되어진 대상"으로 이해하고 있다. 나중에 다시 논의하겠지만 레리스는 양성애자였는데 모호한 성적 정체성을 적극적으로 고백하지 않는다. 자신의 정체성을 모호하게 만들어 지워나가는 동시에 그것을 이해할 수 있는 독자들만

이해하도록 그는 여러 흔적을 남겨 놓는다. 이 에피소드도 그 흔적 중의 하나다.

8) 『세기의 전설』은 19세기 프랑스를 대표하는 시인이자 소설가인 빅토르 위고의 서사시로서 1855년부터 1876년에 걸쳐 3부로 창작되었다. 위고는 이 작품에서 인류의 발전과 역사에 대한 작가의 비전을 서술하는데, 『롤랑의 결혼』은 기독교의 영웅을 다루는 1부 4장의 2번째 에피소드에 해당한다. 위고 사후에 출판된 통합본에서는 10장에 있다.

9) 『롤랑의 결혼』에서 롤랑과 올리비에는 5일 동안 밤낮으로 결투를 벌인다. 결투를 하면서 둘 사이에는 우정이 싹트며, 마지막 날에 올리비에가 롤랑에게 결투를 중단하고 형제가 되기를 청한다. 올리비에는 롤랑에게 자신의 동생인 하얀 팔의 오드와 결혼할 것을 제안하고, 롤랑은 그녀와 결혼한다. 140행이 넘는 전체 시 중에서 흰 팔의 오드가 등장하는 장면은 마지막 5행에 불과한데에도 이 시는 "롤랑의 결혼"이라는 제목이 붙어 있으며, 레리스가 보았던 도판에서도 여자는 전혀 등장하지 않음에도 불구하고 레리스는 이 장의 제목을 "기사의 여자"로 제시하고 있다. 이 장의 재미는 롤랑과 올리비에의 결투를 동성애 코드로 이해하는 데에 있다.

10) 레리스는 "기사의 여자"에서 상상속의 에로티즘과 관련된 거의 모든 요소들을 다 제시하고 있다. 기사의 갑옷이 떨어져 나가는 장면에서는 동성애가 드러난다. 흥미로운 것은 그가 보았던 『롤랑의 결혼』 도판에는 등장하는 않는 흰 팔의 오드를 등장시키면서 느닷없이 자신의 숙모였던 오페라 가수를 환기한다는 사실이다. 숙모의 옷차림은 레리스 어머니의 평소 옷차림과 유사하다는 점에서 근친상간의 욕망이 드러나며 이는 목욕탕의

자위 장면과 연결된다.

11) 앞의 자위 장면이 근친상간적이었다면 이 에피소드에서 자위는 민속학적이다. 레리스는 청소년기의 자위행위를 다양한 관점에서 검토한다. 하나의 주제나 사건을 반복적으로 제시하되 매번 새로운 관점으로 제시하는 것 또한 레리스의 텍스트에서 흔히 확인할 수 있는 특징 중의 하나다.

12) 청소년기를 지배했던 세 가지 신으로 술과 담배, 그리고 성기**性器**를 가리킨다. 카우다는 '꼬리'라는 뜻으로 남자의 생식기를 가리킨다.

13) Moloch. 셈족의 신으로 의례를 할 때 어린 아이를 제물로 바치고 태운다.

14) 자서전이 기원에 관한 이야기라고 할 때 레리스는 여기에서 자기 기원 중의 하나를 기술하고 있다. 그 기원은 에로티즘의 관점에서 서술되고 있는데 '에로티즘과 두려움의 일치'라는 인식에 이르기까지 인류학적인 의례와 문학, 그리고 신화적 두려움이라고 하는 심리학까지 끌어들인다. 기원의 이야기가 근원적인 것은 오직 다른 은유적 표현으로만 드러나기 때문이다.

15) 베르생제토릭스는 플루타크의 『카사이르 전기』나 플로루스의 『로마사』에 등장하는 골족의 영웅이다. 로마와의 전쟁에서 지고 처형당했는데 민족의식이 고양됨에 따라 19세기 중반에 재평가되었다.

16) 이 상상의 가족관계가 레리스의 가족소설을 이룬다. 어머니가 아버지와 성관계없는 성모로 형상화되어 있으며 아버지는 영웅이긴 하지만 로마 황제에게 항복한 무력한 인물이다. 자신이 동일시하는 잔 다르크는 남성이자 여성의 정체성을 가진 모호한 인물이다. 이것은 레리스의 이중의

성정체성을 암시하고 있다. 하지만 권총과 법복으로 상징된 현실의 아버지는 아들을 거세하는 인물이다. 레리스는 아버지를 제거하고자 하는 욕망과 징벌을 받고자 하는 욕망 사이에서 찢겨 있다.

17) 이 꿈에 "루크레티아와 유디트" 처음에 인용된 1928년의 꿈이 이어진다. 여기에서는 레리스의 언어적 상상력을 이해하는 것으로 충분하다. 엉덩이의 가운데 있는 선은 좁은 협로 DETROIS를 떠올리게 했고, 그것이 트로이 전쟁 La guerre de Trois과 연결된다. '데트루아'와 '드 트루아'로 발음은 다르지만 철자는 같다.

18) 레리스는 박물관과 관련된 그의 성적 환상을 서술하면서, 그것이 환상이라는 사실을 밝히지 않고 조건법 문장으로 표현하고 있다. 그 성적 환상이 차가움, 냉정함과 관련된다는 점에서 고대, 박물관, 사창가는 같은 범주에 속한다. 여기에서는 외국여자가 창녀에서 흡혈귀로 변용되는 과정에서 공격자-강간의 이미지가 흡혈귀에게 피를 빨리는 피해자의 이미지로 바뀌는 것에 주목할 필요가 있다. 레리스의 수동적인 특성, 성적인 불안감이 다시 드러난다.

19) 수잔나는 『구약성서』의 『다니엘서』 13장에 등장하는 인물이다. 바빌론에 사는 요아킴의 아내로, 아름답고 경건한 여성 수잔나는 음심을 품은 두 명의 원로장로에게 목욕하는 모습을 들켜서 간통죄로 고발되지만 사형이 집행되기 직전에 다니엘의 지혜로 무죄가 증명된다. 초기 그리스도 시내부터 수잔니 이야기는 미술이 주제로 거론되며, 르네상스 이후 "수잔나의 목욕" 장면이 아름다운 나체를 표현하기 위해 많이 그려졌다.

20) Junon. 라틴어로는 Juno. 로마 신화에서 주노 여신은 그리스 신화의

헤라에 해당한다. 주노 여신은 결혼의 신으로 부부애를 상징한다. 주피터의 누이이자 부인이다. 로마력에서 6월June이 이 신을 위해 바쳐졌다.

21) 레리스는 여기에서도 언어적 상상력을 발휘한다. 작은 형의 이야기를 듣고 그는 사창가인 '보르델bordel'을 '포르텔portel'로 잘못 알아듣는다. 포르텔을 '문porte'과 '호텔hotêl'의 축약으로 이해함으로써 그의 성적인 체험이 문을 넘는 행위, 즉 입문의례임을 밝힌다.

22) "주사위는 던져졌다"는 율리우스 카이사르가 루비콘 강을 넘으며 한 말이다. 카이사르는 폼페이우스, 크라수스와 함께 삼두정치를 이끌며 갈리아(현재의 프랑스와 벨기에)를 정복하는 등 정치적으로 힘을 키웠다. 카이사르의 인기가 높아지자 폼페이우스가 그를 제거하려고 시도했고, 카이사르는 군대를 이끌고 루비콘 강을 건넜다(49년). 당시 군대를 이끌고 루비콘 강을 건너는 행위는 반란으로 여겨졌다. 카이사르가 "주사위는 던져졌다"라고 말한 것은 금기를 넘어서는 행위, 결단을 의미한다.

23) "아이를 사다"라는 표현은 "acheter un enfant"을 단어 그대로 옮긴 것이다. 레리스는 유년기에 이 표현을 들었기 때문에 '선물이나 칭찬 따위로 아이의 호감을 사다' 또는 '구슬리다'라는 원래의 의미를 이해할 수 없었다. 여기서 "사다"라는 것은 '매수하다'라는 의미와 유사하다. 예를 들면, "법관을 매수하다"라는 표현을 쓸 때 "acheter un juge"라고 표현한다.

24) 피에르 루이스Pierre Louÿs (1870-1925)는 시인이자 소설가. 앙드레 지드의 자서전 『한 알의 밀알이 죽지 않으면』에도 잠시 등장하는 인물로서 『아프로디테』(1896)는 그의 첫 소설이다. 이 작품은 진정한 사랑을 추구하는 청소년의 드라마를 관능적이고 퇴폐적인 관점에서 극도로 세련된 문체

로 다루었다.

25) 아나톨 프랑스Anatole France (1844-1924)는 프랑스 제3공화국의 가장 중요한 문인 중 한명으로 인간의 본성과 욕망, 역사 인식에 대해 근본적으로 비관주의를 견지했다. 그는 프루스의 『잃어버린 시간을 찾아서』에서 주인공 마르셀이 존경하는 소설가 베르고트로 등장하면서 소설가의 전형으로 제시된다. 『타이스』(1891)는 구원과 타락에 대한 깊은 성찰을 담고 있는 작품으로, 주인공 파프뉴스는 젊은 시절의 방탕한 생활을 참회하기 위해 수도사가 된다. 그는 타락한 생활을 하고 있는 무희 타이스를 기독교도로 구원하기로 마음먹는다. 두 사람이 만난 끝에 타이스는 방탕한 생활을 끝내고 수녀원에 들어가지만, 파퓌뉴스는 반대로 타이스의 모습을 잊지 못하고 사랑의 정염에 빠져든다.

26) 헨리크 셴케비츠Henryk Sienkiewicz (1846-1916)는 폴란드의 소설가다. 『쿼 바디스』는 네로 황제 치하에서 귀족 마르쿠스 비니시우스와 기독교도 처녀 칼리나와의 사랑을 소재로 기독교도들이 겪은 박해를 서술하고 있다. 러시아의 지배를 받던 당시 폴란드의 역사적 상황 때문에 네로가 차르를 형상화했다고 전해진다.

27) Jean Richepin (1849-1926)은 프랑스의 소설가이자 시인, 극작가다. 1876년에 시집 『거지들의 노래Chanson des Gueux』로 문단에 데뷔했지만 풍속을 해쳤다는 이유로 감옥에 갇히기도 했다. 그의 문학적 감수성은 부르주아의 허위를 폭로하는 것에 충실하다. 레리스는 그의 『로마 쇠퇴기의 콩트 Contes de la décadence romaine』(1898)를 읽은 것으로 보인다.

28) '양성간의 싸움'이란 성관계를 의미한다. 그에게 성관계는 사랑이 아

니라 죽고 죽이는 투쟁이다. 그래서 그의 에로티즘은 살해와 자살이라고 하는 죽음의 틀 속에 놓인다.

29) 어머니가 에로티즘을 서술하고 있는 "고대들"의 장에 포함되어 있다는 사실뿐 아니라 그가 아버지, 어머니와 맺고 있는 관계의 원형을 보여주고 있다는 점에서 이 드라마는 매우 흥미롭다. 컴컴한 작은 방은 늑대와 징벌의 이미지를 통해 아버지를 상징하며, 어머니의 공간인 안방 또한 군복 색깔로 인해 아버지의 이미지가 녹아 있다. 부모님이 어린 레리스를 관찰하기 위해 방문을 열어놓았는데 오히려 아이가 어머니를 응시하고 있다는 사실은 주목을 요한다. 응시의 대상과 주체가 역전되는 이 장면에서 레리스는 자신의 에로티즘을 성취한다. 그의 에로티즘은 근친상간적 환상에 근거하고 있으며 늑대는 그러한 환상에 대한 거세공포를 의미한다.

30) croup는 위막성 후두염인 반면, faux croup는 아이들이 기침을 많이 하고 호흡 곤란을 일으키는 병이지만 위막염 증세가 없는 후두염이다. 레리스는 "faux croup"라는 용어에 꺽쇠 표시를 해서 독자들의 눈길을 끌고 있다. 'faux'는 '가짜, 거짓된'이라는 의미로 그가 감염되었던 후두염이 위막염 증세가 없는 후두염이라는 의미에서 가짜 후두염이지만, 그 용어 때문에 독자들은 그가 아팠던 것이 혹시 연기에 불과하지 않았을까 하고 의심하게 된다. 즉 어머니의 사랑을 받을 기회를 얻기 위해 그가 아픈 척 했을 수 있다는 것이다. 또 후두염을 의미하는 'croup'이 '여자의 엉덩이'를 의미하는 'croupe'과 발음이 같기 때문에 앞으로 서술될 장면이 성적인 의미가 있음을 짐작하게 한다. 실제로 여기에 서술된 기침 장면은 뒤의 "잘린 목"이라는 장에서 편도선 수술을 서술하는 장면과 거의 유사하다. 이 장면은

성관계의 변용인데 레리스는 자신을 여성으로 가정하고 있다. 그의 동성애 체험을 미리 예시하는 듯하다.

31) La Radieuse (빛나는)이라는 뜻의 형용사를 명사화하여 난로 상표로 사용한 것이다. 이 난로는 어머니를 상징한다.

32) 이 난로 중앙에 공화국을 상징하는 초상이 장식되어 있다. 공화국을 상징하는 초상은 프랑스 혁명 이후 동전에 등장하기 시작했는데 프랑스의 건국이념인 자유, 평등, 박애를 상징하는 여성 인물이 새겨져 있다. 가장 유명한 인물이 마리안느다.

33) 바로 앞문장에서 난로를 인물로 지칭한 후, 레리스는 난로를 "그녀 Elle"라고 대문자로 표기한다. 여기에서는 그 의미를 분명히 드러내려고 난로라고 번역했지만 레리스는 난로와 어머니를 동일시하기 위해 '그녀'라고 표기한 것으로 보인다.

34) 이 에피소드를 레리스는 출생의 신비를 다루는 "초자연"이라는 장과 연결시킨다. 그 장에서 좁은 굴뚝을 통해 어떻게 커다란 선물이 내려올 수 있을까라는 질문으로 출산에 대해 상상했다면, 여기에서는 그 이미지가 좀 더 나아간다. 굴뚝으로 '조그만 아이'가 올라가기 때문에 굴뚝은 아이가 어머니의 자궁에서 나오는 산도産道가 된다. 또 굴뚝을 의미하는 용어로 'tuyau'와 동시에 사용되고 있는 'boyau'는 '가늘고 긴 관管'이라는 의미와 함께 '창자'라는 의미가 있어서 굴뚝과 출산, 또는 이 장에서 문제되고 있는 성행위를 암시하고 있다.

35) 이페카ipéca는 기관지염을 치료하는 약으로 많이 복용하면 토하게 된다. 레리스는 그 약을 토사제 용도로 사용했다고 밝힘으로써 자신과 달

구어진 석탄을 뿜어낸 난로를 동일시하고 있다. 이 장면에서 레리스는 어머니와의 근친상간 욕망보다는 어머니와 동일시하여 아버지의 욕망의 대상이 되고자 하는 욕망을 드러낸다. 유년기 레리스에게는 아버지와 어머니를 향한 욕망이 동시에 있었던 것으로 보인다.

루크레티아

1) 티투스-리비우스의 『로마사』를 가리킨다.

2) 미트라는 2-3세기 경 로마에서 절정에 달했던 다신교의 신 중의 한명이다. 신화에 따르면 미트라 신이 산길에서 황소를 만나 싸웠는데, 소의 뿔을 붙잡고 놓지 않자 소가 지쳐 쓰러졌다. 그 신이 소를 어깨에 메고 동굴로 돌아왔는데, 태양신의 사자가 희생 의례를 올려야 한다고 전하자 그는 황소를 바치고 황소의 옆구리에 칼을 찔렀다. 척추에서 밀이, 피에서 포도주가 흘러내렸고, 정액에서 인간에게 유용한 동물들이 만들어졌다. 미트라 신과 황소의 싸움에서 투우가 시작되었다는 전설에 근거하여 레리스는 투우의 근원으로 미트라의 의례를 언급하고 있다.

3) 프랑스 지중해 연안의 도시.

4) 프랑스 카탈루냐 지방은 1659년 피레네 조약에 따라 스페인이 프랑스에 양도한 지역으로 현재의 피레네 오리앙탈과 일치한다. 생-로랑 드 세르당은 스페인이 카탈루냐 지방과 붙어있는 프랑스의 도시다. '모의' 싸움은 칼을 사용하지 않고 리본이 달린 창을 사용하는 것이다.

5) 테노라tenora는 오보에 유형의 관악기로 카탈루냐 지방의 악기다. 사르단sardane은 그 지방의 전통 춤이다.

6) 코카르드cocarde는 황소의 뿔 사이에 꽂혀 있는 붉은 색 천조각이다.

프랑스의 카마르그 지방에서는 축제기간 동안 원형 경기장에 황소를 풀어놓고 흰옷을 입은 청년들이 뿔 사이의 코카르드를 떼어내어 점수를 얻는 투우 경기가 펼쳐졌다.

7) 노빌라다는 아직 정식 투우사가 되지 못한 투우사가 등장하는 투우다.

8) 벨 디브Vel' d'Hiv는 프랑스의 빙상경기장으로, 1942년 독일 나치가 프랑스의 유대인을 체포하여 이곳에 수용했다. 1942년 9월까지 이곳에서 아우슈비츠로 이송된 유대인은 38,000명을 헤아리며 1945년에 살아남은 사람은 780여명에 불과했다.

9) 라 모뉘망탈은 스페인 바르셀로나에 있는 거대한 투우 경기장인데, 2010년 카탈루냐 주 정부가 투우 금지법을 통과시키고 2012년에 발효함으로써 현재는 투우를 볼 수 없다.

10) 스페인 북부에 있는 바스크 자치 정부의 수도.

11) 발렌시아는 스페인 지중해 연안의 도시.

12) 실제로는 남편의 형이 아니라 친척이다.

13) 외삼촌 레옹 코베(1860-1917)는 레리스의 대부로서, 레리스에게 정신적인 아버지의 역할을 했다.

14) 1848년 2월, 파리 혁명으로 루이-필립 왕정이 무너지고 제2공화정이 선포되면서 보통선거가 실시되었다. 이 혁명으로 유럽 전역에 자유주의적이고 민족주의적인 움직임이 강화되었다.

15) 프랑스 극단Théâtre Français는 프랑스 유일의 국립극장인 코메디 프랑세즈의 다른 이름이다. 코메디 프랑세즈는 루이 14세의 칙령에 따라 1680년에 세워졌다.

16) 활극으로 번역한 "pièce de cape et d'épée"는 "망토와 칼의 연극"이라는 뜻으로 원래 스페인에서 시작되었고, 비극적인 사건이 복잡하게 얽힌 가정사를 다루고 있다. 망토와 칼은 등장인물들의 사회적 지위를 보여주는 요소이다. 후에는 격렬한 효과를 내는 소란스러운 작은 사건들이 포함된 드라마를 가리키는 용어가 되었으며, 소설에서는 비슷한 효과를 내는 모험 소설을 가리키기도 한다. 소설로는 알렉상드르 뒤마의 『삼총사』가 대표적이다.

17) 카페-콩세르café-concert는 음료를 마시면서 샹송이나 오페라 노래 등을 들을 수 있는 공간으로 19세기 초에 출현하여 19세기 후반기에 전성기를 누렸고 영화가 인기를 끌면서 사양길에 접어들었다. 카페-콩세르는 민중의 취향을 반영하는 장소였다. 외삼촌의 민중적 성향을 암시한다.

18) 도미노 게임에서 더블 식스는 가장 큰 수이고 더블 블랭크는 도미노 패에 아무 숫자도 없는 가장 작은 숫자이다. 레리스는 도미노 게임을 통해 비쩍 마른 외삼촌과 임신한 누나의 모습을 비교하고 있다. 자서전 장르의 관점에서는 레리스가 자기 주변 인물의 이름을 이런 식으로 슬쩍 제시하고 있다는 사실이 더 중요하다.

19) 레리스는 외숙모들의 과거를 암시하고 있다. 한 명은 서커스의 곡예사이고 다른 한 명은 창녀였다는 것이다.

20) 레리스의 아버지 의죈 레리스는 외삼촌 레옹보다 4년 늦게 1921년 11월 16일에 돌아가셨다.

21) 유레카 기병총은 화살을 장전하여 발사하는 총이다.

22) 로자가 바람둥이인 것을 레리스는 그녀가 화살총을 맞고 달아나는

장면에서 연상한다. 프랑스어에서 "coureuse"는 달리는 여자, 바람기 있는 여자라는 두 가지 뜻이 있다.

23) 그리스의 역사가 플루타르크에 따르면 그리스의 신들 중에서 유일하게 죽음이 선포된 신이 판이다. 판은 야성, 자연의 신이며 목동의 신이고 염소의 신이다. 판은 에로티즘과 연결되어 있다. 판의 죽음은 이교도적인 믿음의 종말을 의미하며 판의 죽음으로 텅 빈 세상을 기독교의 신이 채우게 된다.

24) 로마의 종교에서 베스타 여신은 아궁이와 가정의 신으로 사원에서 타오르는 성스러운 불로 형상화된다.

25) 아르투르 항은 중국 요동반도의 남쪽 끝에 있는 전략적 요충지다. 중국의 지명으로는 뤼순이다. 1860년에 영국의 해군 중위 윌리엄 C. 아서가 선박을 수리하기 위해 정박한 이후 서구 열강이 이곳을 아르투르 항이라고 불렀다. 당시 이 항구는 러시아가 차지하고 있었는데 1904년 8월부터 시작된 전쟁에서 일본이 포위전 끝에 1905년 1월 막대한 인명 피해를 내고 승리했다.

26) 로마의 카타콤베는 초기 기도교도들이 회합을 가졌던 장소이자 무덤이다.

유디트

1) 그리부이이Gribouille는 비 맞을 것이 두려워 물속에 뛰어드는 어리석은 사람을 가리킨다.

2) 유대의 규율을 지키기 위해 돼지고기 먹는 것을 거부하고 어머니가 보는 앞에서 일곱 형제가 순교한 이야기는 구약성서의 마카베오기 하권 7장

1-42절에 적혀 있다. 마카베오 가문은 기원전 2세기 경 이교문화에 저항한 유대의 가문이다.

3) '사랑에 빠진 사자'는 라퐁텐의 우화로, 사자가 미녀에게 사랑에 빠져 구혼을 하시만 미녀의 아버지가 사자를 속여 자기 딸과 결혼하기 위해서는 무서운 발톱과 이빨이 없어야 말한다. 사자가 발톱과 이빨을 다 뽑자 아버지는 개들을 풀어 사자를 쫓아냈다.

4) 쥘 마쓰네Jules Massenet(1842-1912)는 프랑스의 서정적인 오페라 작곡자이다. 『마농』, 『베르테르』, 『타이스』 등의 대표작이 있다.

5) 발키리Walkyrie는 북유럽의 신화에 나오는 여전사로 무장을 하고 날아다니며 전쟁을 수행한다. 특히 바그너의 『니벨룽겐의 반지』의 주요 등장인물이다.

6) 레리스는 자위 체험을 고백하면서 아버지가 에로티즘에 둔감한 사람이어서 어머니와 진정한 성적인 관계가 불가능하리라는 상상을 펼친다. 어머니를 둘러싸고 아버지와 아들 사이에 벌어지는 오이디푸스적 경쟁관계를 짐작할 수 있다.

7) 카미유 샤쓰방Camille Chassevent은 레리스의 어머니 마리 레리스의 사촌으로 벨기에 가수 클레르 프리셰와 재혼했다

8) 클레르 프리세Claire Friché는 1879년 생으로 남편이 죽기 전까지 규칙적으로 파리의 오페라 코믹에서 공연했다. 그녀는 『게임의 규칙』 3권 『미세섬유들Fibrilles』에서 본명으로 다시 등장한다.

9) 메리메의 소설을 비제가 오페라로 만든 작품으로 팜므 파탈의 전형인 카르멘과 돈 호세 사이의 열정적이며 비극적인 사랑을 그린 작품이다.

10) 『라 글뤼La Glu』(1881)는 장 리슈팽의 소설로 후에 작가가 앙리 캥과 함께 4막5장으로 된 통속적인 뮤지컬 드라마로 만들었다. 1910년에 니스 오페라 극장에서 상연되었으며 클레르 프리셰가 마리-데-장주의 역을 맡았다.

11) 레리스에게 유디트는 팜므 파탈로서, 살해하는 자 이상으로 유혹하는 자이다.

12) 오스카 와일드의 작품을 원작으로 리하르트 슈트라우스가 작곡한 1막짜리 뮤지컬 드라마로 숙모 클레르 프리셰는 1907년에 브뤼셀의 모네 극장에서 살로메 역을 맡았다.

13) 『살로메』(1896)는 오스카 와일드의 단막극으로, 관능적이고 퇴폐적인 "일곱 베일의 춤"으로 널리 알려져 있다. 와일드는 살로메가 세례 요한에게 매료되어 사랑을 청하지만 세례 요한이 거부하자 은쟁반에 그의 목을 담아 달라고 헤롯왕에게 요구하는 것으로 창작하여 플로베르의 『세 개의 짧은 이야기』에 수록된 "헤로디아"와는 내용이 조금 다르다. 그 머리를 받자, 살로메는 "나는 그대만을 사랑해, 나는 그대의 아름다움에 굶주려 있고, 그대의 육체에 목말라 있어"라고 말하며 세례 요한의 입술에 입을 맞춘다. 이 장면을 보고 살로메를 욕망하던 헤롯왕이 살로메를 죽이라고 명령하여 살로메는 방패에 깔려 죽는다.

14) 헤롯왕의 왕비 헤로디아는 헤롯왕의 아버지인 헤롯 대왕의 후비가 낳은 손녀이어서 헤롯왕은 촌수로 하면 삼촌뻘이다. 헤롯왕이 헤로디아를 아내로 삼고 의붓딸 살로메에게 욕정을 품고 있기 때문에 이중의 의미에서 근친상간이다.

15) 레리스는 1922년에 샹젤리제 코메디 극장에서 여자 친구 케이와 『살로메』를 보았고 1923년에 그녀와 헤어졌다.

16) 경호대장 나라보트는 살로메를 짝사랑하는데 살로메가 세례 요한을 보고 첫눈에 반해 키스해달라는 등 파렴치하게 유혹하는 것을 보고 자살한다. 헤롯왕이 미끄러지면서 불길한 전조라고 말했던 피가 바로 나라보트가 흘린 피다.

17) 후고 폰 호프만스탈(1874-1929)은 오스트리아의 시인이자 극작가로 『엘렉트라』는 소포클레스의 동명 비극을 각색한 것이다.

18) 푸치니Giacomo Puccini(1858~1924)의 『토스카』는 3막 오페라다.

19) 푸치니를 평가절하한 이 문장에 대해 레리스는 1964년에 덧붙인 주석에서 푸치니를 복권시킨다. 레리스는 1958년에 『투란도트』를 보고 푸치니를 재평가했다.

20) 그가 참여했던 다카르-지부티 민속학 탐사(1931-1933)를 의미한다.

21) 크사비에 르루Xavier Leroux(1863-1919)는 프랑스 작곡가로 『부랑자Le Chemineau』가 그의 대표작이다. 이 작품은 장 리슈팽의 4막극으로 1907년에 오페라 코믹에서 상연되었다.

22) 『벤데타La Vendetta』는 로리오-르코데Loriot-Lecaudey의 단편을 원작으로 한 3막극으로 레리스는 1914년에 이 오페라를 관람했다. '벤데타'는 이탈리아어로 '복수'라는 뜻이다. 코르시카 섬이나 시칠리아 섬 같은 지중해 지역에서 모욕을 받거나 살해를 당하면 피해자의 가족은 물론 일가친척들에게까지 복수를 해야 하는 의무가 부여된다.

23) 러시아 발레단은 1907년에 세르게이 디아킬레프가 창설하여 국제적

명성을 얻은 발레단으로 1929년 창설자의 죽음과 함께 문을 닫았다. 이 극단의 안무가로 『목신의 오후』와 『봄의 제전』을 안무한 니진스키가 유명하다.

홀로페르네스의 머리

1) 네르발은 프랑스 낭만주의를 대표하는 시인이자 소설가다. 광기와 착란에 사로잡힌 상태에서 창작활동을 했으며 궁핍한 생활 끝에 파리에서 자살했다. 대표작으로는 『실비』, 『오렐리아 또는 꿈과 삶』 등이 있다. 『환상가들』은 세상에 대한 독특한 관점을 보여준 여섯 명의 초상을 보여준다. 카조트는 네 번째 인물로, 저 너머의 세상을 꿈꾼 사람, 운명론에 이끌린 사람이다. 네르발이 인용한 문장은 『올리비에』에 나오는 것으로, 머리 잘린 사람들은 프랑스 혁명을 예견한 것으로 알려져 있다. 카조트의 대표작으로는 『사랑에 빠진 악마』가 있다.

2) 이 에피소드는 4장 유디트에서 이미 한번 다루어졌다. 마카베오 가문에 가한 형벌은 구약성경 마카베오기 하권 7장 1-42절에서 다루고 있다.

3) 이 에피소드는 하우아란이라고 하는 엘아자르와 관련된 에피소드로, 그는 유대 지도자 마타티아스의 넷째 아들이다. 구약성경 마카베오기 상권 6장 43-48절 참고.

4) 이 교외지역은 레리스가 나무를 타고 오르락거리던 소년소녀들을 보았던 비로플레다. 이 에피소드는 "주체와 대상"이라는 제목으로 다루어졌다.

5) 스마라Smalah는 천막으로 이루어진 아랍 왕의 이동식 궁궐이다. 아브드 엘-카데르Abd el-Kader (1808-1883)는 알제리의 정치가로 프랑스의 식

민지배에 반대하여 1832-1847년 사이에 무장 봉기를 일으켰다. 1847년에 오말 공에게 참패하여 프랑스의 포로가 되었다. 오라스 베르네가 그린 이 그림은 클로드 고트로의 나폴레옹 그림과 함께 베르사이유 궁전의 전쟁 갤러리에 있다.

6) 1920년부터 1933년까지 국립민중극단이 트로카데로 궁의 연회장을 사용했다. 1937년 만국박람회를 개최하기 위해 이 궁을 허물고 샤이오 궁을 짓는 공사가 1933년부터 시작되었다.

7) 찰리 채플린은 1921년 10월 5일 미국 위원회가 주최한 갈라에 등장했으며, 당대의 유명한 여배우인 세실 소렐은 이 갈라의 포스터에 이름이 올라 있었다.

8) 그리스 신화에서 공적으로나 사회적으로 인정받는 특성을 신으로 표상한 르노메 여신상statue Renommée은 로마 시대에 들어 나팔을 부는 여자의 모습으로 형상화되고 있다.

9) 중년부인이라고 옮긴 "une femme entre deux âges"라는 표현은 원래는 "두 나이 사이의 부인"이라는 뜻이다. "악몽들"이라는 장에서 서술되고 있는 두려움을 주는 유령이라는 주제가 여기에서도 잘 드러난다. 유령은 하나의 정체성으로 규정되는 것이 아니고 '두 나이', '두 시대' 사이에 존재하는 존재, 현 삶과 너구 사이의 존재이기 때문이다.

10) 라탱 구역은 소르본 대학 일대를 일컫는 용어로 중세에 대학생들이 라틴어로 말을 했다고 하여 라틴어 구역이라는 고유명사로 불린다.

11) 앙리 바타이유Henri Bataille (1872-1922)는 프랑스의 시인이자 극작가로 일차대전 이전의 프랑스 중산층의 풍습과 도덕을 격렬하게 비판했다.

12) 몽-생-미셸은 프랑스 노르망디 지방의 쿠스농 강과 바다가 만나는 지점에 있는 돌산(둘레 900m, 높이 78.6m)으로 미카엘 성인의 계시로 그 위에 성당을 지었다. 파리를 제외하면 프랑스 최고의 관광지다.

13) 멍든 데나 벌레 물린 데에 바르는 아르니카 정기제는 아르니카 꽃잎을 말려 가루로 만든 다음 알코올에 섞어 만든다.

14) 잘린 목 에피소드를 가리킨다. 이 에피소드가 대여섯살에 일어난 사건이라고 했었는데 여기서는 너덧살이라고 기술하고 있다.

15) 오퇴이유에 있는 이 식물원은 1761년에 세워진 파리의 주요 식물원으로 레리스 가족이 살던 불로뉴 비앙쿠르와 가까운 곳에 있다.

16) 바이야르Pierre Terrail de Bayard (1476-1524)는 15세기말에서 16세기 초에 전개되었던 이태리와의 전쟁에서 무훈을 떨친 프랑스의 대표적인 기사이다. 두려움도 없고 비난할 것도 없는 그의 삶은 중세의 완벽한 기사의 모습을 재현한 것으로 알려져 있다.

17) 튀렌Henri de La Tour d'Auvergne, vicomte de Turenne (1611-1675)은 루이 13세, 루이 14세 치하의 총사령관으로 타고난 전략가로 유명하다.

18) 레리스는 그의 초현실주의 친구인 조르주 랭부르와 약 2주간 르아브르에서 머물렀다. 『성년』을 기술하던 1935년 여름에 랭부르는 바르샤바의 프랑스 학교 철학 교사직을 그만 두고 파리에 돌아와 있었다.

19) 진지비르 주사위 놀이는 두 명 이상의 사람이 주사위 세 개로 하는 놀이다.

20) 기름 바다는 아주 잔잔한 바다를 가리키는 표현이다.

21) 성 엘모의 불은 대기 온도 차이가 많이 날 때 일어나는 방전현상으로

폭풍이 치는 날 돛대나 종루, 비행기 날개에 일종의 후광처럼 불이 붙는 현상이다.

22) 1927년 4월 12일에 마르세이유를 출발하여 18일에 알렉산드리아에 도착했다. 이 체험을 레리스는 내부와 외부가 소통하는 체험으로 제시한다.

23) 상실과 충일성의 욕구가 맺고 있는 관계를 설파하고 있는 이 문장이 결혼 생활과 내적인 황폐함의 문맥에서 제시되고 있음을 주목할 필요가 있다. 레리스는 자신의 결혼을 황폐함, 비겁함 등의 용어로 서술한다.

24) 책을 쓰고 있던 1935년의 르아브르 여행을 말한다. 레리스가 지금까지 서술한 르아브르 여행은 12살 때의 가족 여행, 23살 때 랭부르와의 여행, 그리고 지금 34살 때의 여행이다. 성신강림 대축일은 부활절로부터 7번째 일요일이다.

25) 생트-아드레스Sainte-Adresse는 르아브르 인근의 해수욕장이 있는 휴양도시이다.

26) 트루빌Trouville은 투크 강을 사이에 두고 도빌과 마주보고 있는 칼바도스 도의 한 도시다.

27) 르네 소발René Sauval은 장애물 경주에서 1910~1912년까지 2-3위를 차지했다. 내쉬 터너Nash Turner는 미국인 경마기수이며, 조르주 파르프르망Georges Parfrement은 영국 출신의 프랑스 경마기수다.

28) 레리스가 자신의 이름 '미셸'과 유사한 "미첼"을 제시하는 것과 이름의 동일시를 통해 그 힘을 소유하는 것을 제시한 것은 우연이 아니다. 필립 르쥔에 따르면, 자서전은 무엇보다 저자와 서술자, 주인공의 이름의 동일

성에 근거한 장르이기 때문이다.

29) 남자 아이가 입는 통이 넓은 현대식 옷.

30) 그리스나 로마인들이 신던 반장화로 장딴지 중간까지 올라오며 앞에서 끈을 묶었다. 레리스는 여기에서 고대 그리스 비극에 대한 선호를 이야기하고 있다.

31) 성모 마리아는 무염수태했기 때문에 예수를 임신하는 데 있어 남편성 요셉은 아무 역할도 하지 않았다는 것을 의미한다.

루크레티아와 유디트

1) 델포이는 그리스 중부의 고대 성지로 아폴로 신전이 유명하다. 그리스 여행과 관련된 에피소드는 "사창가와 박물관"의 '트로이 전쟁' 꿈에서 이미 한번 언급되었다.

2) 원문은 대문자로 되어 있다.

3) "이 글들을 다시 옮겨 쓰고 있는 지금까지도"라는 문장에서 레리스가 작업하는 방식을 짐작할 수 있다. 일반적으로 레리스는 메모 카드를 가지고 다니며 그때그때 기억나는 과거나 에피소드를 기록하고 그것을 일기에 옮겨 적은 후에, 메모 카드를 주제별로 분류한다. 그는 일기와 메모 카드를 보며 자서전을 쓰기 때문에 "다시 옮겨 쓰고 있는 지금"이라는 표현이 가능하다. '이전' 텍스트에서 어떻게 현재의 텍스트로 변형되었는지를 확인하는 작업이 레리스를 이해하는데 중요한 작업이 된다.

4) 마법사 멀린은 비비안을 사랑하여 마법을 가르쳐주지만 비비안은 마법을 배워 멀린을 바위에 가둔다.

5) 고급창녀의 침대커튼은 약속된 에로티즘을, 미늘창은 거세를 암시한

다는 점에서 쾌락과 위험이 공존하는 레리스 특유의 미적, 존재론적 관념을 반영한다.

6) 프랑스어로 클레오파트라Cléopâtre와 흰 대리석albâtre은 같은 음으로 끝난다. 레리스의 상상력은 언어적 연상의 세계 속에 있다.

7) 레리스는 플루타르크의 『유명인의 생애』를 참고하고 "죽음 속에서도 헤어질 수 없는 자"와 "모방할 수 없는 삶"을 인용했다.

8) 이 두 단어는 "절대적 사랑"이라는 두 단어다. 레리스는 절대적 사랑은 단어의 결합에서만 가능할 뿐 현실에서는 불가능하다고 생각한다.

9) 수문이 열리는 순간은 남성의 성기에서 정액이 분출되는 순간이며 아래쪽 입술들은 여성의 성기를 의미한다. 레리스는 홀로페르네스의 머리와 남성의 성기, 특히 귀두를 동일시하며, 성관계를 머리-성기가 잘리는 거세 체험으로 이해한다.

10) 앞에 나온 "밤에 혼자서 하는 축제"와 마찬가지로 자위 체험을 일컫는다.

11) 사라 베르나르트Sarah Bernhardt(1844-1923)는 19세기에서 20세기 초에 이르는 시기의 가장 유명한 여배우다.

12) 이 여자는 다음 장 "홀로페르네스의 사랑들"에서 다루어지는 케이다.

13) 이 에피소드는 1924년 3월 26일에서 27일 사이에 있었던 것으로 레리스와 동성애 관계를 맺었던 소설가 마르셀 주앙도(1888-1979)와 관련된다. 그들의 관계는 1924년 7월까지 지속되었다. 이 장면은 오럴 섹스를 의미한다.

14) 이 여자는 엘리자베트 클레르 툴몽(1888-1971)으로 주앙도와 1929년에 결혼했다. 그녀와 만난 후에 주앙도는 동성애자에서 이성애자가 되었다.

15) 고르곤은 그리스 신화에 등장하는 세 명의 자매로 머리카락이 뱀으로 이루어진 여자의 모습을 지니고 있다. 메두사가 제일 유명하며 그녀의 모습을 본 사람은 돌로 변한다. 메두사는 남자를 돌로 만든다는 의미에서 이미 유디트의 일종이다. 레리스는 모든 여자 앞에서 무기력증을 느낀다는 의미에서 여자에게 살해당하는 자, 즉 홀로페르네스이며 모든 여자는 유디트다.

16) "메두사의 뗏목"은 제리코의 그림 제목으로, 난파당한 후 구원 받기 직전에 놓인 선원들의 모습이 그려져 있다. 레리스는 『성년』의 마지막 장을 이 제목으로 제시함으로써 자신의 글쓰기가 구원의 도정에 놓여 있음을 보여주지만 실제로 레리스가 집중적으로 서술하는 것은 구원되기 전의 파멸의 상황, 즉 "사람들이 서로를 찢는" 과정이다.

17) 프랑스 상징주의 시인인 베를렌의 "맹세Voeu"의 13-14행.

18) 에드가 포의 시 "까마귀". 원래 시에서는 "천사들이whom the angels"라고 되어 있으나 레리스는 "그녀의 천사들이whose angels"로 바꿔 인용했다.

19) 『나나』는 프랑스 자연주의 소설가 에밀 졸라의 대표작 중 하나로 주인공 나나는 픰므 파달의 전형이나. 소드주 위낭은 나나에게 매혹된 중학생으로 나중에 자살한다.

20) 이 두 문단은 레리스의 미학을 요약하고 있다고 해도 과언이 아니다.

공포와 연민의 관계는 아리스토텔레스의 시학을 적용한 것인데, 레리스는 독창적으로 '후회'라고 하는 정서적 반응을 끌어들인다. 자신의 일상에서 부재하는 공포를 만들어내기 위해서는 '후회'를 만들어내야 하며, 후회는 자신을 위해 모든 것을 희생하는 루크레티아와 같은 여인을 잔인하게 다룸으로써 가능하다는 것이다. 매저키스트가 사디스트로 변하는 과정에서 후회가, 그리고 공포심이 생겨난다. 레리스가 '이중의 움직임'이라고 표현한 것이 그가 글을 쓰는 이유이기도 하다.

홀로페르네스의 사랑들

1) 사르다나팔루스Sardanapalus (기원전 669-627)는 아시리아의 마지막 왕으로 알려져 있지만 정확하지는 않다. 방탕한 삶을 즐겼으며 나라가 망하게 되자 첩들과 내시들을 모아놓고 집단 자살한다. 이 장면을 그린 들라크루아의 그림으로 유명하다.

2) 『롤라Rolla』는 프랑스의 시인 알프레드 드 뮈세(1810-1857)의 장편시로 파리의 난봉꾼 자크 롤라의 이야기를 다루고 있다.

3) 이 여자는 테레즈 오브레Thérèse Aubray다. 플레이아드판 각주에 따르면, 레리스가 『성년』의 초고인 "루크레티아, 유디트와 홀로페르네스"를 타이핑하기 시작한 것은 1935년 10월 20일이고 그 전날 테레즈 오브레의 편지를 그녀에게 돌려주고 관계를 끝냈다. 7장의 서두를 여는 이 대목은 그러므로 텍스트에서 가장 최근에 쓰인 부분이다.

4) 이 장면에서 유디트는 오히려 루크레티아에 가깝다. 지금까지 강간당한 자의 측면은 루크레티아에게 부여하고, 유디트에게는 살해하는 자의 측면만 강조했다면, 이 장면에서 레리스는 유디트를 강간당한 자이면서 살해

하는 자라는 존재의 이중성을 지닌 자로 재조명하면서 유디트의 루크레티아적 면모를 강조한다.

5) 앞에서 라신은 어머니에게서 물려받은 책 『이피제니』를 언급하면서 잠시 등장했었는데, 대표작은 지금 언급되고 있는 『페드르』다. 페드르는 남편의 아들 이폴리트를 사랑하는 여자로, 이폴리트를 사랑하기 때문에 그를 멀리하고 모함하며 결국 죽게 만든다는 점에서 살해하는 자, 유디트다. 또한 이폴리트의 죽음에 죄책감을 느끼고 독약을 먹고 자살한다는 점에서 죽임을 당하는 자, 루크레티아다. 페드르는 이 두 요소가 모두 있는 자로서 레리스의 관점에서는 클레오파트라와 비슷하다.

6) 레리스와 루이즈 고동은 1926년 2월 2일에 결혼했다.

7) 케이는 가명이고 일기나 자서전 초고에는 Daisy S...로 표기되어 있다.

8) 이때의 입문은 물론 성적인 차원으로의 입문을 의미한다.

9) 재즈는 "마귀들림"을 통해 민속학과 연결된다. 레리스는 자신이 참여했던 다카르-지부티 민속학 탐사에서 자르 신과 관련된 마귀들림 의식을 연구했으며, 전문가가 되었다.

10) '푸른 꽃'은 19세기 독일 낭만주의에서 나온 표현으로 소설가 노발리스가 현실세계에서 정신세계로 넘어가는 상징으로 사용했다. 이 꽃은 절대적 사랑을 상징하는 동시에 꿈의 세계와 현실의 결합을 의미한다.

11) 레리스는 수출입을 영어로 "emporter and exporter"라고 표기했다.

12) 일차대전 이후 미군 군수품의 재고를 판매하는 것을 의미한다.

13) 고등학교 친구는 자크 딜리Jacques Dilly이고 여대생은 마리즈 드메 Maryse Demay다.

14) 심미춤은 1900년대 초에 미국 흑인이 처음 연주하기 시작한 피아노 재즈인 래그타임의 일종으로 특히 움직임이 많은 춤이다.

15) 나누스 왕의 딸 집티스가 그리스 아이오니아의 포카이아에서 온 포르티스와 결혼하여 프랑스 지중해 연안의 도시 마르세이유를 건설(기원전 600년)한 신화와 관련된다.

16) 외제니 황후는 나폴레옹 3세가 집안의 반대에도 불구하고 결혼한 스페인의 백작부인이다. 사랑에 의한 결혼을 상징한다.

17) 레리스가 태어나기 4년 전에 그의 큰누나라고 할 수 있는 마들렌 프랑수아즈가 4살의 나이로 죽었다. 레리스는 어머니가 누나를 대신할 딸을 갖고자 한 것으로 상상하고 있다. 이것은 그의 (성)정체성과 관련하여 매우 중요한 에피소드다.

18) 이 날은 레리스가 일종의 성년에 도달한 극히 드문 경험을 한 날이다. 8월 7일은 6년 후에 레리스가 제트와 약혼한 날이기도 하다.

19) 레리스에게 이상적인 사랑이란 완전히 벌거벗은 야생의 상태와 죽음이 찾아오지 못하는 이국적 공간이라는 두 가지 욕망이 결합한 관념으로 나타난다.

20) 사랑(또는 결혼)을 성스러움, 또는 신성모독과 관련짓는 이 문장은 『성년』이 과거에 대한 사실적 기술인 동시에 철학적, 미학적, 심지어 민속학적 에세이의 성격을 지니고 있음을 알려준다.

21) 레리스는 1921년 12월 15일부터 1923년 12월 15일까지 군복무를 했다.

22) 1911년에 초연된 이고르 스트라빈스키의 발레극으로 세 인형, 페트

루슈카, 발레리나, 무어인이 주인공이다. 레리스가 주목한 2막은 발레리나를 짝사랑하는 페트루슈카가 자기 방에 갇힌 채 스스로 위로하는 장면이다.

23) 레리스와 케이가 헤어지기 1년 전을 의미한다. 그들은 1923년에 헤어졌다.

24) 아버지 외젠 레리스는 1921년 11월 16일에 사망했다.

25) 자신이 여자와 성적인 관계를 맺기 위해서는 그 관계가 진정한 사랑이어야 하는데, 현실에서 진정한 사랑은 불가능하기 때문에 성적인 관계를 맺지 않았다는 의미다.

26) 이 문장은 왜 레리스가 초현실주의에 참여하게 되었는지를 설명하고 있다. 레리스는 랭보의 삶에 대해 숙고하면서 언어에 대한 환상에서 깨어날 것과 사회 혁명으로 나아갈 것을 요구한다.

27) '신성을 지닌 아담'은 레리스가 1929년에 쓴 소논문 "14세기와 15세기의 소우주의 두 가지 형상에 관한 메모"에 언급되어 있다. 아담 카드몬은 신에 대한 사유에서 원형이라 할 수 있는 인물이다. 원죄가 있기 전의 아담이 그 이미지에 충실한 인물로서 신과 우주의 매개역할을 한다. 그의 육체는 거의 비물질이었고 분화되지 않았으나 타락 이후 육체는 굳어지고 분화되어 성의 차이가 생기고 인류가 발생했다. 인간은 원초적인 아담 카드몬을 다시 구성하는 것을 목표로 하는데 예수 덕분에 원초적인 약점이 사라지게 되었다.

28) 이 공동체는 레리스가 참여하며 초기 시편들을 썼던 "45 rue Blomet" 그룹이다. 멘토로 제시된 인물은 그룹의 중심인물인 화가 앙드레 마쏭

André Masson이다. 레리스는 후에 이 주소를 제목으로 하는 작은 글을 써서 당시를 회고한 바 있다.

29) 이 인물은 프랑스의 시인 막스 야곱Max Jacob이다.

30) 막스 야곱의 동성애를 의미한다.

31) 앞에서 말한 앙드레 마쏭이다.

32) 1876년에 출간된 조셉 아르튀르 드 고비노의 단편집으로 이때 아시 아는 페르시아를 가리킨다.

33) 현대 문학 운동은 브르통이 주도하던 초현실주의 운동을 의미한다. 블로메 거리 그룹은 이 운동에 1924년 가을에 가담했다.

34) 루시퍼는 미카엘, 라파엘, 가브리엘과 함께 대천사였으나 신의 권능에 도전하여 타락천사가 되었다.

35) 이 친구는 레리스와 잠시 동성애 관계에 있었던 소설가 주앙도이다. 그는 잡지《도퀴망Documents》에 "경솔함에 대한 찬사"를 썼고 레리스에게 "욕망의 끝까지" 갈 것을 요구했다. 레리스가 느낀 "육체적 고통"은 바로 앞에서 서술되었던 고환에서 느꼈던 장애를 말한다. 이 장애가 동성애 체험에서 비롯되었다고 생각하기 때문에 레리스는 그것을 징벌로 간주한다.

36) "간이 파먹힌 도둑"은 프로메테우스를 가리킨다. 프로메테우스는 신들의 성스러운 불, 즉 지혜를 인간에게 전한 죄로 독수리가 간을 파먹는 형벌을 받는다.

37) 1925년 7월 2일 잡지《메르퀴르 드 프랑스》주최로 생 폴 루를 위한 연회가 개최되었는데, 그 자리에서 레리스는 "프랑스를 타도하라!"라고 외

치며 인도까지 내려가 군중과 대치했다.

38) 레리스의 텍스트를 규정하는 시적인 면모는 단어를 해체하고 재구성하는 언어학적 상상력에서 찾아볼 수 있다. 언어의 시적인 차원에 대한 탐색은 그의 개인 어휘집인 Glossaire j'y serre mes gloses에 실려 있다.

39) 꿈과 초현실주의적 면모는 레리스의 Le point cardinal에서 확인할 수 있는데 그는 이 작품을 네르발적인 의미에서 모험소설로 규정하고 있다.

40) 이 사람은 드 장장바흐 Ernest de Gengenbach(1903-1979)로 피해망상 때문에 강박관념이 있었고 자신이 중세 사제의 영혼에 사로잡혀 있다고 믿었다.

41) 네르발의 삶은 광기에서 자살로 넘어가는 것으로 레리스는 그의 삶에서 강렬한 반항의 메시지를 읽고 있다. 레리스가 '의지적 광기'라고 한 것은 자살을 의미하는 것으로 보인다.

42) 이시스는 이집트의 여신으로 얼굴에 베일을 쓰고 있는데, 그 베일은 자연의 비밀을 의미한다. 이시스의 베일을 벗긴다는 것은 자연의 비밀을 밝히려고 노력한다는 의미이다. 이것은 과학이나 시가 자연과 맺고 있는 관계를 암시한다.

43) 소아시아, 리디아의 왕비. 헤라클레스는 신들의 벌을 받아 3년동안 옴팔레의 궁전에서 노예생활을 했다. 옴팔레는 사자 옷을 입고 몽둥이를 들고 있는 여자로, 헤라클레스는 옴팔레의 물레로 실을 잣는 모습으로 형상화된 그림이 널리 알려져 있다.

메두사 호의 뗏목

1) "메두사 호의 뗏목"은 제리코가 그린 낭만주의의 걸작이다. 세네갈로

향하던 메두사 호가 1816년 7월 2일 대서양 연안에서 좌초하고, 살아남은 선원들은 길이 20미터 폭 7미터짜리 뗏목을 타고 절망과 광기에 사로잡혀 떠돌고 있었다. 노도 없고 먹을 것이라고는 비스킷과 포도주밖에 없는 상황에서 생존자들은 익사하거나 시체를 먹거나, 서로를 죽였다. 400명의 선원 중에 생존자는 10명에 불과했다. 왕당파 신문은 선원들이 인육을 먹은 데 대해 비난하고 국가적 수치가 된 이 사건에 대해 모두 침묵한다. 제리코는 생존 선원들을 만나 그들을 변호하고, 절망 속에서 되찾게 되는 해방의 순간을 묘사하고자 했다.

2) William B. Seabrook과 Marjorie Muir Worthington 부부다.

3) 다카르에서 지부티에 이르는 민속학 탐험은 프랑스의 국가적인 사업으로 1931년 5월 19일에 출발하여 1933년 2월 17일 마르세이유에 도착하면서 끝났다. 레리스는 이 기간 동안 일기를 썼으며 그것을 『환영의 아프리카』라는 제목으로 출판했다.

4) 그녀의 이름은 엠마웨이쉬Emawayish로 루크레티아와 유디트가 결합한 인물로 등장한다. 서로 대립적이었던 두 인물이 통합되기 시작한다는 것은 그가 분열된 삶의 통합 가능성을 발견하기 시작했다는 것을 의미한다.

5) 원문은 대문자로 되어 있다.

6) A. M.은 앙드레 마쏭이다. 아프리카의 죄수 부대는 군인들 중 중죄를 범한 군인들을 모은 부대다.

7) 엘렌 고르동은 러시아 출신으로 레리스의 일기에는 레나라는 이름으로 등장한다. 레리스와 만날 당시 그녀는 레리스가 일하던 트로카데로 민

속 박물관의 자원봉사자였으나 1935년 2차 민속 탐험단에 참여한다. 후에 《파리 수아르》에서 기자로 일했고 피에르 라자레프와 결혼한 후에 주간잡지 《엘Elle》을 창간했다.

8) 수바린이 주도하던 인민공산주의 서클에서 레리스는 역사학자 장 도트리Jean Dautry를 만난다.

미셸 레리스 연보

1901. 4. 20. 파리에서 삼 형제 중 막내로 출생. 아버지 외쥔 레리스는 주식중개인이었고 어머니 마리 코베는 주부였다. 이들 부부는 삼 형제 외에도 조카 쥘리엣 레리스도 함께 키웠는데 레리스는 쥘리엣을 친누나라고 알고 있었다.

1909 오페라에 출입하면서 고전극과 현대 작품에 관심 갖기 시작.

1919~1923 케이와 교제.

1922 프로이드 독서. 일기를 쓰기 시작하여 사망하기 직전인 1989년까지 썼다.

소설가인 주앙도와 동성애 경험.

1922~1924 블로메 거리 그룹 참여.

1924~1928 초현실주의 운동 참여. 레리스가 초현실주의 운동에 기여한 것은 자신의 꿈 이야기와 어휘집을 기고하고 출판한 데에 있다.

1925 첫 시집 『시뮐라크르Simulacre』 출판.

초현실주의자들의 연회에서 "프랑스를 타도하라!", "아브 드 엘-크림 만세"라고 외쳐 경찰로부터 린치를 당하다.

1926 루이즈 고동(1902년 출생)과 결혼. 아내는 제트라는 가명으로 자서전에 등장. 루이즈 고동은 어머니 뤼시 고동이 20살에 낳은 사생아지만 딸이 아니라 동생으로 알려졌다. 레리스는 아내

의 출생의 비밀을 결혼 때 알았으며, 사후에 일기가 출간되면서 세상에 알려졌다.

1927 공산당 가입하나 6개월만 활동. 1929년에 공식적으로 결별.

1930~1935 바타이유의 충고에 따라 정신분석치료를 받았다. 이후 정신분석에 근거하여 글을 쓴 최초의 작가 중 한 사람이 된다.

1930 바타이유의 부탁으로 "루크레티아, 유디트와 홀로페르네스"를 썼다. 이 작품을 정신분석의 관점에서 다시 발전시킨 것이 『성년』이다.

1931~1933 프랑스 정부가 국가적 사업으로 추진한 다카르-지부티 민속학 탐험에 참여.

1934 아프리카 횡단 탐험 기간에 쓴 일기, 『환영의 아프리카』 출간. 자서전적인 기획이 드러난 첫 번째 작품이지만, 민속학자들은 식민지의 민속학 연구를 저해할 수 있다고 우려를 표명할 정도로 식민지 유물 탈취 등을 사실적으로 서술했다.

1937~1939 조르주 바타이유, 로제 카이우와 등과 함께 '사회학 학교 Collège de Sociologie'를 창립하고 활동.

1939 첫 자서전 『성년 L'Age d'homme』 출간.

1941~1944 인간박물관의 레지스탕스 운동에 참여하고 친독잡지에 투고하기를 거부하는 등 '소극적으로' 저항하고, 유대인들을 집에 숨겨줌.

1945~1946 사르트르, 보부아르가 주도한 《현대》지 편집위원.

1946 『성년』의 재판을 찍으며 자서전 문학의 선언문이라 불리는 "투우를 통해 고찰한 문학론" 수록.

1927년부터 쓰기 시작했던 『오로라 Aurora』 출간.

1947 블랑쇼가 "무덤 너머에서의 시선"이라는 제목으로 레리스론을 쓰는데, 이것이 레리스에 관한 첫 번째 평론이다.

1948 1940년부터 작업한 『게임의 규칙』 1권 『삭제선들 Biffures』 출간.

1950 객관성을 요구하지만 정치적으로 행동해야 하는 민속학자의 역설적 상황을 논한 "식민주의 앞에 선 민속학자"를 발표하면서 정치적 입장을 분명히 함.

1955 『게임의 규칙』 2권 『잡동사니들 Fourbis』 출간.

1956 『게임의 규칙』 1, 2권에 비평가상 수여.

1957 자살 시도.

1960 블랑쇼가 주도한 "121인 알제리 전쟁 불복종 권리 선언" 서명. 서명인들 중 레리스를 포함하여 29명이 불복종과 탈영 선동죄로 고발당했다. CNRS 징계 위원회에서 레리스는 민속학자의 소명은 자신이 연구하는 민족을 옹호하는 것이라고 밝힌다.

1966 비평집 『깨진 것들 Brisées』 출간.

『게임의 규칙』 3권 『미세섬유들 Fibrilles』 출간.

1976 『게임의 규칙』 4권 『희미한 소리 Frêle Bruit』 출간.

1980 그의 전 작품에 대해 프랑스 문학 대상 수상자로 선정되었으나 수상 거부.

1981   『올림피아 목의 리본 Le ruban au cou d'Olympia』 출간.

1988   『소란스럽게 A cor et à cri』 출간.

1990. 9. 30.   사망.

1992   『일기』 출간.

1994   『중국 일기』 출간. 사후에 출간된 저술만 15권에 달한다.

2003   갈리마르 출판사에서 플레이아드 판 1권 출간.

2014   플레이아드 판 2권 출간.

옮긴이 후기

수치심의 시적 변용

I.

현대 사회에서 개인사든 공적인 삶이든 스스로를 노출하고 과시하는 것은 더 이상 흠이 아니고 일종의 '소통'의 방식으로 받아들여지고 있다. 노출은 육체의 차원 뿐 아니라 글쓰기의 차원에서도 시시각각으로 이루어진다. 현대인은 컴퓨터 화면, 스마트폰 화면이라는 거울을 앞에 둔 나르시소스들이다. 그곳에 풀어놓은 자기에 대한 글쓰기는 긍정적으로 보면 '자기'에 대한 성찰로 기능하고, 부정적으로 보면 자아의 빈곤에 대한 불안감에서 벗어나기 위해 소통의 환상 속으로 도피하는 방식이다. 자기를 드러내고 감추고 왜곡하는 이런 유형의 글쓰기가 현재 우리 사회를 이해하는데 필요한 중요한 풍향계 중 하나라는 사실에는 의심의 여지가 없다.

프랑스 문학으로 한정해 본다면, 자기에 대한 글쓰기의 중심에는 자서전이 놓여 있으며, 그 가운데 레리스의 이름은 간과할 수 없는 위치를 차지하고 있다. 레리스가 1946년에 덧붙인 『성년』의 서문 "투우를 통해 고찰한 문학론"은 자서전 문학의 선언문으로 평가받고 있으며, 필립 르죈은 기념비적인 자서전 연구서 『자서전의 규약』에서 루소, 사르트르, 지드와 함께 레리스를 다루고 있다. 에피소드이긴 하지만, 1980년대 말, 프랑스의 권위있는 판본인 플레이아드에

쥘리엥 그라크가 입성한 후 프랑스 현대 문학 비평가들은 플레이아드에 들어갈 생존 작가로 레리스를 꼽기를 주저하지 않았다. 삶을 기술하는 행위의 문학적 가치를 인정한 것이다.

한 사람의 생애를 읽는다는 것은 삶의 이력을 요약하는 것이 아니다. 자서전을 읽고 그 작가가 언제 어디에서 태어났고 가정환경은 어땠으며, 어느 학교를 다녔고 친우관계가 어떠했고 어떤 책을 읽고 감명을 받았는지, 언어는 어떻게 습득했고 어떤 사람을 만나 사랑하고 배반했으며 또 어떤 계기로 자서전을 쓰게 되었는지 등을 연대기 순으로 기술한다고 해도 독자는 그의 삶을 제대로 이해했다고 말할 수 없다. 게다가 단 한권의 자서전 속에 자신의 삶을 규격화하기는커녕 삶과 글쓰기가 평생 분리되지 않은 레리스같은 작가를 몇 마디로 간단히 규정하는 것은 불가능하다.

레리스는 끊임없이 자신의 과거를 돌이켜 보며 글을 썼다. 그는 평소 수첩을 가지고 다니며 머릿속에 떠오르는 기억들과 그날그날의 생각과 일들을 기록하고, 그것을 일기에 옮겨 쓰고, 또 카드에 정리하여 주제별로 분류해두었다가, 그렇게 모은 카드에 근거하여 자서전을 썼다. 그리고 옮겨 쓰는 과정에서 자서전적인 성찰의 글쓰기가 어떤 의미를 갖는지, 왜 쓰는지를 곰곰이 성찰했다. 그가 생전에 출판했던 자서전은 모두 7권이다.

레리스는 자서전을 쓸 때마다 매번 새로운 방법론으로, 새로운 각도에서 자신의 삶을 재조명했다. 그의 첫 자서전 『성년』은 이후에 쓰인 자서전을 지탱하는 버팀목이며, 글쓰기와 주체성에 대한 개념등에서 루소 이후 전형화된 근대적 자서전과는 다른, 독창적인 시각을 보여주고 있다. 그의 자서전에서 두드러지는 특징으로 일목요연한 삶의 이야기가 제시되어 있지 않다는 점을 들 수 있다. 그의 자서전은 연대기적인 흐름을 따르지 않고 강렬한 순간들을 기록한 시적 시간관념을 보여주고 있다. 특히『성년』은 일정한 주제 아래 각각의 에피소드들이 서로 관계없는 것처럼 배치되어 있다. 레리스는 읽었던 책, 관람했던 연극이나 오페라, 혹은 그림의 제목이나 주인공의 이름을 별다른 설명없이 나열하거나 그에게 깊은 인상을 남긴 장면을 전후 맥락없이 서술하기도 한다. 작가 스스로 '초현실주의적 콜라주'나 '포토-몽타주'라고 이름 붙인 파편화된 글쓰기 방식은 조금도 친절하지 않다. 하나의 주제에 몰입하기보다는 자꾸 가지를 치며 번져가는 듯 하다가도, 결정적인 어느 순간 슬그머니 중단되어버린 듯한 그의 텍스트를 읽으며, 독자는 작가의 서술 전략을 이해하지 못한 채, 한 사람의 생애를 이해하는데 왜 이렇게 많은 백과사전적 지식이 필요한지 당혹감에 사로잡히기 마련이다.

 이런 막막한 느낌이 나만의 느낌은 아니었던 모양이다. 저명한 정신분석가이자 문학비평가인 J. B. 퐁탈리스도『성년』에는 "저자가 현존하지 않는다"라고 지적한 바 있다. 서술의 주체는 사라지고 대상만 남은 레리스의 자서전은 전형적인 자서전이 아니라는 것이다. 굳이 의미를 부여하자면, 주체의 소멸을 요구했던 누보로망적인 자서전이라고 할 수 있지만, 저자가 사라진 자서전을 자서전이라고 할 수 있을까? 수전 손택도 레리스의 자서전을 앞에 두고 당혹감을 느끼긴 마찬가지였다. "오늘날, 난해함과 불투명성이 대단히 농도 짙은 문학작품의 조건이라고 변론하기는 힘들지 않다. 그러나 지루함은 어떠한가? 지루함이 정당화될 수 있는가? 때로는 그럴 수 있다고 나는 생각한다 (...) 우리는 현대 문학의 가장 창조적인 문체적 특징 가운데 하나가 지루함이라는 것을 인정해야 한다."

손택은 '지루함'이 현대 문학의 새로움이라고 긍정적으로 표현했지만, 사실 '지루함'은 독자가 기대하던 주제들이 기대하던 방식으로 다루어지지 않는다는 것을 에둘러 표현한 것에 지나지 않는다. 이 자서전에는 독자들이 관심을 기울일만한 주제들, 예를 들어 레리스의 성적 취향이 형성되는 과정에 대한 구체적인 이야기가 빠져 있고, 그가 관람했던 투우에 관한 서술도 재미없는 다큐멘터리처럼 나열되어 있다. 레리스의 성격을 이해하는 데 도움이 될 부모님과의 관계도 어찌 보면 오이디푸스 콤플렉스로 너무 쉽게 정리될 정도로 도식적이다. 그렇다고 1차 세계대전과 같은 역사적 사건에 대한 증언이 있는 것도 아니다. 서술된 에피소드들은 흐릿한 배경의 역할을 할 뿐이고 강렬하게 부각되어야 할 주인공도 마찬가지로 쟈코메티의 초상화처럼 유령을 닮아 있다.

그렇다면 왜 모리스 나도는 『성년』을, 긍정적인 의미에서, "불가능한 시도"라고 명명했고 필립 르쥔은 레리스의 시도를 시를 지향하는 지시진이라고 평가했을까? 어떤 의미에서 블랑쇼는 레리스의 글쓰기를 죽음과의 투쟁을 보여주는 "천사와의 싸움"으로 형상화했을까? 이들이 레리스의 자서전을 분석하면서 하나같이 자서전 장르의 새로운 차원을 열었다고 지적할 때, 그들은 수잔 손택이 '지루함'이라고 정의했던 텍스트에서 무엇을 읽어낸 것일까?

II.

'성년'이라는 용어를 접하면서 독자들은 작가가 언제 어떻게 인생의 절정에 도달했는가를 이야기할 것이라고 기대한다. 다른 사람들이 손쉽게 '왕년에…'라고 과거의 경험을 자부심어린 어조로 이야기할 때, 레리스는 쓰라리게 자신에게는 절정이 없었다고 말한다. 자서전에 서술된 그의 삶은 영웅적 성취와는 전혀 상관없다. 오히려 자신을 결핍된 존재이고 결코 정점에 도달하지 못할 존재로 그린다. 그는 정체성을 구축한다기보다는 자신을 지워나가는 데에 더 열중하고 있는 것 같다. 그래서 그의 자서전은 결점과 결핍이 나열된 갤러리처럼 보인다. "서른네 살, 이제 막 인생의 반이 지났다"라는 첫 문장이 이미 그러한 사실을 잘 보여준다. 그는 의도적으로 육체적으로나 정신적, 도덕적으로 열등하고 보기 흉한 상태로, 인생의 절정이 '지난' 상태로 제시한다. 왜냐하면 레리스에게 '성년'은 주어지지 않고, 찾아야 하고 성취해야 하는, 그러므로 도달하기 어려운 과업이기 때문이다. 성년에 도달하고자 하는 것은 자기 정체성을 확보하려는 시도지만, 레리스는 굳건한 자기 정체성을 확보하기는커녕 외모를 비하하고 자신의 성정체성을 여성에 더 가까운 것으로 서술할 정도로 남성적 자질이 결여된 모습으로 서술한다. 그의 자서전에는 피 흘리는 인물들, 그의 용어로 하면 영웅들이 넘쳐나지만 자신이 피 흘리는 영웅이 된 경험은 손에 꼽는다. 심지어 자살시도마저 기만적으로 연출된 것으로 보이도록 서술할 정도다. 그에게는 자기 존중감이 결여되어 있다. 부유하지 않아서 직업을 가져야 하고, 지적 자질이 없어서 외국어를 하나도 구사하지 못하며, 시인이 되고 싶다는 막연한 희망 외에는 그 무엇에도 소명을 느끼지 못했다고 그는 고백한다. 또 결점을 감추기 위해 15살부터 화장을 하고 다녔고, 자신을 보호하기 위해 벽을 쌓듯 영국식으로 엄격하게 재단된 옷을 선호했으며, 예기치않은 상태에서 거울을 바라보는 것을 싫어했다고 고백한다. 자서전 작가가 다소간 나르시소스라면, 창피할 정도로 못생긴 외모 때문에 옷으로 자신의 신체를 감추는 나르시소스는 어떤 인물일까? 있는 그대로의 모습을 응시하지 않기 위해 "형태를 왜곡시키는 안경을" 쓰지 않으면 거울을 바라볼 수 없는 나르시소스란 어떤 인물일까?

그런데 자서전에 서술된 이런 부정적 양상들만 읽으면 레리스를 완벽하게 오해하게 된다. 그는 피카소와 투우를 함께 관람했고, 그의 장인이 당대 유럽에서 손꼽히는 화상畵商 칸바이레르였으며, 앙드레 마쏭, 쟈코메티, 피카소, 프란시스 베이컨 등 한 시대를 풍미한 화가들이 그의 초상화를 그렸다. 그는 조르주 바타이유의 절친한 친구였고, 초현실주의를 비롯하여 당대의 거의 모든 아방가르드 운동에 참여했으며, 사르트르가 창간한 《현대》지의 편집위원이었고, 알제리 전쟁 중에 프랑스 식민정책에 반대하는 "121인 선언"에 서명한 행동하는 지식인이었다. 또 트로카데로의 인간박물관에서 정년을 한 민속학자였다. 그는 "20세기의 증인"이라는 평가를 받았지만 동시에 "알려지지 않은 유명인사"였다. 그가 자기 삶의 밝고 화려하고 진지한 측면을 밝히지 않았다고 해서 자서전에 거짓말을 늘어놓았다거나 사실을 왜곡했다고 말할 수는 없다. 침묵을 지키는 것과 거짓말이 다르다는 사실을 인정한다면 말이다. 그는 단지 '내'가 바라본 '나'를 가장 객관적으로 서술했을 뿐이다. 문제는 그가 바라본 자신의 모습이 다른 사람들이 볼 때에는 역겹고 혐오스러운 모습이라는 것이다. 그것이 레리스가 추구했던 글쓰기 전략의 일환이었다면, 그는 어떤 의도로 그런 글쓰기를 선택한 것일까? '그의' 진실은 무엇인가?

 레리스가 제시한 자기 삶의 구도는 아래와 같다. 그는 삶에 대해 특별히 비극적인 견해를 갖고 있다. 성년에 도달하기 위해서는 영웅들처럼, 또는 투우사처럼 죽음의 위기를 무릅써야 한다. 그러나 육체적 고통을 견디지 못하기 때문에 그는 자신이 겪게 될 위기를 회피한다. 자신이 "진정으로 두려워하는 것은 죽음과 육체적인 고통, 두 가지밖에 없다"고 고백하면서도, "치통 때문에 수면을 방해받지만, 정신적인 고통 때문에 잠을 자지 못한다고 말할 수는 없을 것이다"라고 덧붙임으로써 자신에 대해 냉소적인 태도를 감추지 않는다. 육체적 고통에 대한 두려움이 강할수록 죽음을 경험하고자 하는 욕망은 강박적이 된다.

 레리스는 죽음을 무릅쓰는 투우사는 못되지만 자신의 삶에 황소뿔의 '그림자'라도 드리우기를 원한다. 그리고 삶에 위험을 부과하는 수단으로 자신의 삶을 고백하기, 더 나아가 자기에 대한 글쓰기를 선택한다. 그에게 글쓰기는 세 가지 의미에서 행위가 된다. 자신을 분명히 이해하기 위한 행위라는 점에서 글쓰기는 '나'에 대한 행위이며, 책을 출판하면 타인과의 관계가 변할 것이기 때문에 타인에 대한 행위이고, 다소간 은폐되어 있는 자신의 작품에 대한 의미를 규정하는데 쓰일 수 있기 때문에 문학에 대한 행위이다. 그러나 글쓰기를 행위로 간주한다고 하는 것은 말처럼 쉽지 않다. 행위로서의 글쓰기는 일정한 방향이 있어야 하며, 그 방향은 나와 타인과 문학을 '위태롭게' 하는 방향이어야 한다. 예나 지금이나, 위태롭게 하는 가장 좋은 방식은 진실을, 모든 진실을, 오직 진실만을 말하는 것이다.

레리스는 삶의 진실을 죽음의 관점에서 바라본다. 그러나 탄생은 물론이고 자기 죽음을 기술할 수 있는 자서전작가는 없다. 심지어 그는 자살하려고 해도 두려움 때문에 자살하지 못하며 죽음의 장면을 '보는' 것조차 허용되지 않는다. 오페라 극장에서 죽음의 장면을 보려고 해도 그의 가족이 앉는 자리는 2층의 한쪽에 치우쳐 있어서 무대의 절반이 보이지 않는 관계로 그가 그토록 보고 싶어 했던, 『파우스트』에 등장하는 목 잘린 마르그리트의 모습을 볼 수 없었던 것이 좋은 예다. 그 불가능성 때문에 그는 삶을 전적으로 살지 못하고 반쯤만 경험했다는 낭패감에 사로잡힌다. 그 낭패감을 레리스는 "수치심과 불안"에 휩싸인 상태로 드러낸다. 그런데 이 낭패감 덕분에, 밋밋하기만 했을 부르주아의 삶에 비극적인 색채가 부여된다. 레리스는 끊임없이 징벌이 쫓아다녔던 '방황하는 네덜란드인'처럼, 자신 또한 구원받을 수 없다고 믿었고, 구원받을 자격이 없다는 데에서 수치심과 불안을 느꼈다. 그리고 수치심과 불안이 자신의 삶을 비극적 드라마로 변형시킬 수 있기를 기대했다. 어찌 보면 스스로 "저주받은 시인"으로 규정했던 19세기 상징주의 시인들은 행복하다. 그들은 저주받음으로써 시인이 될 수 있었기 때문이다. 그들은 시대와 불화했지만 강렬한 개인의식으로 그 불화에서 구원의 단초를 발견했다. 그러나 현대의 시인은 시대와는 여전히 불화 관계에 놓이면서 자기 자신과도 화합하지 못한다. 1차 세계대전으로 문명이 종말에 이르러 무너지는 것을 목도하지만 그것을 대체할 수 있는 새로운 가치를 창조하지 못하는 허무감 속에서, 자신에 대한 경멸감은 심화된다. 자신을 응시하기만 할 뿐 고양된 모습을 구축하지 못하고, 마치 유령처럼, 삶과 죽음, 현실과 허구, 유년과 노년 사이에 낀 존재로 레리스는 자신을 제시한다. 제시한다고 하지만, 그것도 "상상력을 발휘하여 그것들을 가공하려는 생각은 용납할 수 없었"기에 "이미지와 사실들 전체를 거의 날 것 상태로 응축시키"고자 한다. 레리스는 한 생애의 의미는 사실들을 통해 직접 드러나는 것이지 인과론적인 설명으로 제시할 수 있는 것이 아니라고 믿었다. 그런 의미에서 그는 사실주의자다.

  레리스가 사실만을 고백하기로 한 것은, 적어도 자기기만이나 낭만주의적 영감에 근거한 글쓰기로는 그 무엇에도 도달할 수 없음을 깨달았기 때문이다. 그는 뭔가를 이루어낼 수 있으리라는 환상을 배제한 채, 객관성을 통해 극도의 현실성을 창출하고, 그 현실성이 극도의 주관성을 배반하지 않기를 원했다. 그의 글쓰기는 결국 '이 모든 것에도 불구하고'의 글쓰기이다. 다시 말하면, 자신이 원하는 성년에 도달할 수 없음을 잘 알고 있음에도 불구하고, 확고한 자기 정체성을 확보할 수 없음에도 불구하고, 또는 글을 써나갈수록 자신의 이미지는 더욱 비참해지고 실체는 사라지고 유령에 더 가까워짐에도 불구하고, 글쓰기를 지속하는 것이다. 그런 의미에서 레리스는 시지포스와 닮아 있지만 그가 밀어올리는 바위는 그의 인생 전체이며, 그의 인생은 한 올 한 올 풀어야 할 언어의 실타래다.

다시 한 번 '성년'이라는 용어를 가지고 레리스가 어떻게 삶의 변모를 꾀했는지 생각해볼 필요가 있다. 사실 '성년'이 특별한 경험이나 특정한 나이를 의미하지 않는 이상 그 누구도 성년에 도달했다고 확신할 수 없다. 레리스는 다양한 용어로 '성년'을 암시하고 규정한다. "자기 자신과 일치할 수 있는 유일한 가능성"이라는 표현도 그중 하나다. 그것은 강렬한 충일성의 순간을 경험하는 드문 기회로서 레리스에게는 '시인'이 된다면 도달할 수 있는 경지다. 물론 그에게 시인은 도달해야 할, 그러나 도달할 수 없는 자아이상형이다. "시인은 나에게--필연적으로--저주받은 자로서, 영원히 불행한 고독에 처해지고, 완벽하고 치유할 수 없는 불만족에서 생겨난 자신의 지속적인 허기를 정신의 유일한 동력으로 삼는 사람"이다. 결국 삶의 '강렬한 intensité'이 성년에 도달했는지를 가늠하는 유일한 기준이다.

'성년'에 도날한 대표적인 인물로 영웅을 들 수 있다. 영웅은 죽음에 맞서고 죽음을 극복한 존재다. 그러나 죽음을 경험하기 위해서는 죽음의 결과까지 알아야 하는데, 인간으로서는 자신에게 닥친 죽음의 결과를 기술할 수 없기 때문에 죽음은 결과를 알 수 없는 중단된 체험이다. 영웅이 될 수 있는 유일한 가능성인 죽음 체험이 본질적으로 불가능한 체험이라면, 레리스가 영웅이 될 수 있는 길은 막혀 있다. 심지어 레리스는 유디트에게 죽임을 당하는 아시리아의 장군 홀로페르네스에게 자신을 동일시한다. 죽음을 부과하고자 하지만, 그에게 가능한 죽음은 '당하는' 것이다. 레리스는 죽음을 부과하는 유디트를 꿈꾸지만, 치욕을 당하고 자살하는 루크레티아밖에 되지 못한다. 또는 루크레티아도 되지 못한다. 죽음을 겪게 될 때 두려움 때문에 죽음을 피하기 때문이다.

 죽음을 경험하는 것이 어렵다면 에로티즘은 어떤가? 레리스는 사랑에 대한 이론적인 지식을 얻었으니 "이제 사랑에 대한 실천적인 지식을 얻는 힘든 일만 남았다"라고 말하면서 사랑의 실천을 성년에 도달하는, 거의 유일한 방식으로 제시한다. 물론 사랑의 실천은 성관계를 의미한다. 게다가 에로티즘은 그의 비겁함, 비열함, 죽음과 성적 환상, 무기력과 징벌의 욕망을 가장 잘 보여주는 특권적인 주제라는 점에서, 레리스가 성취하고자 했던 '행위'가 될 수 있다. 레리스가 에로티즘의 관점에서, 동성애, 실패한 연애체험, 근친상간 욕망, 바람피운 일화들을 빠짐없이 서술하는 이유가 바로 그 때문이다. 물론 그 체험들은 그가 미리 설정한 방향, 즉 자신을 위태롭게 하는 의도에 충실하게 서술되고 있다. 그래서 그가 케이와 처음으로 관계 맺는 장면은 왜 성행위가 불가능한가에 초점이 맞춰져 있다. 그에 따르면, 성행위가 가능하기 위해서는 남성으로서 유혹하는 역할에서 벗어나야 하고 그 행위의 성적인 특성이 사라져야 한다. 그는 그 상황을 연극이나 놀이처럼 제시한다. 그는 케이와 옷을 바꿔 입고, 케이가 그를 여성화된 이름인 '미슐린'으로 부르고, 케이가 주도하는 대로 자신은 수동적으로 가만히 있어야 한다. 에로티즘을 영웅이 될 수 있는 드문 기회로 여기던 레리스로서는 여성의 역할을 떠맡아야 하는 이 모든 상황이 치욕적일 수밖에 없다. 기대와는 반대로 에로티즘의 영역에서 그는 에두른 죽음, '수치심'이라고 하는 부정적인 차원의 죽음을 경험할 뿐이다.

  레리스가 든 예를 인용하면, 마법 최후의 비밀을 배우기 직전에 아내가 부르는 소리를 듣고 뒤돌아봄으로써 비밀의 문턱에서 모든 것을 잃는 초보 마법사가 바로 자기 자신이다. 그런데 이 지점에서 레리스는 오르페우스 신화와 만나며, 자신을 예술가로 규정하기에 이른다. 오르페우스는 죽은 아내 에우리디케를 데려오기 위해 저승에 갔다가 돌아보지 말라는 조건 아래 아내를 지상으로 데리고 나온다. 하지만 아내가 잘 따라오고 있는지 불안한 마음에 뒤돌아본다. 그 순간 아내는 다시 저승으로 사라진다. 아내를 되살리지는 못했지만, 그럼에도 불구하고, 오르페우스는 저승을 경험한 자, 사라지기 직전의 아내의 얼굴, 즉 죽음을 엿본 자로서 진정한 시인으로 거듭난다. 진정한 시인이 되기 위해 죽음 자체를 지상에 다시 이끌어오는 결정적 행위가 필요한 것이 아니라. 그것이 불가능하다는 사실, 그리고 자신이 체험한 불가능성을 노래하는 것만으로도 오르페우스는 진정한 시인이 된다. 레리스도, 죽음을 실행하고 경험하는 것은 불가능하지만, 그 불가능성을 노래함으로써 시인이 된다. 죽음을 실행할 용기가 부족한 자신을 비웃으며 수치스럽게, 부끄럽게 서술하는 용기로, 그는 자신을 비극적 인물로 변모시키는 것이다. 레리스는 영웅이 될 수 없다는 사실을 그 극점까지 철저히 고발하기 때문에 영웅이 되며, 수치심을 반복 재생산하는 진정성 속에서 영웅이 된다. 글을 쓸수록 행위의 '제스처'만 하고 있다는 자괴감은 고조되지만, 그럴수록 삶에 죽음의 '그림자'를 짙게 드리울 수 있다는 역설 속에 글쓰기의 가능성, 삶의 구원 가능성은 놓인다.

III.

레리스의 『성년』은 남의 삶을 엿보는 은밀한 쾌락을 누리기 위한 자서전이 아니다. 그러나 자신을 하나의 수수께끼로 간주하는 사람, 상승의 욕망보다는 하강의 욕망을 느끼는 사람은 한번쯤 읽어볼 만하다. 모든 인간에게는 두 가지 청원이 동시에 작동하는데 하나는 신을 향한 청원이고 다른 하나는 사탄을 향한 청원이라고 말한 사람은 프랑스의 시인 보들레르다. 보들레르는 "여행"이라는 시에서 다음과 같이 노래했다.

(우리는) 심연의 깊은 곳으로 잠기고자 한다, 지옥이든 천국이든, 그게 무슨 상관인가?
미지의 깊은 곳으로, 새로운 것을 찾기 위하여!

신을 향한 상승의 욕망이든 사탄을 향한 하강의 욕망이든, 천사든 짐승이든 상관없다. 두 욕망은 자신의 상태에서 벗어나고자 하는 욕망이라는 점에서 동일하다. 보들레르에게 방향은 중요하지 않다. 중요한 것은 자신을 짓누르는 불가능의 체험을 극한으로 밀고 나가는 것이며, 그 결과 부르주아의 가면을 벗어젖히고 충일한 삶을, 비록 순간이나마, 비록 그림자일지라도, 실현하는 것이다. 삶을 변화시키겠다고 한 랭보의 기획이 버겁다면, '자신의' 삶을 변화시키겠다고 하는 좀 더 겸손한 기획은 어떤가? 자신의 삶을 변화시키겠다는 것은 전혀 부끄러운 기획이 아니다. 그렇다고 쉽지도 않다. 그렇지만 인생을 걸어볼만한 기획이다. 이미 레리스가 그 길을 열어 보인 바 있다.

기원으로 돌아가고자 하는 바람이 없으면 자서전을 읽을 수 없다. 나로서는 내 문학공부의 기원에 놓인 레리스의 『성년』을 번역하면서 다시 한 번 30년 전 언저리를 돌아볼 수 있었다. 레리스는 『성년』을, 가까스로, 말줄임표로 끝맺을 수 있었다. '가까스로'라는 단어를 덧붙인 것은 그가 『성년』을 끝낸 방식이, 얼핏 보면, 인위적으로 보이기 때문이다.

레리스는 영웅이 되고 싶었다. 간단히 말해, 성년에 도달하고 싶었나. 그래서 사살하는 자(루크레티아)와 살해하는 자(유디트)를 종합하는 새로운 삶의 가능성을 변증법적으로 제시하고자 했다. 그가 선택한 방법은 사실들이 말하게 함으로써 삶의 흔적들을 굳건하게 고정시키는 것이었다. 그러나 파편화된 에피소드와 에피소드가 공명하면서 새롭게 의미가 생성되는 것을 피할 수 없었다. 레리스는 자신의 과거를 있는 그대로 다 서술할 수도 없고 그렇다고 에피소드들이 충돌하면서 만들어내는 새로운 의미 생성을 통제할 수도 없었다. 여기에서 부정적인 뉘앙스를 조금만 지우자. 레리스는 통제하지 못하는 것이 아니라, 의도적으로 자신이 경험한 과거를 넘어서는 삶을 적극적으로 생성하고자 했기 때문이다. 에피소드들의 충돌은, 또는 시니피앙의 미끄러짐은 통제에서 벗어나는 새로운 의미를 덧붙인다. 어떤 사람들에게 삶의 의미는 덧붙여진 것에 있었다. 맥베스 부인이 결코 씻어내지 못했던 손의 "저주받은 자국"이나 보바리 부인이 신었던 무도화에 묻은 왁스자국은 덧붙여진 것들이지만 결코 지워지지 않았다. 그들에게 인생의 의미는 단연코 이처럼 덧붙여진 흔적들에 의해 규정되었다. 자서전을 끝맺음하는 말줄임표는 인생의 궁극적인 의미-죽음-를 기술할 수 없다는 의미에서 실패의 표지이며 결핍의 징후다. 그러나 동시에, 불가능함에도 불구하고, 모든 것이 동일하게 반복됨에도 불구하고, 계속 써야 한다는 의미에서 말줄임표는 '과잉'의 징후다. 레리스의 말줄임표는 '끝'이라는 단어 자체가 불가능하기 때문이 아니라, 텍스트에서 생성되는 삶이 그가 경험한 삶을 넘어서기 때문에 필연적이다.

발자크의 『미지의 걸작』에 나오는 화가 프렌호퍼는 보이지 않는 세계를 가시적인 세계로 끌어오려는 악마적 충동을 느낀다. 그리고 덧칠해진 물감 속에 삐져나와 있는 화폭 속의 '발'로 자신이 추구했던 예술 세계의 일부를 보여주지만 결국 불을 질러 그림을 파괴한다.

레리스는 이 파괴 욕망에서 가까스로 벗어난다. 그는 프렌호퍼의 열정, 전체에 대한 욕망을 공유하면서도, 부분으로 전체를 보여줄 수 있을 가능성, 반복과 유추로 본질을 드러낼 수 있을 가능성에 대해 절망하지 않는다. 프루스트가 서두와 끝이 맞닿은 순환을 선보임으로써 소설을 완결지은 반면, 레리스는 아직도 써야 할 것이 많이 남아 있음을, 이렇게 마무리하는 것은 일시적인 것이지 결정적인 끝맺음이 아니라고 말한다. 그러고 보면, 생이 끝나지 않는 한 자서전 쓰기도 끝날 수 없다. 말줄임표는 끝맺음이 잠정적임을, 삶이 결핍과 과잉 사이에서 흔들리고 있음을 보여준다.

레리스는 문학 속에 '나' 자신을 온전히 참여시키고자 했다. 그 결과, 아직 완성하지 못했다는 초조감이 다산성多産性으로 드러나고, 수치심이 진정성으로 변용되는 연금술적 삶을 살았다. 레리스와 마찬가지로, 번역본을 내놓으면서 마침표를 찍지 않고 말줄임표로 남겨두고 싶은 마음이 간절하다. 비록 그의 피의 진실은 제대로 전달하지 못하더라도 한 인생을 앞에 두고 느꼈던 막막함은 남김없이 전달했기를 바랄 뿐이다.

텍스트는 Michel Leiris, L'Age d'homme précédé de De la littérature considérée comme une tauromachie (édition publiée sous la direction de Denis Hollier avec la collaboration de Francis Marmande et Catherine Maubon), Gallimard, Bibliothèque de la Pléiade, 2014를 이용했고 영역본 Michel Leiris, Manhood : A Journey from

Childhood into the Fierce Order of Virility, (translated by Richard Howard, Foreword by Susan Sontag), The University of Chicago Press, 1992을 참고했다. 초벌 번역해놓은 지 10년이 넘는 이 책의 출판은 "2015년 서울대학교 인문대학 인문학 총서 출간 지원사업의 지원"을 받아 마무리 할 수 있었다. 서울대학교 인문대학에 감사드린다.

유호식